经济学学术前沿书系

TUOPIN GONGJIAN BAOZHANG:
WANSHAN CHUANGXIN PINKUN KAOHE YU TUICHU JIZHI

脱贫攻坚保障：完善创新贫困考核与退出机制

张琦　万君　史志乐　陈伟伟 等著

经济日报出版社

目 录

第三篇　现状与经验:中国贫困考核及退出机制的实施进展

第四篇　体系与指标:构建我国贫困考核和退出机制设想

第五篇　调研与评估:基于目标群体的考核机制效果评估

第一篇　历史与背景：完善和创新贫困县考核及退出机制的意义

第1章　完善和改进贫困县考核机制的背景和意义

改革开放三十多年来，我国扶贫减贫领域取得了巨大成就。随着国家经济社会的发展和全面小康建成的临近，贫困县、重点县将只是一个历史的过程，贫困县将逐步退出和减少。如何建立科学合理的贫困县考核机制和成效日益迫切，如何评估贫困县的各项工作值得深入研究。

1.1　贫困县考核机制研究的背景

1.新的历史时期对贫困县考核提出了新要求

贫困地区社会经济发展，直接影响着我国社会经济发展和区域均衡发展的全局，对全面建成小康社会目标的实现也有重要影响作用，党和国家领导人非常关心贫困地区的扶贫开发工作。

2013年，习近平总书记在河北省阜平县专题调研中曾指出："全面建成小康社会，最艰巨最繁重的任务在农村特别是在贫困地区。"据不完全统计，2013年以来，习近平总书记和李克强总理先后连续多次分别到河北、贵州、武陵山区、陕西和内蒙古等深入贫困地区调研，并召开中央政治局会议专门研究部署全国扶贫开发工作。

2013年，国务院副总理汪洋深入到甘肃积石山县农户家里进行调研后强调指出：要深入学习领会中央关于新时期扶贫开发的战略思想，进一步深化改革、创新机制，构建政府、市场、社会协同推进的大扶贫开发格局，加快贫困群众脱贫致富、贫困地区全面建成小康社会步伐。可以毫不夸张地说，加快贫困地区的发展速度，缩小贫困地区和其他地区差距，是影响到我国"十二五"目标能否实现的关键性因素。能否让这些群众尽快脱贫致富、共享发展成果，考验着党和政府治国理政的能力。

2014年1月25日，中共中央办公厅、国务院办公厅《关于创新机制扎实推进农村扶贫开发工作的意见》，《意见》强调，切实将扶贫开发工作摆到更加重要、更为突出的位置，以改革创新为动力，着力消除体制机制障碍，增强内生动力和发展活力，加大扶持力度，集中力量解决突出问题，加快贫困群众脱贫致富、贫困地区全面建成小康社会步伐。其中，改进贫困县考核机制，就是深化改革创新扶贫开发工作六大机制中的首要工作。对此，《意见》着重指出，改进贫困县考核机制，由主要考核地区生产总值向主要考核扶贫开发工作成效转变，对限制开发区域和生态脆弱的国家扶贫开发工作重点县（以下简称重点县）取消地区生产总值考核，把提高贫困人口生活水平和减少贫困人口数量作为主要指标，引导贫困地区党政领导班子和领导干部把工作重点放在扶贫开发上。中央有关部门加强指导，各省（自治区、直辖市）制定具体考核评价办法，并在试点基础上全面推开。同时，研究建立重点县退出机制，建立扶贫开发效果评估体系。

考核评价是我国管理制度的重要内容，不同时期的工作重点不同，考核制度、考核内容、考核重点以及考核机制和方法也随之变化。贫困县考核机制也同样，随着我国扶贫开发进入到了一个新的历史阶段，考核机制也必然发生新变化，这不仅是因为扶贫开发本身的需要，更是实现全面改革目标“治理体系和治理能力现代化”重要内容。就扶贫开发领域的改革创新而言，考核机制、评价机制和退出机制是完善扶贫脱贫机制的重要内容。

2.全面实现建成小康社会目标需要贫困地区考核机制创新来推动

贫困地区是我国全面实现建成小康社会目标的短板，扶贫脱贫成效决定着全面建成小康社会目标整体实现程度和水平。2015年-2020年是全面实现建成小康社会目标关键时间，同时也是《中国农村扶贫开发纲要（2011-2020年）》实施的最后5年，是扶贫脱贫的攻坚期和决战期，是完成我国扶贫脱贫从消除绝对贫困向消除减缓相对贫困转变的重要转折期，同时也是探索中国特色扶贫脱贫道路，积极完善扶贫脱贫治理体系和提升扶贫脱贫治理能力现代化进而形成政府社会市场协同大扶贫格局的战略机遇期。而贫困县考核机制则是推进贫困地区发展进程，决定贫困县扶贫效率的重要保证，对加快和推进我国扶贫脱贫及新时期社会经济发展都具有重要推动作用。

3.贫困县脱贫致富要求相应的考核机制相匹配

从区域发展总体布局角度来看我国经济增长主要依靠自然社会经济条件较好的东南沿海地区和城市率先发展来承担，对限制开发区域和生态脆弱的国家扶贫开发工作重点县，其重点就是解决贫困和保护生态，因此，要想扭转当前不顾贫困县自身特点片面追随发达地区主要以经济增长来进行考核的弊端，就需要完善贫困县考核机制，构建新型的贫困县考核机制和考核指标体系，把提高贫困人口生活水平和减少贫困人口数量作为主要指标，引导贫困地区党政领导班子和领导干部把工作重点放在扶贫开发上。从国家角度来讲，贫困县工作成效、干部考察调动提职任免，国家财政资金划拨，投资项目确定，生产要素配置、基础设施和公共服务建设等等，都将依照贫困县贫困人口生活水平和减少贫困人口数量变化等为依据，从而集中解决贫困县面临的最突出问题——脱贫致富。

1.2　完善贫困县考核机制的目的和意义

1.完善贫困县考核机制的目的

完善贫困县考核机制的目的包括三个方面，一是更加明确贫困县发展目标是扶贫脱贫；二是引导贫困县将工作重点转移到以扶贫开发为核心的工作上来；三是不断提高扶贫脱贫效率和效果。

（1）更加明确贫困县发展目标是扶贫脱贫和改善民生

不同区县自然社会经济区域特点各异，发展目标也就有所不同。对于贫困县来说，发展的目标就是扶贫脱贫，就是要进一步提高贫困家庭收入水平，改善和提高贫困家庭就业、医疗、教育、养老等社会福利水平，真正体现贫困地区在住有所居、老有所养、病有所治、子女能够升学、生活环境优美方面的全面改变。考核贫困县是否发展，首要看扶贫脱贫的目标是否实现。

（2）引导贫困县将工作重点转移到以扶贫开发为核心的工作上来

贫困县要通过建立和实施贫困县考核机制，建立新时期地方党政机关领导考核新标准新导向，引导领导干部关注重点放在扶贫脱贫上思考上，引导贫困县工作重心转向扶贫脱贫工作上来，促进贫困县扶贫开发取得突出成效。

（3）不断提高扶贫脱贫效率和效果

贫困县发展目标和工作重心转移的程度和效果如何，干部政绩如何，归根结底还是要提高扶贫脱贫的效率，提升扶贫脱贫的效果，这是贫困县考核指标体系是否有效的重要衡量标准。

2.完善贫困县考核机制的意义

（1）有利于指导中国新时期扶贫开发战略的实践

贫困县考核机制的确定，能够从宏观上提供整个贫困县工作进展的效率与效果，帮助中央行政当局充分掌握贫困重点县反贫困工作的及时动态，通过对贫困县考核结果的反馈，认清贫困县工作过程中存在的亟待解决的问题，从而为更好地促进贫困县发展提供充分信息和决策依据。贫困县考核指标体系的建立可实现扶贫开发目标责任制，进而能够增加扶贫开发工作人员的工作责任意识，提高扶贫开发的行动力和实效，使扶贫资源能够真正用于扶贫开发，避免有限的扶贫资源的浪费和无效作用。科学考核贫困县的工作，加强对各级组织扶贫工作的指导和管理考核，可以有效避免考核工作过程中的主观化和人情化，加强对扶贫开发工作的指导、协调和督促检查力度，督促全社会力量参与扶贫开发。

（2）有利于丰富和发展新时期中国扶贫开发的理论

中国扶贫开发理论是我国扶贫开发多年实践的总结和积累，贫困县考核机制创新研究，不仅是对我国考核管理理论研究的有益探索，同时，也是贫困与反贫困理论的有益探索和发展，通过研究和分析贫困县考核指标体系，将深入探讨贫困县作为我国一个基层重要组织在社会经济发展的管理体制、机制以及在扶贫开发过程中贫困瞄准识别，扶贫资金运作管理，社会扶贫参与模式以及具有中国特色的驻村机制等理论的总结，为世界各国扶贫开发提供借鉴和理论上的指导。

（3）有利于为全国进行考核机制改革提供试点和参考

考核机制改革是我国当前和未来面临的重要内容，也是一个难点和重点。建设生态文明，实现社会经济发展方式的转变，提升经济增长质量，促进经济结构的升级和优化，构建中国经济发展的升级版，全国县域考核机制创新迫在眉睫。但是，在全国同时实施，显然成本高，影响面广，问题和矛盾也比较多，全国区域差异性较大，面临的阻力也较大，我们知道考核机制和考核体系改革，是一次重大系统工程，预示着战略思想和指导思想上的重大改变，预示着经济管理体制、管理方式调整，预示着社会经济关系和资源配置也将会发生新转变，涉及面广，影响力大。而从贫困县进行考核机制创新和考核体系改革，将会为全国进行考核机制改革积累经验和教训，提供试点和参考。

（4）为精准扶贫机制等其他扶贫机制创新提供有力的保障和重要推动力

贫困县考核机制既是建立精准扶贫、健全干部驻村帮扶、改革财政专项扶贫资金管理、完善金融服务和创新社会参与等五大机制的制度管理保障措施，也是促进建立精准扶贫、健全干部驻村帮扶、改革财政专项扶贫资金管理、完善金融服务和创新社会参与等五大机制监督措施，精准扶贫、干部驻村帮扶、财政专项扶贫资金管理、金融服务和创新社会参与等五大机制是贫困县考核机制的主要内容，也是贫困县考核指标体系重要组成部分，考核机制统领着五大机制的整体推动，又是检验五大机制效果的抓手。

（5）贫困县考核机制的完善能为贫困县退出机制提供坚实基础

扶贫的最终目的是为了提高贫困人口的生活水平，减少绝对贫困人口数量，这是未来十年我国扶贫开发的主要工作。随着时间的推移和扶贫开发工作的深入，贫困格局将会出现新的变化，尤其是贫困人口分布的空间布局可能会随着贫困人口识别标准的改变而变化。这样就要求国家在原有贫困县的基础上建立完善的退出机制和扶贫开发效果评估体系，促进扶贫工作进一步适应新阶段我国扶贫开发新战略及部署。

而在现有的扶贫开发过程中，由于贫困县通常意味着更多的政策资源和优惠政策，各地存在争相获得贫困县称号的情形，容易为地区间的恶性竞争和道德风险埋下隐患。通过引进贫困县的新考核机制，强化贫困县考核结果运用，督促戴上贫困县帽子的落实其扶贫开发目标，奖励扶贫效果好的县，促进贫困县早日脱贫摘帽。从而，也就为研究和探索建立重点县退出机制，建立扶贫开发效果评估体系提供了重要的理论参考和实践指导。

第2章　完善和创新贫困退出机制的背景和意义

贫困人口脱贫、贫困县摘帽已成为全面建成小康社会的底线目标。贫困退出机制研究是适应新时期我国社会经济发展战略和全面深化改革的新课题，是新形势下全面建成小康社会的新任务，同时也是完善我国扶贫开发工作的新挑战。

贫困地区社会经济发展，直接影响着我国社会经济发展和区域均衡发展的全局，对我国全面建成小康社会目标的实现也有重要影响作用。在全面建成小康社会的背景下对贫困退出提出了新要求。

2.1　全面建成小康社会提出的新要求

贫困人口脱贫、贫困县摘帽已成为全面建成小康社会的底线目标。这个目标的主要内容是，到2020年，实现“两不愁三保障”，核心是“两个确保”，“两个确保”就是确保农村贫困人口全部脱贫，确保贫困县全部脱贫摘帽。2013年，习近平总书记在河北省阜平县专题调研中曾指出：“全面建成小康社会，最艰巨最繁重的任务在农村特别是在贫困地区”。贫困地区社会经济发展，直接影响着我国社会经济发展和区域均衡发展的全局，对我国全面建成小康社会目标的实现也有重要影响作用。随着国家经济社会的发展，贫困县、重点县将只是一个历史的过程，随着我国全面小康建成的临近，贫困县将逐步退出和减少。

2015年2月13日，习近平总书记在延安主持召开陕甘宁革命老区脱贫致富座谈会上说：“我们实现第一个百年奋斗目标、全面建成小康社会，没有老区的全面小康，特别是没有老区贫困人口脱贫致富，那是不完整的。”

2015年5月27日习近平总书记对扶贫开发工作强调，要采取超常举措，拿出过硬办法，按照精准扶贫、精准脱贫要求，用一套政策组合拳，确保在既定时间节点打赢扶贫开发攻坚战。2015年6月18日，习近平总书记再次强调，“十三五”时期是我们确定的全面建成小康社会的时间节点，全面建成小康社会最艰巨最繁重的任务在农村，特别是在贫困地区。各级党委和政府要把握时间节点，努力补齐短板，科学谋划好“十三五”时期扶贫开发工作，确保贫困人口到2020年如期脱贫。在2015年10月16日举行的2015减贫与发展高层论坛上，习近平总书记指出，全面小康是全体中国人民的小康，不能出现有人掉队。未来5年，我们将使中国现有标准下7000多万贫困人口全部脱贫。2015年10月29日党的十八届五中全会通过了《中共中央关于制定国民经济和社会发展第十三个五年规划的建议》，《建议》指出，“十三五”时期是全面建成小康社会的决胜阶段，将“我国现行标准下农村贫困人口实现脱贫，贫困县全部摘帽，解决区域性整体贫困”作为要实现的重要目标。

2015年11月召开的中央扶贫开发工作会议上再次指出，“必须以更大的决心、更明确的思路、更精准的举措、超常规的力度，众志成城实现脱贫攻坚目标。坚决打赢脱贫攻坚战，确保到2020年所有贫困地区和贫困人口一道迈入全面小康社会”。具体表现在三个方面：第一，明确了“十三五”期间脱贫攻坚的目标：到2020年稳定实现农村贫困人口不愁吃、不愁穿，农村贫困人口义务教育、基本医疗、住房安全有保障；同时实现贫困地区农民人均可支配收入增长幅度高于全国平均水平、基本公共服务主要领域指标接近全国平均水平。第二，加强领导责任制，脱贫攻坚任务重的地区党委和政府要把脱贫攻坚作为“十三五”期间头等大事和第一民生工程来抓。要层层签订脱贫攻坚责任书、立下军令状。要建立年度脱贫攻坚报告和督察制度，加强督察问责。要把脱贫攻坚实绩作为选拔任用干部的重要依据。第三，明确了脱贫的具体路径，实施“五个一批”工程：发展生产脱贫一批、易地搬迁脱贫一批、生态补偿脱贫一批、发展教育脱贫一批、社会保障兜底一批。

可以预见在今后的5年左右的时间里，我国将全面采取超常规力度的一系列举措，通过精准扶贫，5年时间消除最后的贫困角落。在此过程中，我国也将探索并总结脱贫经验，通过与其他国家的合作及对外援助间接帮助世界完成减贫目标。2014年，我国仍有14个集中连片特困地区、832个片区县和重点县、12.8万个贫困村、7000多万贫困人口。贫困人口超过500万的有贵州、云南、河南、广西、湖南、四川六个省区，贫困发生率超过15%的有西藏、甘肃、新疆、贵州、云南五个省区。五年时间内实现7000多万人脱贫的难度不可小视。从2015年到2020年要减贫7000多万人，意味着每年减贫1170万人。如果按过去我国30多年年均减贫600多万人的速度计算，7000多万人脱贫需要11年，意味着到2025年才能实现目标。同时，目前还剩下的贫困地区大多是“硬骨头”，脱贫难度更大。

贫困县的全部摘帽，贫困人口的如期脱贫关系到我国整个贫困退出机制的大局，贫困退出机制是我国社会发展的重要内容，不同时期的工作重点不同，退出制度、退出内容、退出重点以及退出机制和方法也随之变化。随着我国国民经济发展进入“十三五”新时期，进入全面建成小康社会的决胜阶段，我国的扶贫开发也进入一个新的历史阶段，相应的贫困退出机制也必然发生新变化，提出新的要求，这不仅是因为扶贫开发本身的需要，更是实现全面改革目标，创新治理体系和提高治理能力的重要内容。就扶贫开发领域的改革创新而言，退出机制是也完善扶贫脱贫机制的重要内容。

2.2　新时代我国新发展战略的需要

新时期我国扶贫开发形势已发生新的变化，贫困特征逐步由绝对性贫困转向相对性贫困，而且集中连片特困地区成为扶贫开发工作的主战场，为此，创新扶贫开发工作机制，激发社会内生动力，释放发展活力，以切实提高扶贫开发的实质性效益，已成为国家战略和社会共识。然而，当下我国扶贫开发工作尚存诸多问题，尤其是贫困退出机制需要进一步的研究。随着我国全面建成小康社会目标的实现进程不断推进，我们要确保贫困人口到2020年如期脱贫，这要求贫困退出机制尽快出台。目前我国扶贫工作的主战场和扶持的主要对象是832个片区县和重点县，但是需要清楚地认识到重点县只是一个历史的过程，随着全面小康建成的临近，将逐步退出和减少。

20世纪80年代中期，我国开始实施大规模的扶贫开发。此后，1994年实施《国家八七扶贫攻坚计划（1994-2000年）》；2001年实施《中国农村扶贫开发纲要（2001-2010年）》；2011年实施《中国农村扶贫开发纲要（2011-2020年）》。这一系列的政策都在积极地帮助国家经济发展尤其是贫困地区经济发展。尤其是832个贫困县经济社会发展总体上仍处于全国最落后的序列。虽然实施了几轮扶贫规划，但是贫困县的退出标准并没有发生太大变化，农民人均纯收入、人均地方生产总值、人均财政收入等指标在贫困县的评定中占据很大权重。有专家认为，这样的评定标准对贫困发生率、贫困深度等衡量贫困程度的指标重视不够。目前全国还有592个国家级贫困县，加上片区县680多个贫困县，要如期实现十八大提出目标，任务非常繁重。有计划地推动具备条件的重点县摘掉贫困"帽子"，分批减少贫困县数量，是实现到2020年贫困地区如期脱贫目标的必然选择。

近年来，我国已向贫困地区倾注了大量的社会资源，扶贫开发工作已取得显著成效，目前我国已提前实现联合国千年发展目标中"贫困人口减半"的社会发展目标。而关于贫困人口如期脱贫以及贫困县全部"摘帽"问题成为下一阶段重要问题。

2.3　研究贫困退出机制的迫切性

推进贫困退出机制的研究与设立是适应我国新时期社会经济发展战略和全面深化改革以及扶贫开发新形势下的新任务，同时也是引导贫困地区健康发展的内在需要。

1. 从国家扶贫攻坚战略来看，贫困县、贫困乡（镇）、贫困村和贫困户退出是国家扶贫脱贫的战略性目标任务，2020年必须如期完成，如何退出必须制定一个规划的制度和有效机制。中共十八届五中全会提出了全面建成小康社会新的目标要求：我国现行标准下农村贫困人口实现脱贫，贫困县全部摘帽，解决区域性整体贫困。这也就意味着，到2020年，我国7000多万农村贫困人口将脱贫，592个贫困县将全部摘帽。根据五中全会公报的目标要求，如果2015年政府工作报告的减贫目标如期完成，未来5年，还将实现减贫6000多万，即每年需要减贫的人口均在千万以上。为了保证我国如此数量庞大的贫困人口和地域广泛的贫困地区渐次退出，现阶段需要制定一个有规划的制度和有效的机制。

2. 从扶贫脱贫的效果来看，贫困县“脱贫不摘帽”现象影响扶贫脱贫整体推进效果。贫困县的帽子是国家定的，但“摘帽”到底由谁来做，目前尚模糊不清，而缺乏贫困退出制度，导致了对贫困县帽子的依赖症。对许多的贫困县来说，不想退就不用退仍旧是目前的普遍现象。究其原因，一方面，是因为国家在将名额分配到各省之后，并没有明确贫困县的退出机制，缺乏动态的评估体系，评上贫困县之后再想摘下来就没那么容易；另一方面，贫困县在很多地方的退出属于自愿，由贫困县自行申报“摘帽”，鉴于这顶帽子的“含金量”，许多县尽管已经脱离了贫困，仍抓住不放。“脱贫不摘帽”给贫困地区带来了资金、项目等方面的优惠和好处，但同时也严重影响了扶贫开发工作的正常有序开展，财政资金跟不上、贫困地区“等靠要”思想严重等问题困扰扶贫开发工作。

3. 从我国的贫困现状来看，现行贫困县中制度并未反映贫困的真实状况。不少贫困地区存在“贫困县未必贫困”以及贫富差距明显的问题。目前国家贫困县的评定采用的主要还是2001年的“631指数法”，贫困人口（占全国比例）占60%权重；农民人均纯收入较低的县数（占全国比例）占30%权重；人均GDP低的县数、人均财政收入低的县数占10%权重。在现有的贫困县中，有相当一部分量化指标是达标的，但实际上这是按面积和人口来看。如果落到实地，却没有几个贫困县全县都是贫困的。经常会出现部分市民生活条件优越，而另一部分却长期处在贫困线以下，贫富差距较大的现象。而正是这部分极度贫困的民众为贫困县的人均GDP指标达标立下“汗马功劳”。

4. 从群众的角度来看，贫困退出机制缺乏导致已经脱贫的县乡镇村无法顺利的退出，产生民众矛盾。有些贫困县、贫困村、贫困县镇和贫困户已经实现事实上的脱贫，有些甚至好于非重点县中乡镇和村，但由于缺乏相应的退出机制，仍然享受着扶贫脱贫优惠政策，导致不公平性和民众矛盾的产生。因此必须制定贫困退出机制才能有效化解这种新的不平等和新的不公平现象。

5. 从财政的角度来看，贫困退出机制的缺乏会导致国家财政的浪费。目前，全国共有贫困县592个（其中中部省份217个，西部省份375个），这些地区戴上“贫困县”这顶帽子，就意味着可以获得获取国家财政补贴及其他各种优惠政策，而如果没有“贫困县”这顶帽子，巨额的扶贫资金、优惠政策以及教育、医疗与城市建设等方面的补贴也都没有。近年来中央财政专项扶贫投入逐年增加，目前每个贫困县平均可得数千万元财政补贴。但是，这些国家财政支出并没有真正地用到解决贫困的症结之处，而是被乱用滥用、铺张浪费。

2.4　研究贫困退出机制的重要意义

鉴于目前扶贫开发工作的紧迫性和严峻性，研究贫困退出机制势在必行，贫困退出机制研究的意义表现在以下几个方面：

1.加快扶贫脱贫速度，提升建成小康社会目标总体水平。

贫困退出机制的研究与确立，一方面从宏观的角度全面把握我国贫困地区贫困现状、贫困动态，鉴于目前时间紧、任务重，如何科学合理的分解安排退出任务，如何健康有序地推进退出工作，如何规范稳定地实现可持续退出等问题亟待解决。而通过退出机制的研究可以科学有效地保证在既定时间内完成脱贫任务；另一方面，贫困退出机制的研究也为全面建成小康社会奠定了基础，促进实现共同富裕，共享发展成果。

2.指导新时期精准扶贫、精准脱贫的效果，提升精准性。

贫困退出机制的确定，能够从宏观上提供整个贫困县工作进展的佐证材料，帮助中央行政当局充分掌握贫困重点县反贫困工作的及时动态，通过对贫困县考核结果的反馈，认清贫困县工作过程中存在的亟待解决的问题，从而为更好地促进贫困县发展提供充分信息和决策依据。贫困县退出指标体系的建立可实现扶贫开发目标责任制，进而能够增加扶贫开发工作人员的工作责任意识，提高扶贫开发的行动力和实效，使扶贫资源能够真正用于扶贫开发，避免有限的扶贫资源的浪费和无效作用。科学退出贫困县的工作，加强对各级组织扶贫工作的指导和管理考核，可以有效避免考核工作过程中的主观化和人情化，加强对扶贫开发工作的指导、协调和督促检查力度，督促全社会力量参与扶贫开发。

3.为“十三五”期间全国推进贫困县退出提供参考和指导

退出机制改革是我国当前和未来面临的重要内容，也是一个难点和重点。实现社会经济发展方式的转变，提升经济增长质量，促进经济结构的升级和优化，构建我国经济发展的升级版，全国贫困退出机制创新迫在眉睫。但是，在全国同时实施，显然成本高，影响面广，问题和矛盾也比较多，全国区域差异性较大，面临的阻力也较大，我们知道退出机制改革，是一次重大系统工程，预示着战略思想和指导思想上的重大改变，预示着经济管理体制、管理方式调整，预示着社会经济关系和资源配置也将会发生新转变，涉及面广，影响力大。而研究贫困退出机制，将会为全国在十三五期间顺利推进贫困县退出和如期实现脱贫目标提供参考和指导。

4.有利于丰富和发展新时期中国扶贫开发的理论

中国扶贫开发理论是我国扶贫开发多年实践的总结和积累，贫困退出机制研究，不仅是对我国考核管理理论研究的有益探索，同时，也是贫困与反贫困理论的有益探索和发展，通过研究和分析贫困县考核指标体系，将深入探讨贫困县作为我国一个基层重要组织在社会经济发展的管理体制、机制以及在扶贫开发过程中贫困瞄准识别，扶贫资金运作管理，社会扶贫参与模式以及具有中国特色的驻村机制等理论的总结，为世界各国扶贫开发提供借鉴和理论上的指导。

第二篇　综述与范式：理论综述及研究方法

第3章　国内外扶贫考核研究文献综述

3.1　基于收入水平的贫困测度研究综述

从历史发展进程看，贫困测度主要经历了三大发展阶段：(1)20世纪初到20世纪70年代，是传统贫困指数产生与应用阶段；（2）20世纪70年代末到80年代中期，是各种贫困指数和测度方法蓬勃发展的阶段；（3）20世纪80年代后，学者们的注意力主要集中在各种贫困指数在实践中的应用。

对贫困的测度和扶贫工作的考核最通行和最常用的指标是基于收入水平制定的。在国际上，存在每天1美元的国际贫困线标准，在国内，我们也根据中国的经济发展水平和实际情况，制定了相应的贫困线标准。但是很多国内学者认为这种恒定的贫困线标准无法紧随经济社会的发展水平，他们在各自的研究中进行了各种基于收入水平的贫困测度和扶贫工作考核研究。

Zheng（1997）系统地讨论了各种贫困理论的性质及其相互之间的关系，并运用相关的贫困理论对一系列贫困指数做出分析和评价。李实和Knight（2004）用1998年国家统计局制定的食品贫困线，以城镇家庭十等分组中最低收入组的非食品支出占食品支出的比率来计算一般贫困线，并用1988年和1995年全国住户调查数据，测定的城镇贫困发生率分别为2.7%和4.1%。

Gustafsson、Sato（2004）首次运用主观贫困线方法，测定1999年城镇一个典型三口之家的主观贫困线为6895元/年，即2298.3元/人、年，相应的贫困率为6.12%。

王德文（2005）根据2004年中国城市和个人调查数据，以中位人均收入的50%作为贫困线，得到城镇贫困率为18.7%，贫困差距率指数为0.046，平方贫困距指数为0.033。而朴之水（2005）利用2003年国家统计局城镇家计调查数据所估计的主观贫困线为每人每年4147元，相应的贫困率为17%。

王春萍（2005）具体的测量指标有贫困发生率、贫困深度和贫困深度指数等。Meng、Gregory和Wang（2005）用马丁法分省逐年计算贫困线上限和下限，得到1986年-2000年每一年的贫困线及贫困发生率，并分析认为1986年-2000年城镇贫困发生率上升的主要原因是由于这期间粮价上涨，教育、住房、医疗支出上升等因素造成的。

此外，还有学者对影响贫困的各种因素进行了分析。Jyotsna Jalan 、Martin RavaUion （2000）利用广东、广西、云南和贵州四省的面板数据，分析农村贫困中的暂时性贫困与持久性贫困构成及其影响因素差异，但不同省份之间的差异性较大。Filmer（2000）认为在发展中国家，贫困往往与低水平的教育程度和教育性别差距有关。Yan Wang 、Yudong Yao （2001）研究了人力资本、增长和贫困之间的关系，认为人力资本是造成地区贫困差距的主要因素。

Thomas Glauben、Thomas Herzfeld、Xiaobing Wang （2012）使用中国三个省份的农户面板数据，识别长期贫困因素和测定脱贫的时间依赖概率。结果表明，人口是暂时性贫困的影响因素，而穷人要脱贫受到不工作的家庭成员的数量、受教育程度等因素的影响很大。

Shorrocks等（2005）认为衡量收入差距的决定因素时，地理位置不是一个独立要素，而是与其他要素联系在一起的，如自然资源、天气状况、文化传统甚至制度安排等。Bjora Gustafeson 、Ding Sai （2009）从中国少数民族贫困的动态视角出发，采用22个省份的数据构建计量模型，对比分析少数民族和汉族的贫困发生率以及贫困的影响因素。结果表明，贫困发生率与地理位置有较大的相关性。

3.2 多维贫困考核和测量方法研究综述

目前国内扶贫考核工作对贫困人口的识别所依据的是收入贫困线，以此为基础确定贫困县和贫困村，通过专项扶贫开发项目和政策对贫困县和贫困村进行扶贫开发。从效果来看，开发式扶贫取得了显著成就，中国绝对贫困人口显著减少。但是，从近年来的经济发展水平和收入分配来看，相对贫困日益成为了中国贫困中的突出问题。收入差距之外的教育、医疗卫生、社会保障等公共服务的差距显著高于收入差距。新阶段中国贫困呈现出了明显的新特征。这些特征可以简要概括为：相对贫困和社会排斥取代绝对贫困成为贫困的主要方面；收入之外的其他维度的贫困表现突出；以农村为主的贫困逐步转化为农村和城市贫困共存的状态。因此，运用多维贫困理论和方法对中国农村和城市贫困进行测量，不仅很有必要，而且具有重要的政策意义。

由于单一贫困指数在某种程度上存在不足，需要构建衡量贫困程度的指数体系以全面准确了解贫困程度，因此需要采用多维考核方法对扶贫工作进行评价。

Sen（1999）提出多维发展理论，他把发展看作是扩展人们享有实质自由的一个过程，实质自由包括免受困苦——诸如饥饿、营养不良、可避免的疾病、过早死亡之类——的基本可行能力。Sen是贫困测度公理方法的首创者，在此之前，一般使用的贫困指数都是在某种先验的基础上提出来的，但Sen认为贫困指数必须与在理论上经得起考验的标准值。于是在他的倡导下确立了一系列基本公理，如相关性公理、弱单调性公理、强单调性公理、弱转移性公理等等。

从20世纪80年代末开始，研究人员提出了一系列不同的多维贫困指数及其计算方法，如Hagenaars（1987）从收入和闲暇两个维度构建了第一个多维贫困指数，联合国开发计划署分别于1996年和1997年构造了能力贫困指标和人类贫困指数，美国宾夕法尼亚大学R.J.埃斯特斯于1991年给出了社会进步指数等等。上述方法在指标如何加总和权重如何分摊等方面存在着缺陷（尚卫平、姚智谋，2005）。2007 年5月由Sen发起，在牛津大学国际发展系创立了牛津贫困与人类发展中心。中心主任Alkire（2007）认为，与能力方法相关的多维贫困测量能够提供更加准确的信息，便于识别人们的能力剥夺。随后，Alkire and Foster（2008）提出了多维贫困的识别、加总和分解方法，从一致性、连续性、可分性等方面指出了多维贫困指数的性质，并可以按照维度、地区等不同的组对其进行分解。这种测量方法比早期的多维贫困测量指数要更加准确和细致。

王小林（2009）采用Alkire and Foster开发的多维贫困考核及测量方法对中国城市和农村家庭多维贫困进行了测量，结果表明，中国城市和农村家庭都存在收入之外的多维贫困，中国扶贫开发纲要应从多维度识别和瞄准贫困。

3.3　扶贫方式考核和评价研究综述

我国目前扶贫方式的现状和问题在于对扶贫项目的研究多为政策性的研究而少实证性研究；对扶贫项目的研究只是表象而缺少理论及方法的支撑；对扶贫项目的研究很少涉猎于社区发展对其的影响（贾兰，2003）。

张杰、赵峰（2007）认为在国家扶贫开发的大背景下，推进民族地区农村的教育改革与发展，是民族地区农村的可持续发展战略的一项重大任务，同时，也是开发当地人力资源，培养一批与产业化扶贫项目相适应的在生产环节、经营环节、管理环节、服务环节都需要的综合性素质人才，增强村民内部能力，达到脱贫致富的最有效途径。王余丁、赵邦宏、宗义湘（2009）通过研究发现扶贫工作只有高度重视农村教育的发展，加强对农民及其子女的教育培训，提高农民的文化水平，才能使农民有能力去关注政治，才能为农民的政治参与提供智力保障。匡远配（2005）认为扶贫工作中应重视教育的传播形式，远程教育在其他国家的农村教育中非常普及，但在国内还有待加强。

吴桂枝（2007）对农业产业化扶贫方式做了这样的阐述，农业产业化扶贫是利用农村固有资源，在政府或者企业及社会组织的共同参与下，依靠本地的有效资源，与农业产业化经营者与农户开展稳定而持久的合作，提升其技术水平和文化程度，并通过培训生产者、居民加入到生产线、加工线等流程，促使农户在整个产业化扶贫项目中受益，最终达到解决农村贫困问题的目的。傅国军、夏树让在研究西部地区产业化扶贫过程中认为：产业化扶贫是一种新型扶贫模式，就是以市场为导向，以龙头企业为依托，利用西部贫困地区特有资源优势，逐步形成“贸工农一体化，产加销一条龙”的产业化经营体系，持续稳定地带动贫困农民快速致富。余国新、刘维忠在(2010)中对新疆的产业化扶贫实践及其作用进行了论述：“公司+农户”是农业走向产业化的重要模式也是扶贫的重要模式。最后可以通过技术的进步和推广促使农户经济向产业化经济转化，最终走向富裕、全面实现小康。朱乾宇（2004）运用多元回归方法探讨了政府扶贫资金投入形式中以工代赈、贴息贷款和发展基金等资金投入方式与扶贫绩效间的关系。李有发(2006)认为从教育的层面看，现代社会条件下的贫困不单纯是经济的贫穷其实质是发展经济所需的全部或者部分关键的生产要素的缺乏，最根本的是贫困人口基本的致富能力的缺乏。通过教育扶贫，使贫困人口掌握脱贫致富的基本技能是改变他们贫困面貌的根本性措施。李广舜（2006）认为政府要通过改革不合理的财政分配制度，加大对基础教育投入，实现教育资源的公平配置等措施，来逐步消除贫困。汪三贵（2014）认为只有加快改进扶贫考核机制才能实现精准扶贫。余仲华（2005）利用实地调研和问卷调查掌握的情况，对科技扶贫人员考核存在的问题进行了分析与概括，提出了一个对科技扶贫人员具有通用性质的考核方案。

李兴江等（2008）探讨了参与式扶贫模式的运行机制，并采用层次分析法从经济发展水平、社会发展水平、村民能力建设三方面对其进行了绩效评价。贾敏（2010）探讨了参与式扶贫方式在存在的问题及出现这些问题的深刻原因，分析了贫困地区成功推行参与式扶贫方式的经验，最后就如何实现参与式扶贫方式的本土化提出了相应的对策措施。董淑芬(2006)提出构建社会支持网络的思路，认为构建和谐的弱势群体社会支持网络，需要确立一个核心价值理念，即社会公平要能够切实从人道的、以弱势群体为本的角度去构建一个和谐的社会支持网络，要在弱势群体问题上体现社会公平，并不是要拉平强势群体和弱势群体，而是要通过调整社会分配，把强势群体和弱势群体的差距调整到合理的范围之内。

3.4　扶贫绩效的考核和测算研究综述

目前我国扶贫绩效的考核和测算研究主要从三个方面进行：政府扶贫资金的使用、扶贫资金瞄准以及扶贫效果考核。

1.从政府扶贫资金使用效果角度。吕炜等（2008）从政府扶贫资金投向角度，提出了农村减贫制度创新的基本分析框架，制度分析和经验分析的结果表明，在扶贫资金中不断提高教育和各项社会性支出水平，对于下一阶段农村减贫效果显著。蔡防、都阳（2000）的研究结果则显示，对于农村扶贫的经济增长起促进作用的，作用更大的并不是扶贫资金的投入，而是政府其他方面的努力。陈凡、杨越（2003）的研究发现扶贫资金总额的影响往往集中在短期效果，对于农村扶贫的促进作用来说，以工代发资金的方式作用最为明显，而财政直接投入扶贫的资金，在农村扶贫的促进作用则不是很明显。朱乾宇（2003）对中国政府扶贫资金的绩效进行了分析研究，结果显示：财政发展资金和贴息贷款对贫困人口收入增加和数量减少的作用都不明显，只有扶贫资金的增加能促进农业总产值、农民人均纯收入的增长并减少农村贫困人口数。汪三贵等（2004）的研究发现随着中国整体经济实力的不断提升，直接投到贫困县的资金却在逐年减少，究其主要原因，是越来越多的扶贫专项贷款并没有真正落实到具体的贫困县造成的。

以上这些学者的研究，大部分运用数量经济模型，对农村扶贫资金的使用绩效进行分析，但由于各个学者在分析的过程中，彼此采集的数据不同，运用的样本大小也不一致，分析的结果往往不同。由于在各种分析方法中，对于农村扶贫起作用的资金种类并不相同，有的资金对于扶贫的作用比较明显，有的资金与扶贫的经济效果并没有明显的联系，因此造成了各种分析方法的结果有很大的不同，很难具体表明对于农村经济的增长是由哪部分扶贫资金带来的。

2.从扶贫资金瞄准偏离角度。李小云等（2005）对中央财政扶贫资金的重点县瞄准、贫困村瞄准和贫困群体瞄准情况进行了深入分析，发现目前我国中央财政扶贫资金流出重点县的比重超过了规定的70%，贫困村识别能够在一定程度上提高瞄准精度，但由于指标式的贫困村确定方法从制度上排挤了一些真正的贫困村进入瞄准范围。项目依托式的扶贫资金到达贫困户手中的比重最低，信贷资金不能瞄准贫困群体的问题仍然十分突出。刘冬梅（2001）对以县为扶贫目标的瞄准机制存在的一些弊端进行了研究，认为将中国反贫困的瞄准目标定位于县的机制在管理成本上是可接受的，在瞄准精度上却存在着严重的偏差。扶贫资金传递的各个环节都不能成为中国反贫困瞄准机制构建的最优选择，矛盾的焦点主要在于瞄准精度的提高总是伴随着管理成本的上升。

3.从扶贫效果考核评价体系角度。陈华东（2001）提出了西藏的扶贫指标体系与标准，该指标体系主要包括6个方面34个指标。江西农村贫困问题研究课题组（2002）结合我国新时期以村为基本扶贫单位的特点，提出把村级作为主要的评价对象，建立了针对村级的反贫困综合评价指标体系及其标准。赵广岩（2008）应用数据包络分析法、主成分分析法，构建了针对行政村的扶贫监测评价指标体系及评价模型。从已有的研究成果中可以发现，研究成果定性分析较多，而定量分析较少，而且有的虽然建立了农村扶贫效果评价指标体系，却没有将国家在扶贫方面的新举措考虑进去，如贫困户参加新农合比例等。

3.5 小结

国内对于扶贫开发工作考核的理论研究，主要从以上四个方面进行，首先是对贫困的测度研究，这又包括从收入单一角度进行和从多维角度进行两个方面；其次是对我国扶贫开发工作所采用的方式进行总结归纳，如产业扶贫等；三是对扶贫工作最终取得的成果进行测算和理论研究。应该说，这三个方面的理论研究是实践中考核指标体系制定的基础，只有充分认识了贫困的多维度性，及对扶贫方式等方面的了解，才能科学的制定出合理可行的考核指标体系。

第4章　相关概念界定

在具体研究之前，首先对涉及的几个相关概念做一简单的说明与界定。主要包括精准扶贫、精准脱贫、贫困县、集中连片特困地区、退出与退出机制、第三方评估等。

4.1　精准扶贫

实现贫困人口如期脱贫，贫困县全部摘帽，必须实施精准扶贫精准脱贫基本方略。最重要的是改革现行扶贫思路和方式，变大水漫灌为精准滴灌，变“输血”为“造血”，变重GDP为重脱贫成效，解决好“扶持谁”“谁来扶”“怎么扶”“如何退”的一系列问题。根据中共中央办公厅、国务院办公厅发布《关于创新机制扎实推进农村扶贫开发工作的意见》中办发〔2013〕25号文件，精准扶贫可以概括为精准识别、精准帮扶、精准管理和精准考核。2015年6月18日习近平总书记在贵州召开部分省区市党委主要负责同志座谈会上又首次提出“六个精准”，即“对象要精准、项目安排要精准、资金使用要精准、措施到位要精准、因村派人要精准、脱贫成效要精准”，为今后精准扶贫和精准脱贫指明了方向。

1. 扶持对象精准。这是“六个精准”的基础和前提，是对“四个精准”中“精准识别”更全面表述。扶持对象精准即要对扶贫对象实施精准化识别、针对性扶持、动态化管理，做到底数清、任务清、责任清。扶贫对象精准需要通过民主、科学和透明的程序来将贫困户识别出来。另一方面则需要对建档立卡农户的扶持将是动态化的，当信息系统监测发现农户已经脱离贫困状态时就可以将该农户调出贫困户范畴，而一些新的农户则可以再次进入。

2. 项目安排精准。扶贫项目安排精准就是要坚持选准最贫困的村、扶持最困难的户的原则，针对不同的贫困成因，结合实际编制项目规划，实施不同到乡镇综合项目、到集体项目和针对不同农户的差别化的个性化项目。项目安排一方面需要项目本身精准、其次是项目安排对象、时间和范围精准，为此需要健全“扶贫项目决策机制”和“项目参与机制”。

3. 资金使用精准。资金使用精准就是要将资金精准投放到村到户，增强针对性和实效性。财政专项扶贫资金必须确保“精确用于扶贫对象，切实做到扶真贫、真扶贫”，切忌用专项扶贫资金打造“盆景”。做好资金监管，提高使用精准度。把扶贫资金安排与减贫成效挂钩，加大按扶贫成效分配资金的比重。指导县级建立扶贫项目数据库，加快资金拨付进度，简化资金拨付流程。完善资金项目公告公示制度，发挥好12317扶贫监督举报电话作用。

4. 措施到户精准。措施到户精准就是根据贫困村和贫困户的实际致贫原因和程度，设计具有针对性的帮扶措施和手段。因村施策、因户施治，逐村逐户制定差异化的帮扶方案，做到措施精准——措施到户精准重视贫困村与贫困户的特殊情况和需求，采取相应的扶贫脱贫措施。例如“四个一批”即对有生产能力的农户实施生产和就业扶持。对自然条件恶劣不适合人类居住山区实施移民搬迁安置。对丧失劳动能力、无法通过产业扶持和就业的贫困户则实施低保政策兜底，对因病致贫、因病返贫的贫困户则实施医疗救助扶持脱贫。

5. 驻村帮扶精准。一方面是实施驻村帮扶干部的帮扶，另一方面实施派驻第一书记进行帮扶。中共中央组织部、中央农村工作领导小组办公室、国务院扶贫开发领导小组办公室印发《关于做好选派机关优秀干部到村任第一书记工作的通知》（以下简称“通知”），通过从各级机关优秀年轻干部、后备干部和国有企事业单位优秀人员中选派。精准就是要根据每个村的实际需要选择相应的干部。

6. 脱贫成效精准。脱贫成效精准是“六个精准”的归宿和目的。一方面，通过建立贫困户脱贫和贫困村、贫困县退出工作机制，严格退出程序和标准，对扶贫对象进行动态管理，做到贫困户有进有出。另一方面，通过量化考核，精准评价不同层级扶贫部门的工作成效。脱贫成效精准就是要真正做到真脱贫、脱贫真和脱真贫。

2015年11月27日召开的中央扶贫开发工作会议再次强调：精准扶贫是为了精准脱贫。要坚持精准扶贫、精准脱贫，重在提高脱贫攻坚成效。关键是要找准路子、构建好的体制机制，在精准施策上出实招、在精准推进上下实功、在精准落地上见实效。坚决打赢脱贫攻坚战，确保到2020年所有贫困地区和贫困人口一道迈入全面小康社会。

精准扶贫，“精”在精密部署，统筹安排，在精准施策上出实招。消除贫困、改善民生、逐步实现共同富裕，是社会主义的本质要求，是我们党的重要使命。全面建成小康社会，是我们对全国人民的庄严承诺，是全局工作的重中之重，扶贫攻坚是全面建成小康社会的重中之重，精准扶贫就是扶贫攻坚的重中之重。2013年11月，习近平总书记在湖南湘西考察时，首次提出了“精准扶贫”的要求。随之，中共中央办公厅和国务院相关机构出台了一系列实施方案，对精准扶贫工作模式的顶层设计、总体布局和工作机制等方面做了详尽规划。10月16日，在出席2015减贫与发展高层论坛时，习近平主席向全世界庄严宣告：“中国将大幅增加扶贫投入，出台更多惠及贫困地区、贫困人口的政策措施，在扶贫攻坚工作中实施精准扶贫方略，坚持中国制度的优势。”党的十八届五中全会从实现全面建成小康社会奋斗目标出发，明确到2020年我国现行标准下农村贫困人口实现脱贫，贫困县全部摘帽，解决区域性整体贫困。全会通过的“十三五”规划建议对精准扶贫工作做出了全面精密部署。在全国扶贫工作会议上，习近平总书记又对扶持谁、谁来扶、怎么扶做出了统筹安排。可以说，这一系列制度安排和全面统筹规划，是以习近平同志为总书记的党中央坚持分类施策，在政策层面和制度层面打出的一套扶贫攻坚组合拳，旨在以精准扶贫实现精准脱贫。

精准扶贫，“准”在准确判断，以数据目标定位，在精准推进上下实功。以习近平同志为总书记的党中央注重扶持对象精准、项目安排精准、资金使用精准等六个精准，用一系列数据勾勒出扶贫开发的新路线图。首先，准确计算脱贫标准。习近平总书记就“十三五”规划建议作说明时指出：“我国现行脱贫标准是农民年人均纯收入按2010年不变价计算为2300元，2014年现价脱贫标准为2800元。综合考虑物价水平和其他因素，逐年更新按现价计算的标准。据测算，若按每年6%的增长率调整，2020年全国脱贫标准约为人均纯收入4000元。”其次，设定脱贫时间表。据统计，截至2014年底，我国仍有现行标准下的贫困人口7017万人。到2020年，平均每年要减贫1170万，每个月要减贫100万。具体来讲，到2020年，通过产业扶持，可以解决3000万人脱贫；通过转移就业，可以解决1000万人脱贫；通过易地搬迁，可以解决1000万人脱贫，总计5000万人左右。还有2000多万完全或部分丧失劳动能力的贫困人口，可以通过全部纳入低保覆盖范围，实现社保政策兜底脱贫。目前，全国都在积极推进扶贫大数据平台建设，对贫困村、贫困户进行准确识别，逐一建档立卡，建立扶贫信息网络系统，确保各项工作落实到位。党中央用准确的数据、扎实的工作表达出对中国扶贫事业的高度重视，推动了精准脱贫工作上了一个新台阶。

4.2　贫困县的界定

1.国定贫困县的确定与调整

我国的扶贫开发工作从20世纪80年代开始，通过确定贫困县，进而对重点县进行有针对性的扶持。确定重点扶持县，是我国扶贫开发区域瞄准的重要手段之一，1986年我国第一次确定贫困县，此后进行过三次调整。

首先，在1986年，我国确定了331个国家重点扶持贫困县。当时的贫困县确立标准是按1985年农民人均纯收入计算，农区县低于150元，牧区县低于200元，革命老区县低于300元，即列入国家扶持范围。

其次，在1994年，颁布实施《国家八七扶贫攻坚计划（1994-2000年）》，我国对贫困县名单进行了一次调整。当时的贫困县确立标准，按照1992年农民人均纯收入超过700元的县一律退出，低于400元的县全部纳入的方法，在全国范围内确定了592个国家重点扶持贫困县。

第三，在2001年，颁布实施《中国农村扶贫开发纲要（2001-2010年）》，我国对国家重点扶持的贫困县进行第二次调整，贫困县改称国家扶贫开发工作重点县，将东部33个重点县指标全部调到中西部，东部不再确定国家级重点县。同时，西藏自治区作为特殊扶持区域，整体享受重点县待遇，不占重点县指标。全国共有592个重点县，作为扶贫开发的重点区域。此时扶贫政策的一个显著变化是，扶贫对象改变了过去以贫困县为基本扶持单位的做法，而将扶贫开发重点转向了14.8万个贫困村，这在一定程度上扭转了贫困县以外的贫困人口享受不到扶贫政策和资金的状况。

第四，在2011年，颁布实施《中国农村扶贫开发纲要（2011—2020年）》，对国家重点扶持的县进行第三次调整。与以往重点县的调整方法不同，本次调整的最大特点是权力下放到省。即允许各省根据实际情况，按“高出低进，出一进一，严格程序，总量不变”的原则进行调整，但不得将连片特困地区内重点县指标调到片区外使用。这次调整，原重点县共调出38个，原非重点县调进38个，全国重点县总数仍为592个。

2.集中连片特困地区的划分

21世纪的第一个十年，中国农村扶贫开发取得了显著成效，然而，伴随《中国农村扶贫开发纲要（2001-2010年）》目标任务的如期完成，中国的贫困格局又呈现出新的特征，绝对贫困人口在分布上呈现出向边远山区、民族聚居区、革命老区、省际交界区等区域集中的大分散、小集中态势。顺应这一客观现实的变化，2011年，按照集中连片、突出重点、全国统筹、区划完整的原则，以2007年-2009年3年的人均县域国内生产总值、人均县域财政一般预算性收入、县域农民人均纯收入等与贫困程度高度相关的指标为标准，这3项指标均低于同期西部平均水平的县（市、区），以及自然地理相连、气候环境相似、传统产业相同、文化习俗相通、致贫因素相近的县划分为连片特困地区。在划分过程中，对少数民族县、革命老区县和边境县采用了增加权重的办法予以倾斜照顾，在全国共划分出11个连片特困地区，即六盘山区、秦巴山区、武陵山区、乌蒙山区、滇桂黔石漠化片区、滇西边境山区、大兴安岭南麓山区、燕山—太行山区、吕梁山区、大别山区、罗霄山区等连片特困地区和已明确实施特殊政策的西藏、四省（四川、云南、甘肃、青海）藏区、新疆南疆三地州确定为中国未来十年扶贫攻坚的主战场。

将集中连片特殊困难地区作为扶贫开发的主战场，是党中央、国务院做出的重大战略举措。进入以上14个片区的县共有680个，其中国家扶贫开发工作重点县有440个，民族自治地方县371个，革命老区县252个，陆地边境县57个。其中，六盘山区等11个集中连片特困区共涉及19个省（区、市）的505个县，区域面积143.3万平方公里，区域人口2.28亿，其中乡村人口1.96亿。这些地区自然条件恶劣，生态环境脆弱，资源较为丰富，开发相对滞后。按照2300元的最新贫困标准，2011年，我国的扶贫对象仍有1.22亿人，占农村户籍人口的12.7%。其中，连片特困区的贫困发生率为28.4%，比全国平均水平高出15.7个百分点，覆盖了全国70%以上的贫困人口。此外，11个连片特困区的人均地区生产总值、人均地方财政一般预算收入、农民人均纯收入三项指标分别只相当于西部平均水平的49%、44%和73%。

3.省定贫困县的确立

2011年召开的中央扶贫开发工作会议宣布，把农民人均收入2300元（2010年不变价）作为新的国家扶贫标准，这个标准比2009年提高了92%。各地按照可根据当地实际制定高于国家扶贫标准的地区扶贫标准的精神，先后明确了地方扶贫标准。所以，除了以上的国定重点县之外，各省根据本省的实际情况，在国定贫困县之外，确立了一批省定贫困县，与国定贫困县一起作为本省扶贫开发工作的重点扶持对象。

4.3 退出机制

本文研究的退出机制实际上是一个导向机制，在什么样的指标体系下，达到什么样的发展程度，可以退出贫困的行列。通过退出机制，让贫困政策更多地有利于贫困地区的发展，更多地帮助贫困人口受益。

1.退出

根据《新帕尔格雷夫经济学大词典》中的解释，“退出（exit）”是指“从一种已经建立的关系，像商品的买者，或像诸如公司、家庭、政党或国家之类组织的成员的关系中退出来。”可以看出，这里的“退出”主要涉及三层意义：第一，“关系”“体系”或者说“组织”；第二，“出来”“离开”或者说“把已经取得的东西交出来”；第三，如何退出，自愿退出、自觉退出还是被动退出、强制退出。按照这三层意义，本研究将“退出”分为市场退出和行政退出两类。

（1）对市场退出的界定

如果退出是“以选择的可获性、竞争和充分发达的市场为基础”，这种退出行为可以称为“市场退出”，市场退出往往是一种市场的矫正机制。市场退出包括产品或服务的市场退出、消费者的市场退出和厂商的市场退出。从市场退出主体来看，有厂商、消费者和产品(包含服务)的退出；从退出行为来看，市场退出就是停止市场交易。不管是厂商由于经营上或是战略上的考虑退出市场，还是产品由于有缺陷或更新替换而退出市场，都是在完全竞争的市场上所达到的均衡结果。

（2）对行政退出的界定

市场往往不是万能的，在很多情况下需要政府行政干预，现实生活中完全由市场决定的退出不多。由于历史和制度原因，市场不能有效解决的退出难题可以由行政退出来帮助解决。但是行政退出需要与“强制退出”区别开来。首先，我国的市场不是一个完全竞争、充分发达的市场；其次，在我国退出常常是被动的。从我国现有的退出机制来看，多是迫于某种政策干预或者政策保护，如我国的廉租房退出机制、农民承包地退出机制、农村宅基地退出机制、公务员退出机制、中国私募股权基金退出机制等等，在很大程度上都带有行政退出的色彩。政府主导是脱贫攻坚的中国特征。经济增长不能自动实现减贫，政府在脱贫攻坚中责无旁贷，必须发挥主导作用。考虑到扶贫脱贫的市场性行为较少，本研究的退出主要是指行政退出。

2.精准脱贫与退出

在精准扶贫的大背景下，最终的落脚点应该就是精准脱贫，即真正做到真脱贫、脱贫真和脱真贫。目前，国家已经提出“按照精准扶贫、精准脱贫要求，用一套政策组合拳，确保在既定时间节点上打赢扶贫开发攻坚战”，本研究的重点“贫困退出机制”也就应运而生。“贫困退出”应该遵循科学的指导原则和方法，充分认识精准的内涵，把握“贵在精准，重在精准”的工作要求，将精准脱贫作为退出机制工作的主要立足点和落脚点。

3.退出与摘帽、出列、脱贫

贫困作为一种社会状态，在任何国家、任何地区都会存在。现阶段在全面建成小康社会的背景下，我国的贫困退出主要是指贫困县的摘帽以及现行标准下贫困人口的脱贫。

考虑贫困退出的主体主要涉及贫困县、贫困乡镇、贫困村、贫困户，针对不同的主体或对象，贫困退出有不同的说法，比如贫困县往往被称为“贫困县摘帽”，贫困村一般被称为“出列”，贫困户则是“脱贫”。由于历史原因，我国现有的被认定为贫困县的地区往往被理解为戴上“贫困县”这顶帽子的地区，享有特殊的国家优惠待遇，“摘帽”也就变得带有政治色彩，成为一种政府行为。而“出列”在某些地区的贫困村退出中被使用。

其实贫困在一定地区、一定时间内存在或者消失，相应的“脱贫”（out of poverty）应该是一种自然状态。从这种意义来讲，“脱贫”的概念具备更广的外延。“摘帽”“出列”和“退出”则是在我国特定的发展阶段、政策制度下产生的。考虑我国全面建成小康社会的任务要求，本研究的“贫困退出”主要是指贫困县的摘帽以及现行标准下贫困人口的脱贫。

4.4 第三方评估

所谓的第三方（The Third Party）主要是指除了第一方（被评估对象）和第二方（服务对象）之外的那一方。通常情况下，第三方同第一方、第二方之间并不存在必然的隶属关系，也没有根本利益上的相关性，正是在这个意义上，第三方实质上是指“独立第三方”，其独立性是保证评估结果公正的起点，其专业性和权威性是保证评估结果公正的基础。

“第三方”组织实施全部工作的评估，包括：建立指标体系、确定评价标准和权重、组织评估，以及最后取得评估数据，公布评估结果。由于“第三方”不是由政府工作人员组成的，所以“第三方评估”区别于政府机构的“内部评估”，属于“外部评估”。第三方评估的组织形式主要有：由不同领域、不同行业、不同专家学者组成的专家小组；依托各类高等院校和科研机构先进技术组成的研究组；各类社会中介机构，包括会计师事务所、资产评估机构、行业咨询公司等专门性评级机构；邀请社会组织对扶贫开发工程与项目进行评估。专业第三方设计建立评估指标体系和评估机制，形成科学、合理的考评方法，建立健全扶贫工程与项目的考核体系。第三方评估因其评估结果的客观性和公正性，有助于完善扶贫工程与项目的监督体系，提升政府公信力。

第三篇　现状与经验：中国贫困考核及退出机制的实施进展

第5章　当前我国贫困县考核机制的现状及特点

5.1　全国各省脱贫攻坚实施进展

5.1.1　贵州省贫困县扶贫开发工作考核机制实地调研情况及分析

2014年11月9日到11月13日，在中国国际扶贫中心的支持和黄承伟副主任的指导下，北京师范大学中国扶贫研究中心主任张琦教授带领四名硕士和博士研究生对贵州省黔东南雷山县进行了实地调研。调研包括座谈会和下乡调研两部分内容，座谈会包括与雷山县扶贫办的领导和全体工作人员进行座谈了解雷山县扶贫开发情况和遇到的困难，下乡调研选择了望丰乡公统村和西江千户苗寨两个点进行，并在每个点选取了10户家庭进行入户访谈。

1.贵州省贫困县扶贫开发工作考核机制建设情况分析

贵州省根据《中共中央办公厅国务院办公厅印发<关于创新机制扎实推进农村扶贫开发工作的意见>的通知》（中办发[2013]25号）要求，为改进贫困县扶贫开发工作考核机制，把提高贫困人口生活水平和减少贫困人口数量作为主要指标，引导贫困地区党政领导班子和领导干部把工作重点放在扶贫开发商，制定了贵州省贫困县扶贫开发工作考核办法，并制定了详细的考核指标体系。

（1）贵州省贫困县扶贫开发工作考核指标体系涵盖五大领域，更加注重贫困人口的减少和收入提高。

贵州省贫困县扶贫开发工作考核指标体系考核的范围包括组织领导、减贫增收、基础设施、产业发展、民生事业五大领域（一级指标）的24个方面（二级指标）的47个子项（三级指标）。

指标体系的指标设置以客观指标为主，一级指标的权重设置为组织领导15%，减贫增收25%，基础设施20%，产业发展15%，民生事业25%；三级指标的分值根据一级指标的权重进行分配，各三级指标的分值根据其重要性略有不同。一级指标权重和三级指标分值的不同设置体现了贵州省根据当地实际情况对扶贫开发工作的侧重点。

从三级指标的单项指标分值来看，"减贫增收"项下的"农村贫困人口减少数量""贫困发生率下降幅度""农村居民人均可支配收入"三个三级指标的分值最高，分别为10分、5分和10分；其次为"组织领导"项下的"落实六个到村到户情况"和"产业发展"项下的"农业产业化经营带动农户比例""高效农业示范园区带动农户增收效率"，分值分别为5分、8分和5分；此6项之外的其余41个三级指标分值均为1分或者2分。

指标的达标情况（或者说指标是否得分），根据省统一制定的当年指标目标进行衡量。各三级指标的数据来源于不同的部门，包括省扶贫办、民政厅、交通运输厅、水利厅、文化厅、农委、教育厅、卫计委、公安厅等行政单位，以及省电力行业协会，国家统计局贵州调查总队等。

表5-1　贵州省贫困县扶贫开发工作考核指标体系

一级指标	二级指标	三级指标	分值
组织领导	领导重视	落实党政一把手负总责的扶贫开发工作责任制	1
		建立健全县级扶贫开发领导小组	1
	机构设置	县级扶贫机构单列，落实人员编制，建立健全贫困乡镇扶贫机构	1
	减贫摘帽	建立减贫目标责任制	2
	精准扶贫	建立完善贫困户识别、进退机制	1
		组建同步小康驻村工作组，实现到村到户帮扶全覆盖	2
		落实六个到村到户情况	5
	定点扶贫和对口帮扶	落实集团帮扶、定点扶贫和对口帮扶工作情况	1
	民主自治	农村社区基层民主自治建设完善率	1

续表

一级指标	二级指标	三级指标	分值
减贫增收	贫困人口	农村贫困人口减少数量	10
	贫困发生率	贫困发生率下降幅度	5
	农民收入	农村居民人均可支配收入	10
基础设施	农村交通	农村建制村通沥青（水泥）路比重	2
		通组（寨）公路比重	2
		农村建制村通客运车辆比重	2
	农村水利	农村饮水安全达标率	2
		集中式饮用水源地水质达标率	2
		有效灌溉面积率	2
	农村住房	农村危房改造户数占比	2
		扶贫生态移民工程建房户数占比	2
	农村用电	农村电网改造计划完成率	1
		农村电网改造用电户比重	1
	农村通讯	行政村通宽带和20户以上已通电自然村通电话比重	2
产业发展	产业带动	农业产业化经营带动农户比例	8
		高效农业示范园区带动农户增收效率	5
	科技进步	科技进步贡献率（综合科技进步水平指数）	1
	粮经比	粮食作物种植面积与经济作物种植面积的比重	1
民生事业	教育事业	九年义务教育巩固率	1
		高中阶段毛入学率	1
		中等职业教育占比	1
	卫生计生	千人拥有职业(助理)医师数	1
		千人拥有卫生机构床位数	1
		新农合保障水平	1
		人口自然增长率	1
		符合政策生育率	1
	文化建设	县级公共图书馆、文化馆、乡镇综合文化站综合占比	1
	社会保障	农村低保对象认定准确率	1

续表

一级指标	二级指标	三级指标	分值
民生事业	社会保障	农村五保集中供养率	1
		基本社会保险覆盖率	2
	就业保障	农村劳动力转移就业人数占比	2
		农民工返乡创业人数占比	2
		城镇登记失业率	1
		贫困人口技能培训率	3
	环境质量	森林覆盖率	1
		城乡生活垃圾无害化处理率	1
		城镇污水处理率	1
	农村体育	农村体育健身场地建设占比	1

（2）贵州省贫困县的扶贫开发工作考核方式由省扶贫开发领导小组统一领导，省扶贫办汇总数据进行考核。

贵州省对贫困县的考核工作由扶贫开发领导小组统筹，省委组织部和省扶贫办组织实施，从2014年到2020年每年考核一次，考核范围为贵州省50个国家扶贫开发工作重点县，考核对象为重点县的党委、政府领导班子和主要领导。

每年2月中旬前，由省级相关单位提供重点县上年度扶贫开发工作考核指标数据，在此基础上，贵州省委组织部和省扶贫办牵头组成考核工作小组对扶贫开发工作考核指标数据进行调查核实。最后，重点县扶贫开发工作考核指标数据由省扶贫办汇总并进行分析，考核结果报省扶贫开发领导小组审定后公布。

（3）贵州省贫困县扶贫开发工作考核结果的运用包括人事、政策和资金三个方面。

贵州省对贫困县扶贫开发工作考核的结果运用从三个方面进行分析：

其一是从人事方面，贵州省将扶贫开发工作成效作为评价重点县党委、政府领导班子和主要领导工作实绩的重要内容，并作为干部选拔任用、年度考核等次确定和奖惩的重要依据。对于扶贫开发工作成效显著的重点县的党委、政府领导可优先提拔使用。对于连续两年无起色、群众满意度不高的重点县，由市（州）党委、政府约谈重点县党委、政府主要领导，督促其进行整改落实。对于整改落实不力的重点县党委、政府领导，按照干部管理权限进行组织调整。

其二是从政策方面，贵州省对如期或者提前“减贫摘帽”的重点县，按照黔党办发〔2011〕1号文规定给予表彰奖励，并加大政策支持和项目资金投入力度，实行“摘帽不摘政策”。

其三是资金支持方面，贵州省对于重点县扶贫开发工作考核结果优良的，按照不同等次给予项目资金奖励。

2.雷山县扶贫开发考核机制建设和落实情况

雷山县的县委、县政府在扶贫开发工作方面的努力体现两个方面：一是根据贵州省对重点县的考核指标体系，进行工作部署和安排；二是为了督促乡镇和部门按照统一的扶贫开发目标开展工作，制定了对乡镇和部门进行考核的办法和指标体系。

（1）雷山县从一把手负责、明确思路和目标等四个方面对扶贫开发工作进行部署。

雷山县根据贵州省对重点县的考核指标体系，进行工作部署和安排，这主要体现在四个方面。即党政一把手负总责的扶贫开发工作责任制、明确全县扶贫开发工作的总体思路和责任目标、加大对扶贫开发工作的投入、建立和完善精准扶贫工作机制。

其一，落实党政一把手负总责的扶贫开发工作责任制。雷山县调整和充实了县、乡两级扶贫开发工作领导小组，由县委书记任扶贫开发工作领导小组组长，县长任常务副组长，严格落实县、乡两级一把手负总责的扶贫开发工作责任制，建立完善县抓协调、乡抓落实的工作推进机制，形成了强有力的扶贫开发工作格局。同时，不断加强扶贫开发工作队伍建设，2006年以来，设立了雷山县扶贫开发工作办公室和乡（镇）扶贫工作站，县扶贫办的编制由原来的15人扩充到21个人，各乡镇的扶贫工作站保证至少3个以上的专职扶贫开发工作人员，确保各项工作有效开展。

其二，明确全县扶贫开发工作的总体思路和责任目标。按照贵州省扶贫开发工作三步走的发展目标，黔东南同步小康创建“两步次、三批次”的战略部署，雷山县坚持“重点突破，整乡推进”的原则，每年整合县人力、物力、财力集中投入到“减贫摘帽”乡镇进行全方位扶贫，确保每年减贫人口达到1.3万人以上，力争2014年，西江镇、朗德镇、望丰乡、方祥乡和达地乡五个乡镇实现“减贫摘帽”。到2015年，确保全县实现“减贫摘帽”；到2020年前，确保全面建成小康社会。

其三，加大对扶贫开发工作的投入。从2014年起，雷山县县级财政每年预算专项扶贫资金1000万，整合部门资金1亿元以上，按照乡镇“减贫摘帽”的时间要求，集中投入到计划“减贫摘帽”的乡镇进行全方位扶贫，提高扶贫攻坚成效。加强扶贫资金使用的监管，确保各类资金真正得到落实。

其四，建立和完善精准扶贫工作机制。一是建立识别机制。以国家新扶贫标准为定量依据，以“两不愁三保障”为定性依据，制定工作实施方案和工作措施，完成了90个贫困村11322户44765人的调查识别工作。二是建立进退机制。严格按照《贵州省农村居民最低生活保障工作规程（试行）》的程序确定农村低保对象，做到农村低保对象有进有出，补助水平有升有降。三是建立“减贫摘帽”考核奖惩机制。对提前“摘帽”的乡镇给予一次性奖励50万，对如期“摘帽”的乡镇给予一次性奖励20万元，对未按时限完成“减贫摘帽”任务的乡镇党政主要负责人进行行政问责。四是推进滚动式开发扶贫。借鉴了扶贫互助社的成功经验，以10户联体、专业合作社、村民小组等组织形式为载体实施扶贫项目，建立资金周转使用、项目滚动开发的扶贫模式，变输血为造血。五是全面开展个案管理结对帮扶。制定下发了《雷山县个案管理结对帮扶工作方案》，组建同步小康驻村工作组，按照五年内“县级干部帮15户、科级干部帮10户、一般干部帮5户”的要求，2145名干部与11322户贫困户结成帮扶对子。

（2）雷山县既对乡镇进行考核，也对县里面的部门单位进行考核。

为督促乡镇和部门按照统一的扶贫开发目标开展工作，雷山县委、县政府根据《关于创新机制扎实推进农村扶贫开发工作的意见》（中办发〔2013〕25号）和《关于以改革创新精神扎实推进扶贫开发工作的实施意见》（黔党办发〔2014〕23号），进行研究学习，并深入乡镇、村开展调研，制定了《关于加快推进扶贫开发工作的实施意见》、《雷山县乡镇扶贫开发工作考核办法（试行）》、《雷山县部门单位扶贫开发工作考核办法》等相关文件。

雷山县对扶贫开发工作的考核既对乡镇进行考核，也对县里面的部门单位进行考核。

其一，雷山县对乡镇的考核。雷山县对乡镇的考核指标体系包括组织领导、减贫增收、基础设施、产业发展、民生事业五大领域（一级指标），这与贵州省对贫困县的考核是一致的；雷山县对乡镇的考核五大领域涉及23个方面（二级指标），在贵州省的基础上去掉了“文化建设”一项；三级指标有33个，在贵州省47个子项的基础上根据雷山县的实际情况和乡镇考核的适用范围进行了删减和调整。

另外，雷山县第乡镇考核五大领域的权重分别为9%、40%、13%、18%和20%，三级指标中单个指标分值超过10分的指标有“农村贫困人口减少数量”“农村居民人均可支配收入”和“农业产业扶贫对农民人均收入增长量的贡献率”三项，分值分别为16分、17分和16分。这体现了雷山县在对乡镇的考核上，其方向引导是以提高农民人均收入和减少贫困人口为导向，与国家的政策保持高度一致。

雷山县对乡镇考核结果的运用也包括三个方面，一是在人事激励方面，对于提前“摘帽”的乡镇，其乡镇干部提拔任用优先考虑，扶贫开发工作成效作为评价乡镇党政领导班子成员和干部职工工作实绩的重要内容，作为干部选拔任用、年度考核等次确定和奖惩的重要依据，对于扶贫工作成效显著的，可以优先提拔使用。二是在资金项目激励方面，对于提前“摘帽”的乡镇给予一次性奖励50万元，同时在产业发展、基础设施建设等项目安排上优先给予安排，对如期“摘帽”的乡镇给予一次性奖励20万元。三是人事压力方面，乡镇扶贫开发工作质保考核结果实行排位通报，对第一年排名最后两位的乡镇领导，由县委、县人民政府主要负责领导对其党委书记和乡镇长进行谈话并督促整改，对于整改落实不力，群众满意度不高，第二年排名仍在末位的乡镇，必要时对其领导干部的管理权限进行组织调整。

其二，雷山县对部门单位的考核。其考核对象为全县纳入年度目标管理考核的各部门单位，对于不纳入年度目标管理考核的省、州驻县单位的考核结果由县委、县人民政府直接向上级主管部门通报并提出奖惩建议。雷山县对部门单位的考核指标体系包括监测指标类、项目及民生工程实施类、定点帮扶指标类，项目争取四个领域（一级指标）。

考核方法按照工作量指标和分值指标结合的原则进行考核。四大一级指标中的“定点帮扶指标类”涉及组织领导、定点帮扶措施、工作成效、满意度测评四个方面，定点帮扶指标为全县所有行政机关、企事业单位扶贫开发工作考核的基础指标；四大一级指标中的“项目争取”为加分考核指标，为联系帮扶村争取到项目实施的单位可以获得额外加分；四大一级指标中的“监测指标类”和“项目及民生工程实施类”为单独考核指标，有这两类指标任务的部门单位在基础指标上另行考核，并将考核所得分值直接计入考核总分值中进行综合排名考评和奖惩。

与对乡镇的考核相比，雷山县对部门单位的考核指标体系存在明显的不同，全县所有行政机关、企事业单位扶贫开发工作考核的基础指标“定点帮扶指标类”的指标设置全部为主观指标，在客观性和可比性方面有待进一步加强；另外，加分项和单独考核指标对总分值的贡献，使得各部门之间的考核结果的可比性进一步降低，这主要是因为各部门的工作职责不同以及掌握的资源不同，从本质上导致了考核指标的普遍适用性不强。

（3）雷山县在实施考核办法的过程中存在省定的指标目标过高，与当地实际不符的问题。

雷山县在实施考核办法的过程中，遇到了一些问题，这些问题的存在和提出为指标体系的改进提供了基层实践经验。

其一，关于考核标准体系中提出农业产业化经营带动农户达80%的问题。由于雷山县山高坡陡，用地条件差，自然灾害频发，加上龙头企业带动能力较弱、基地与龙头企业利益联结机制尚未完全形成、农村专业组织合作程度低、科技含量不高、产品附加值较低、出口创汇能力有待进一步提高等问题，农业产业化经营带动农户要达到80%的目标非常困难。

其二，关于考核标准体系中提出的高效农业示范园区带动农户增收效率达到50%的问题。雷山县的现代高效农业示范园区建设刚刚起步，目前由于农业园区专项财政扶贫资金少，加上县级财政困难，投入有限，示范带动能力尚不突出，农村居民可支配收入还有大部分来自外出务工收入，高效农业示范园区带动农户增收效率达到50%非常困难。

其三，关于考核标准体系中提出的科技进步贡献率（综合科技进步水平指数）达到45%的问题。科技进步贡献率是指科技进步对经济增长的贡献份额，是衡量区域科技竞争实力和科技转化为现实生产力的综合性指标。由于雷山县经济总量小，县级财政困难，科技投入有限，加上产学研用结合不够紧密，促进科技资源向企业、基层聚集的能力弱，科技进步贡献率在短期内达到45%非常困难。

（4）对雷山县考核机制调研的分析。

其一，考核指标体系的顶层设计应该以结果为导向。考核指标体系的顶层设计应该从宏观层面进行着手，注重扶贫结果导向，不要过多的拘泥于扶贫开发的过程。根据雷山县实地调研的情况看，考核指标体系如果对扶贫开发过程进行过多的考核，则会限制基层扶贫开发工作的实施；另外，指标体系中指标的设定应该以相对指标为主，这样可以增强指标体系的可比性，因为各县的实际情况不同，在经济总量、扶贫项目选择、各类指标达标标准等方面都要考虑当地的实际，以真扶贫为导向。

其二，扶贫项目的选择应根据实际需要，因地制宜。扶贫项目的选择应该灵活多样，根据实际需要，宜公则公、宜农则农、宜旅则旅、宜商则商，凡是能为贫困农户增收的、合法的、有发展前景的项目都可以支持。项目应该适当推行以户为单位进行安排和管理，由农户自选项目（可与企业合作），按照国家补助标准补助到户。

其三，扶贫项目的补助方式可以灵活多样。扶贫项目的财政补助方式可以灵活多样，根据实际需要可以实行政府采购或先建后补等多种方式，实行政府采购的以物资补助到户方式兑现，实行先建后补的按照国家补助标准直补现金到户方式兑现。

5.1.2　河北省贫困县扶贫开发工作考核机制实地调研情况及分析

2014年12月15日和12月16日，在中国国际扶贫中心的支持和赵佳副处长的带领下，北京师范大学中国扶贫研究中心主任张琦教授带领三名硕士和博士研究生，与河北省扶贫办进行了座谈，并对河北省邢台市威县进行了实地调研。调研包括与威县副县长以及县扶贫办有关同志进行座谈。

1. 河北省贫困县扶贫开发工作考核机制建设情况分析

为了切实做好新阶段的扶贫开发工作，确保如期完成冀发〔2012〕5号文确定的各项扶贫目标任务，河北省根据国务院扶贫开发领导小组《关于印发<扶贫开发工作考核办法（试行）>的通知》（国开发〔2012〕1号文）的要求，制定了河北省扶贫开发工作考核办法。对市、县的考核，其考核对象为河北省9个有扶贫开发工作任务的市；22个连片特困地区县、40个片区外扶贫开发工作重点县以及涿鹿县赵家蓬区、3个出列后继续扶持县。

（1）河北省贫困县制定了脱贫出列两步走的计划。

河北省有62个鼓励扶贫开发工作重点县，其中燕山—太行山集中连片特困地区的片区县有22个，国定重点县有39个（其中片区县16个），省定重点县17个。河北省对重点县的脱贫出列计划分两步走，一是2014年到2017年，片区县之外的重点县每年脱贫出列10个县，到2017年底，40个省定重点县和片区县外的国定重点县全部脱贫出列，其中17个省定重点县到2016年底全部脱贫出列；二是到2020年底，22个片区县全部脱贫出列。

（2）河北省贫困县考核指标体系包括组织领导情况、经济社会发展情况两大部分十个方面。

河北省扶贫开发工作考核指标体系包括组织领导情况、经济社会发展情况两大部分。

表5-2　河北省贫困县扶贫开发工作考核指标体系

<table>
<tr><th>一级指标</th><th>二级指标</th><th>三级指标</th><th>最高分值</th></tr>
<tr><td rowspan="6">组织领导情况</td><td rowspan="2">市（县）本级财政专项扶贫资金投入情况</td><td>市（县）本级预算安排财政专项扶贫资金的增幅（%）</td><td>5</td></tr>
<tr><td>市（县）本级预算安排财政专项扶贫资金相当于省安排到市（县）的财政专项扶贫资金的比例（%）</td><td>5</td></tr>
<tr><td>财政专项扶贫资金使用情况</td><td>考核年度财政扶贫资金绩效考评结果</td><td>10</td></tr>
<tr><td rowspan="3">调动各种资源参与扶贫开发情况</td><td>市（县）行业部门投入重点县、片区县资金的增长率（%）</td><td>5</td></tr>
<tr><td>本市（县）动员社会扶贫资金投入重点县、片区县的增长率（%）</td><td>5</td></tr>
<tr><td>市（县）直机关和驻军参与定点帮扶单位占比（%）</td><td>5</td></tr>
<tr><td rowspan="19">经济社会情况</td><td rowspan="3">减缓贫困</td><td>贫困人口变化率（%）</td><td>5</td></tr>
<tr><td>农民人均纯收入增长率（%）</td><td>5</td></tr>
<tr><td>农民人均生活消费支出增长率（%）</td><td>5</td></tr>
<tr><td rowspan="4">股份合作制经济发展情况</td><td>财政专项扶贫资金投入股份合作制经济比例（%）</td><td>5</td></tr>
<tr><td>贫困村农民合作组织覆盖率（%）</td><td>5</td></tr>
<tr><td>农民合作组织贫困户参与率（%）</td><td>5</td></tr>
<tr><td>股份合作制企业贫困户参与率（%）</td><td>5</td></tr>
<tr><td rowspan="3">基本生产生活条件改善情况</td><td>安全饮用水人口占总人口比重的增加幅度（百分点）</td><td>4</td></tr>
<tr><td>通达客运班车村的增长率（%）</td><td>4</td></tr>
<tr><td>无房户或住危房农户的下降率（%）</td><td>4</td></tr>
<tr><td rowspan="3">基本公共服务条件改善情况</td><td>义务教育辍学率降低幅度（%）</td><td>4</td></tr>
<tr><td>高中阶段教育毛入学率的增长幅度（%）</td><td>4</td></tr>
<tr><td>有合格卫生室村的增长率（%）</td><td>4</td></tr>
<tr><td>金融服务</td><td>重点县、片区县贷款余额的增长率（%）</td><td>6</td></tr>
<tr><td>增分指标</td><td>扶贫工作方法和管理措施创新</td><td>8</td></tr>
<tr><td rowspan="2">减分指标</td><td>重大违纪违规</td><td>5</td></tr>
<tr><td>一般违纪违规</td><td>3</td></tr>
</table>

第二部分的经济社会发展情况包括减缓贫困、股份合作制经济发展情况、基本生产生活条件改善情况、基本公共服务条件改善情况、金融服务五个方面，以及增分项和减分项。经济社会发展情况主要考核有关市、县的减贫成效。

第一部分的组织领导情况包括市（县）本级财政专项扶贫资金投入情况、财政专项扶贫资金使用情况、调动各种资源参与扶贫开发情况三个方面。组织领导情况主要考核有关市、县党委政府对扶贫开发工作的重视程度，是否将其作为一项重要工作列入议事日程，全力推进专项扶贫、行业扶贫和社会扶贫相互配合的大扶贫格局。

（3）河北省扶贫开发工作考核指标体系是在《扶贫开发工作考核办法（试行）》的基础上，根据省对市、县进行考核的对象不同进行调整、删减和增补制定。

两者的不同之处在于：

其一，在一级指标设置上的区别。河北省扶贫开发工作考核指标体系在国务院发布的《扶贫开发工作考核办法（试行）》的指标体系基础上，只选择组织领导情况、经济社会发展情况两大一级指标对市、县进行考核。并将《扶贫开发工作考核办法（试行）》中一级指标“扶贫工作管理情况”项下的增分项和减分项合并到了“经济社会发展情况”项下。

其二，在二级指标“组织领导情况”设置上的区别。河北省考核办法去掉了扶贫工作责任制落实情况、机构建设情况两个方面，保留了市（县）本级财政专项扶贫资金投入情况、调动各种资源参与扶贫开发情况两个方面，增加了对财政专项扶贫资金使用情况的考核。

其三，在二级指标“经济社会发展情况”设置上的区别。河北省考核办法保留了《扶贫开发工作考核办法（试行）》中经济社会发展情况的所有四个方面，包括减缓贫困、基本生产生活条件改善情况、基本公共服务条件改善情况、金融服务四个方面的基础上，并在此基础上增加了对股份合作制经济发展情况的考核。

其四，在三级指标设置上，河北省考核办法增加的三级指标有六个，分别是“市（县）本级财政专项扶贫资金投入情况”项下的“市（县）本级预算安排财政专项扶贫资金相当于省安排到市（县）的财政专项扶贫资金的比例（%）”，“财政专项扶贫资金使用情况”项下的“考核年度财政专项扶贫资金绩效考评结果”，“股份合作制经济发展情况”项下的四个三级指标，“财政专项扶贫资金投入股份合作制经济比例”“贫困村农民合作组织覆盖率”“农民合作组织贫困户参与率”“股份合作制企业贫困户参与率”。

（4）河北省贫困县扶贫开发工作的考核方式由市县自评为主，省考核组对自评进行初审并按比例进行实地考察。

河北省对有关市、县的上年度扶贫开发工作的考核，于当年4月底前完成，包括五个步骤。

第一步是市、县自评。有关市、县按照考核办法，结合本地扶贫开发工作的目标、任务和特点，于2月10日前完成对县、乡、村的考核；2月20日前完成市、县两级自评工作。

第二步是考核初审。3月10日前，考核组完成对有关市、县自评报告、考核情况以及有关数据、资料的分析和初审。

第三步是实地考察。3月25日前，考核组根据有关市、县自评情况，至少选择各市三分之一的县、以实地调研形式随机核查。

第四步是综合考察。4月10日前，考核组根据有关市、县自评情况、结合实地调研以及相关基础数据和资料，完成全面考察，并根据各市、县的考核情况，分为A、B、C、D四个等级。

第五步是考核结果报批和通报。4月15日前，向省扶贫开发领导小组呈报考核情况，批复后通报各市、县，并在省扶贫办网站上公告。

（5）河北省贫困县扶贫开发工作考核结果的运用主要体现在领导干部选拔任用和资金奖励两方面。

对考核结果为A、B等次的市、县，以省扶贫开发领导小组的名义给予通报表扬。同时，作为评选扶贫先进单位的重要依据。对于考核结果为D等次的市、县则给予通报批评。此外，对考核结果抄送党委组织部门，作为市、县领导班子、领导干部综合考核评价的重要内容和奖惩、使用的重要依据。

在考核过程中，坚持考核结果与贫困县脱贫“摘帽”相结合，建立鼓励贫困县“摘帽”机制。对提前和如期实现脱贫目标的县，省里将按照干部管理权限，对工作实绩突出的干部予以重用；对不能如期实现脱贫目标的县，要予以通报批评，党政主要领导不得提拔使用。

河北省对重点县脱贫出列的支持政策包括两个方面，一是对提前出列的重点县在全省通报表扬并给予奖励，对40个省定重点县和片区县外的国定重点县，2014年出列的，一次性奖励800万元；2015年出列的奖励700万元，2016年出列的奖励600万元，2017年出列的奖励500万元。从2018年开始，对片区县进行评价，2018年出列的，一次性奖励800万元，2019年出列的，奖励700万元。二是对提前出列的重点县扶持政策保持不变。重点县脱贫出列后，继续保持国家和省现有扶贫政策不变、支持力度不减，出列后按照标准和程序重新确定一定数量的重点贫困村继续给予扶持。

2.威县扶贫开发考核机制建设和落实情况

（1）威县对扶贫开发工作进行了六个方面的部署，构筑了全方位扶贫体系。

威县2012年3月被确定为国家级扶贫开发工作重点县，明确了建档立卡贫困村291个，贫困人口17.1万人，“十二五”期间重点扶持64个扶贫开发重点村。通过扶持，到2013年底，威县还有181个建档立卡贫困村、13.48万贫困人口。2014年被河北省定位全省唯一综合改革试点县。

为了实现“十二五”期间64个扶贫开发重点村的全面突破，带动全县剩余163个建档立卡贫困村快速发展，威县对扶贫开发工作进行了部署，构筑了全方位扶贫体系。主要体现在以下六个方面：

其一是实施农业产业扶贫。立足“三带一园”总布局，以葡萄、林果、设施蔬菜、芦笋、莲藕、畜禽六个扶贫产业片区为重点，以及四个科技示范园区为平台，推进现代农业发展，把威县打造成为农业标准示范县。

其二是实施招商扶贫。把开放招商作为扶贫开发的重要切入点，发挥农业项目载体作用，加速形成威县特色的农业企业族群，扶贫块状经济。

其三是实施科技扶贫。强化造血功能，提高贫困人口自我发展能力，继续实施“雨露计划”“阳光培训”工程，对从事农业生产的农民，整合涉农、科技、教育等培训资源，有针对性地开展种植、养殖等实用技术培训，培养一批“土专家”“田秀才”。

其四是实施改革扶贫。加快推进农村产权制度改革，对农村土地承包权、经营权明晰确权，探索推进权证抵押、流通，变资产为资本、变资本为资金。积极探索土地规模经营模式，由农村致富带头人、能人大户、农业投资客商牵头组建合作社或者公司，统一流转土地，建成家庭农场或产业园区，使贫苦农民转变为产业工人，引导农民通过土地入股，形成流转土地挣租金、入园打工挣薪金、参与入股挣红金“一份土地挣三份钱”的新格局。

其五是实施工商业扶贫。在培育壮大农业扶贫产业同时，鼓励引导农民转向二三产业，拓宽增收渠道、提高收入水平。各乡镇都要至少建立一个创辅基地、一个商贸市场，为贫困群众创业搭建平台。

其六是社会扶贫。动员社会力量广泛参与扶贫开发，按照每个贫困村都有驻村工作队的要求，有省市帮扶单位的村，由一名县级领导协调联系，没有省市帮扶单位的村，每村由一个县直单位进行帮扶。县直单位副科级以上干部，均选择一个贫困户实行一对一结对帮扶。

（2）威县对乡镇进行扶贫开发工作考核，同时也对县直帮扶单位设置了考核指标体系。

威县为了如期完成规划确定的各项目标任务，同时为了增强各乡镇和相关部门推进扶贫开发工作的责任感和紧迫感，巩固和发展大扶贫格局，进一步实行奖优惩劣，为工作决策和资金分配提供依据。威县根据河北省扶贫开发领导小组关于印发《河北省扶贫开发工作考核办法（试行）的通知》（冀扶〔2014〕1号）和《威县区域发展与扶贫攻坚规划（2011-2020

年）》的有关要求，制定了相应的考核指标体系。分别对各乡镇和县直帮扶单位进行考核。

其一，对乡镇的考核指标体系，包括组织领导情况和经济社会发展情况两大领域，这与河北省对市、县的考核指标体系基本一致。其中组织领导情况，主要是为了考核乡镇领导对扶贫开发工作重视程度及贫困村班子建设情况，经济社会发展情况主要考核有关乡镇考核年度减缓贫困情况、农业园区经济发展情况、基本生活条件改善情况、基本公共服务条件改善情况、贫困村项目落实情况及机制创新情况等。

组织领导情况和经济社会发展情况的分值分别为10分和90分，其中经济社会发展情况项下的二级指标“增收致富产业”分值合计达到51分，其下属的三级指标“扶贫产业片区增长率”分值为29分，体现了威县对乡镇进行考核的时候对扶贫产业片区发展的高度重视。

其二，对县直帮扶单位的考核指标体系分类两个部分，一部分是公共部分，包括领导重视程度、帮扶措施落实情况、贫困户被帮扶的成效、贫困村被帮扶的成效四个一级指标。其分值分别是5分、40分、25分、30分。其中帮扶措施落实情况项下的“直接帮扶资金和物资情况”分值达到30分。另一部分是承担省考核任务的单位指标完成情况。这一部分涉及的指标根据责任单位的不同直接落实到各责任单位上。

其三，威县按照“年初有承诺、年中有落实、年终有考核”的原则实施县乡村三级考核，威县根据省定考核指标体系实施扶贫开发的过程中面临着收集数据困难，部分指标设置不合理等问题

在贫困县考核机制的实施现状方面，威县按照“年初有承诺、年中有落实、年终有考核”的原则，专门制定考核办法，激励提前脱贫出列，实现稳定脱贫。对于提前脱贫出列的村支部书记，威县给予的激励是50岁以上的，给其缴纳社会保险，50岁以下的纳入财政编制内。对此，威县出台了《关于加快扶贫开发的实施意见》《关于做好县直单位定点帮扶贫困村的通知》《关于印发威县扶贫开发工作考核办法的通知》，制定了威县扶贫开发领导小组《关于做好精准扶贫工作的实施方案》，利用县配套资金对181

个建档立卡贫困村的贫困户进行扶持，确保全县比省要求提前实现脱贫摘帽。

另外，威县实行县乡村三级书记负责制，县成立了以县委书记为组长的县扶贫开发工作领导小组，各乡镇、县直各单位一把手都是第一责任人，各乡镇建立了建档立卡贫困村精准扶贫项目库，对扶贫工作亲自安排部署，亲自沟通协调，真正做到具体抓。把扶贫开发工作纳入各级领导班子和干部队伍综合考核评价体系，把扶贫开发作为锻炼，识别和提拔干部的主战场。对于那些完不成年度扶贫目标任务的乡镇和县直帮扶单位，年终考核实行一票否决，评先评优和干部提拔不予考虑。对于村支书的考核，如果连续两年没有项目，将上报县政府，建议乡里对其免去支部书记、调整班子。

对于威县在贫困县考核过程中遇到的困难，有以下几个方面，一是部分考核指标数据的搜集比较困难。考核指标体系中有些数据和扶贫部分关联不大，扶贫办获取数据比较困难，而且有些数据不是国家统计部门的数据，这些数据的权威性受到影响。如果考核指标体系中的指标不是用的国家统计部门已有的指标，则对考核的顺利进行造成困难。

另外，有些指标的设置不是很合理。如本级行业部门投入重点县、片区县资金增长率，这类指标中的行业部门投入的资金量实际上县一级行政单位不能控制的，用这些指标来考核县里面是很不合理的。

（3）对威县考核机制调研的分析。

通过与威县扶贫办领导的座谈，结合对威县扶贫开发工作考核指标体系的分析，有以下几点思考和建议。

其一是对贫困县的考核指标体系设置，考核项目要精，不能把指标设置得太细，为确保考核指标数据的准确性，建议在考核指标设计上，尽可能采用统计部门或者行业统计报表中已有的指标。对统计部门或者行业统计报表中没有的指标，应该建立完善的扶贫开发工作专项统计报表制度，确保考核指标数据来源的客观性和真实性。

其二是对于考核对象的指标要尽量统一。建议对扶贫对象参与当地产业发展的比重、得到扶贫项目扶持的扶贫对象的比重、财政专项资金的到户比重，参加各种职业技术培训劳动力的增长率等指标的范围、内容等，河北省要做出统一的具体的规范注解和界定，便于基层在进行统计的时候，口径保持一致，各县之间保持可比性。

其三是建议将每年扶贫开发单项工作或综合工作受到上级表彰奖励的，要在考核计分时予以加分。

5.1.3　陕西省贫困县扶贫开发工作考核办法及指标体系分析

陕西省为了进一步增强各设区市、县（市、区）（以下简称各市县）政府推进扶贫开发工作的责任感和紧迫感，提高工作成效，加快贫困群体脱贫致富、贫困地区全面建成小康社会的步伐，确保如期实现扶贫开发战略目标，按照国务院扶贫开发领导小组《扶贫开发工作考核办法（试行）》（国开发〔2012〕1号）的有关要求，结合陕西省实际，制定了《陕西省扶贫开发工作考核办法（试行）》。

1.陕西省贫困县扶贫开发工作考核指标体系包括减贫成效、基本生产生活条件和公共服务改善、投入和管理三个大方面。从一级指标包含的四级指标分值来看，陕西省对减贫成效的重视程度非常高，充分体现了陕西省贫困县考核以结果为导向的目标。

陕西省贫困县考核办法的考核范围是全省有扶贫开发工作任务的市、县（区）。省对市、市对县（区）上年度扶贫开发工作考核在次年进行，一年一次。

陕西省贫困县考核指标体系包括减贫成效、基本生产生活条件和公共服务改善、投入和管理三个大方面，其中（1）减贫成效涉及贫困人口减少和贫困地区农村居民收入增长两项内容，主要考核各市县减贫成效。（2）基本生产生活条件和公共服务改善涉及村级道路畅通、饮水安全、农村电力保障、危房改造、教育、卫生计生、文化建设和贫困村信息化建设等八项内容，包括15个四级指标，主要是为了考核各市县推动中办25号文件和陕办28号文件确定的重点工作完成情况。（3）投入和管理涉及各级财政专项扶贫资金投入，金融扶贫资金投入，三个精准扶贫品牌工作开展情况，财政专项扶贫资金管理，扶贫工作队伍建设情况和建档立卡、驻村工作队、社会扶贫等日常工作评价等八项内容，包括12个四级指标。主要考核各市县（区）加大扶贫开发投入、强化扶贫资金管理、推动中、省各项扶贫政策措施落实以及提高扶贫开发工作水平等情况。

减贫成效、基本生产生活条件和公共服务改善、投入和管理三个一级指标的分值分别为30分、30分和40分，分值较均衡。但是从各一级指标包含的四级指标个数来看，则对减贫成效的重视程度非常高。充分体现了陕西省贫困县考核以结果为导向的目标。减贫成效包括两个四级指标，分别是贫困人口变化率(%)、贫困地区农村居民收入增长率(%)，分值分别是20分和10分。其次，投入和管理项下的四级指标“考核年度财政专项扶贫资金绩效评价结果”“考核年度各市县建档立卡、驻村工作队、社会扶贫等日常扶贫工作情况”的分值均达到10分。除此之外的其他四级指标分值均在5分以下。

表5-3　陕西省贫困县扶贫开发工作考核指标体系

一级指标	二级指标	三级指标	四级指标	最高分值
减贫成效	贫困人口减少		贫困人口变化率(%)	20
	贫困地区农村居民收入增长		贫困地区农村居民收入增长率(%)	10
基本生产生活条件和公共服务改善情况	基本生产生活条件改善情况	村级道路通畅	通畅行政村的增长率(%)	2
			通达客运班车村的增长率(%)	2
		饮水安全	饮水安全贫困户比例变化(%)	4
		农村电力保障	贫困户通电比例变化(%)	1
			通生产用电自然村比例变化(%)	2
		危房改造	无房户或住危房贫困户的比例(%)	4

续表

一级指标	二级指标	三级指标	四级指标	最高分值
基本生产生活条件和公共服务改善情况	基本公共服务条件改善情况	教育	学前三年教育毛入园率的增长幅度(百分点)	1
			九年义务教育巩固率的增长幅度(百分点)	1
			高中阶段教育毛入学率的增长幅度（百分点）	1
			贫困家庭新成长劳动力参加职业教育培训比例变化（百分点）	2
		卫生	有合格卫生室村的比例(%)	1
			有合格乡村医生/执业(助理)医师村的比例(%)	2
		文化建设	通广播电视贫困户增长率(%)	2
			有文化活动室村增长率(%)	1
		贫困村信息化	行政村互联网覆盖率（%）	4
投入和管理	资金投入情况	本级财政专项扶贫资金投入情况	本级预算安排财政专项扶贫资金的增长幅度(百分点)	5
			本级预算安排财政专项扶贫资金不低于地方财政收入2%的比例	2
		金融扶贫资金	贫困地区贷款余额的增长率(%)	2
			贫困户获得扶贫小额贷款的比例变化(%)	3
	精准扶贫品牌	扶贫移民搬迁	考核年度上年度计划搬迁户入住率（%）	1
			考核年度上年度计划搬迁户房屋主体完工率（%）	1
			考核年度计划搬迁户工程开工率（%）	1
		小额信贷	贫困户获得扶贫小额贷款的比例变化(%)	1
		雨露计划	雨露计划投资计划完成率(%)	1

续表

一级指标	二级指标	三级指标	四级指标	最高分值
投入和管理	财政扶贫资金管理		考核年度财政专项扶贫资金绩效评价结果	10
	扶贫工作队伍		是否建立了稳定的扶贫工作机构	3
	日常工作评价		考核年度各市县建档立卡、驻村工作队、社会扶贫等日常扶贫工作情况	10

2.陕西省扶贫开发考核工作由省扶贫开发领导小组统一组织，成立扶贫开发工作考核小组，并由省扶贫办牵头，考核流程与河北省基本一致。陕西省对贫困县根据考核结果对贫困县进行等次划分，对考核结果从荣誉、资金、人事三个方面进行运用。

陕西省考核工作由省扶贫开发领导小组统一组织，成立扶贫开发工作考核小组（以下简称考核小组），负责对全省扶贫开发工作进行考核，并对考核结果初步认定。考核小组由省扶贫办牵头，省委组织部、省发改委、省教育厅、省工信厅、省民政厅、省财政厅、省住建厅、省交通厅、省水利厅、省农业厅、省文化厅、省卫计委、省统计局、陕西调查总队和人民银行西安分行等部门参加，并选聘相关领域专家协助工作。

考核采取各市县自评、数据分析、重点核查、专家参与等方式进行。当年2月25日前完成对上年度扶贫开发工作的考核。这与河北省贫困县考核办法基本一致。

陕西省对贫困县根据考核结果对贫困县进行等次划分，分别按A、B、C、D四个等次进行评定。其中：A级［≥90分或不超过市县（区）个数的30%］，B级［80分≤B＜90分，或不超过市县（区）个数的50%］，C级［70分≤C＜80分］，D级［＜70分］。考核年度扶贫资金发现严重挤占、挪用和违规违纪违法事件的市县（区），取消“A”级评定资格。

对于考核的最终结果，陕西省从三个方面进行运用。一是对考核结果为A、B等次的市县（区），以省扶贫开发领导小组名义通报表扬，D等次的市县（区）通报批评。二是对考核结果为A、B等次的市县（区），在中省财政专项扶贫资金分配时给予奖励和倾斜。D等次的市县（区）扣减一定的资金，予以惩罚。三是考核结果抄送省委组织部和各市县（区）党委政府主要负责同志，作为各市县（区）和相关部门领导班子及领导干部综合考核评价的重要内容和使用的重要依据。

5.1.4　四川省贫困县扶贫开发工作考核办法及指标体系分析

1. 四川省贫困县扶贫开发工作考核对象包括88个县（市、区），贫困县考核指标体系包括工作目标、保障目标、成效目标三大类18项，考核采用百分制计分，其中工作目标60分，保障目标12分，成效目标28分。

四川省根据中办发〔2013〕25号文和四川省《贯彻<关于创新机制扎实推进农村扶贫开发工作的意见>实施方案》（川委厅〔2014〕9号），制定了四川省贫困县农村扶贫开发工作考核办法。

其考核的对象包括《四川省农村扶贫开发纲要（2011-2020年）》确定的88个县（市、区），其中秦巴山区34个、乌蒙山区9个、大小凉山13个、高原藏区32个。

四川省贫困县考核指标体系中包括工作目标、保障目标、成效目标三大类18项。其中工作目标12项，包括实施村级道路畅通、饮水安全、农村电力保障、特色产业增收、乡村旅游扶贫、危房改造、卫生和计划生育、文化建设、贫困村信息化、教育扶贫、就业技能培训和生态环境保护等。保障目标4项，内容为组织领导、机构建设、扶贫投入、驻村帮扶。成效目标2项，内容为提高贫困人口生活水平、减少贫困人口数量及残疾人扶贫对象年度减贫比例。

从各指标的分值来看，考核采用百分制计分，其中工作目标60分，保障目标12分，成效目标28分。三级指标中农村贫困人口年人均纯收入增长率（%）、完成省下达农村扶贫脱困减少贫困人口任务数(%)，其中残疾人扶贫对象不低于25%两个指标的分值最高，均为14分。

表5–4　四川省贫困县扶贫开发工作考核指标体系

一级指标	二级指标	三级指标	最高分值
工作目标	实施村级道路畅通工作	行政村通水泥（沥青）路增长率和百分比(%)	5
	实施饮水安全工作	农村居民饮水安全规划任务完成比例的增长率 (%)	5
	实施农村电力保障工作	贫困县通电户数完成率 (%)	5
	实施特色产业增收工作	扶贫对象参与当地产业发展的比重 (%)	4
		实施农牧业科技成果示范应用项目的增幅 (%)	1
	实施乡村旅游扶贫工作	扶持贫困村创建星级农家乐或乡村酒店的新增数量(个)	3
		扶持贫困村创建乡村旅游示范村的新增数量（个）	2
	实施危房改造工作	农村危房改造任务完成率（%）	5
	实施卫生和计划生育工作	乡镇卫生院标准化建设达标率和增长率（%）	1.5
		村卫生室标准化建设达标率和增长率（%）	2
		有合格乡村医生/执业（助理）医师村的合格率和增长率（%）	1.5
	实施文化	农村广播“村村响”村的增长率和百分比（%）	1.5
	建设工作	农村电视“村村通”村的增长率和百分比（%）	1.5
		有合格文化活动室村的增长率和百分比（%）	2
	实施贫困村信息化工作	已通电建制村接通符合国家标准的互联网	5
	实施教育扶贫工作	高中阶段教育毛入学率增长率和百分比（%）	5
	实施就业技能培训工作	完成省政府民生工程分解下达的“农村青年劳动者技能培训”和“品牌培训”任务量	4
		县（市区）接受科技选派人员、参与科技培训人员数	1
	实施生态环境保护工作	年度生态建设重点工程任务完成情况和森林、草原综合植被覆盖率增长率（%）	2.5
		主要污染物总量减排年度完成情况（%）	2.5

续表

一级指标	二级指标	三级指标	最高分值
保障目标	组织领导	是否党政主要领导担任县（市、区）扶贫开发领导小组组长	2
	机构建设	是否建立稳定的与扶贫任务相适应的扶贫工作机构	2
	扶贫投入	县（市、区）本级安排财政专项扶贫资金占同年上级安排到县（市、区）的财政专项扶贫资金的比例（%）或县（市、区）本级安排财政专项扶贫资金的增幅（%）	6
	驻村帮扶	县（市、区）直属机关参与驻村帮扶单位占比(%)	2
成效目标	提高贫困人口生活水平	农村贫困人口年人均纯收入增长率（%）	14
	减少贫困人口数量	完成省下达农村扶贫脱困减少贫困人口任务数(%)，其中残疾人扶贫对象不低于25%	14

2. 四川省贫困县扶贫开发工作考核方式以县为单位，县（市、区）扶贫开发领导小组组长为本地区考核目标管理工作第一责任人，负责目标的组织实施，市一级的行政单位负责制定本市考核工作的实施细则并加强督促检查，省一级的扶贫开发领导小组要派出考核工作组对贫困县进行抽查；对考核结果，四川省实行排名制，并对考核结果实行“四挂钩”，即与领导班子、领导干部考核挂钩，与扶贫工作管理挂钩，与重点县退出挂钩。

四川省贫困县考核方式以县为单位，县（市、区）扶贫开发领导小组组长为本地区考核目标管理工作第一责任人，负责目标的组织实施。按照职责分工分解落实责任人，做好考核工作的组织领导、宣传动员、贯彻实施和全面自查等工作。每年1月10日前，将上一年度考核自查报告和相关资料报省和市（州）扶贫开发领导小组办公室。

市一级的行政单位则负责制定本市考核工作的实施细则，做好组织领导和宣传动员工作，并加强督促检查，而且市（州）扶贫开发领导小组负责将考核指标纳入本行政区内贫困县政府目标绩效管理考核体系。每年1月20日前，对本市（州）贫困县按照不低于30%的比例组织复查，并将复查结果报省扶贫开发领导小组办公室。

省一级的扶贫开发领导小组要派出考核工作组，每年2月底前按照不低于10%的比例对贫困县进行抽查，同时省扶贫开发领导小组办公室抽调年度考核评审人员，实行分组评审，交叉复核，最后提出考核结果建议报省扶贫开发领导小组审定。

对于考核结果的运用，四川省实行排名制，秦巴山区、乌蒙山区、大小凉山、高原藏区四大类区分别按照各县（市、区）最终得分从高到低进行排序，在此基础上评定先进县和升位县。先进县18个，总体按照每个类区20%的控制比例从高到低依次确定，其中秦巴山区7个，乌蒙山区2个，大小凉山3个，高原藏区6个。

考核结果实行“四挂钩”，一是与领导班子考核挂钩。每个类区年度考核结果按10%比例排名靠后的县（市、区），由县级扶贫开发领导小组向省扶贫开发领导小组提交书面整改报告，连续两年排名靠后的县，由省扶贫开发领导小组对县级扶贫开发领导小组组长、副组长实行问责。二是与领导干部考核挂钩。省扶贫开发领导小组办公室将贫困县考核结果报省委组织部，并纳入县级领导干部个人年度考核内容，作为评先评优，选拔任用的重要参考。三是与扶贫工作管理挂钩。将贫困县考核结果作为扶贫资金分配，扶贫工作评先评优的主要依据。对被纪检监察机关、审计部门发现并查处重大违规违纪问题的，或问题被媒体披露、在社会上造成恶劣影响并被核实的，在考核得分中扣减5分，一般违纪扣减3分。四是与重点县退出挂钩。对考核为先进县的重点县，在相关资金分配、政策优惠等方面予以倾斜，对扶贫工作组织不力，任务进展缓慢的，予以通报批评。

5.2 当前我国贫困县考核机制的现状及特点

我国目前对贫困县的考核，主要涉及三个方面的内容，一是中共中央组织部和国务院扶贫办对贫困县领导班子和领导干部进行的考核，这是对领导的考核；二是各省对所属市、县经济社会发展的工作情况进行的工作考核；三是各省对本省所属贫困县的扶贫开发工作进行的考核。

5.2.1　中共中央组织部和国务院扶贫办对贫困县领导班子和领导干部进行考核

2014年12月11日，中共中央组织部和国务院扶贫办印发了《关于改进贫困县党政领导班子和领导干部经济社会发展实绩考核工作的意见》。

为贯彻落实中央关于改进贫困县考核机制和领导干部政绩考核工作的要求，引导贫困县党政领导班子和领导干部树立正确的政绩观，促进贫困县转变发展方式，加快减贫脱贫步伐，提高科学发展水平，中共中央组织部和国务院扶贫办就改进贫困县党政领导班子和领导干部经济社会发展实绩考核工作，提出了几个方面的意见。

首先，在总体方面。一是要从贫困县实际出发考核发展实绩，体现贫困地区发展的特殊性和主题功能定位。二是要突出发展导向，把发展作为解决贫困的根本出路。三是合理设置经济发展的考核指标，增加特色优势产业指标和权重。

其次，在考核内容方面。一是把扶贫开发作为经济社会发展实绩考核的主要内容，着力考核通过精准扶贫、扶贫资金的使用、扶贫项目实施、扶贫产业发展，增强贫困地区发展内生动力和活力，带动贫困群众持续稳定增收的情况。二是注重对减贫脱贫紧密关联的民生改善、社会事业发展情况的考核，引导贫困县着力消除群众因缺少教育和社会保障而致贫返贫的根源。

再次，对考核的外延进行扩展，不仅包括对扶贫的考核，而且将生态文明保护、党建等方面纳入了考核内容。即一是要强化生态环境保护情况的考核，引导贫困县正确处理经济发展、资源开发与环境保护的关系。二是要把党的建设纳入实绩考核，以党的建设考核推动扶贫开发工作，以扶贫开发工作的实际成效检验党建工作的成效。

最后，对考核办法的改进以及结果的运用，《意见》也提出了相应的指导意见，即不断改进考核评价办法，同时要强化考核结果运用、加强组织领导。

5.2.2 不同省份对市县的各项工作进行绩效考核的现状和特点

1.贵州省对市（州）和县（市）及贫困县的考核

（1）贵州省对市（州）和县（市）及贫困县考核办法进行调整

2013年12月，贵州省人民政府办公厅印发了《贵州省市县经济发展综合测评办法》黔府办发〔2013〕56号。该测评办法实行一年后，对促进贵州省各市(州)、县经济社会发展、实现增比进位起到了积极作用。

贵州省为了进一步增强测评办法的科学性，区别对待不同条件的县，同时，为了进一步巩固近年来各地创先争优、增比进位、赶超跨越的发展态势，积极引导地处重点生态功能区、不具备新型工业化发展条件的国家扶贫开发工作重点县走特色发展路子，提高市县经济发展综合测评的科学性、合理性和公平性，贵州省有关部门在调查研究的基础上，提出了测评办法调整意见，即：将贵州省全省88个县分类由二类调整为三类，增加关岭等10个国家扶贫开发重点县为第三类，对列入第三类的县，取消GDP考核指标，相应增加现代高效农业推进、旅游产业发展、生态环境保护的指标和权重。

2014年10月16日，贵州省人民政府办公厅经省政府同意，印发了调整后的《贵州省市县经济发展综合测评办法》。而《省人民政府办公厅关于印发贵州省市县经济发展综合测评办法的通知》(黔府办发〔2013〕56号)同时废止。

（2）贵州省市县经济发展综合测评的测评对象和测评方法

贵州省市县经济发展综合测评的测评对象为贵州省9个市(州)及88个县(市、区、特区)，其测评目的是为了综合反映贵州省每年半年和全年市县经济增长、结构优化、质量效益、科技进步、生态环境和民生改善等方面发展状况。其中，市县经济发展综合测评按市、县两级分别开展。市级测评对象为9个市(州)。县级测评对象为88个县(市、区、特区)。将88个县(市、区、特区)分为“经济强县”“非经济强县”和“10个国家扶贫开发工作重点县”三类进行测评。经济强县和非经济强县根据省建强办提供的名单进行动态调整。10个国家扶贫开发工作重点县为：关岭县、紫云县、赫章县、江口县、望谟县、册亨县、剑河县、雷山县、荔波县、三都县。

市级、经济强县、非经济强县、10个国家扶贫开发工作重点县均采用综合指数法计分测评。一是计算单项指标分值。首先采用改进的功效系数法对各指标数据进行标准化处理，消除指标量纲影响，再加权计算该项指标分值。二是计算综合测评分值。运用综合加权法，将加权的单项指标分值汇总得到综合测评分值。三是排位。分别运用单项指标分值和综合测评分值，由高至低进行单项指标排位和综合排位。

（3）贵州省市县经济发展综合测评的考评指标体系及权重分析

贵州省对市级、经济强县、非经济强县测评指标设置一致，包括经济总量、投资规模、产业发展、科技进步与就业、财政税收、居民收入、生态环境、群众满意度等8个方面，共35项指标。其中，经济总量指标3项，投资规模指标4项，产业发展指标10项，科技进步与就业指标4项，财政税收指标4项，居民收入指标5项，生态环境指标4项，群众满意度指标1项（见表5-5）。

表5-5　贵州省市县经济发展综合测评指标体系及权重

类别	权重（%）			指标	单位	权重（%）		
	市	经济强县	非经济强县			市	经济强县	非经济强县
经济总量	12	13	14	1.地区生产总值	亿元	4	4	4
				2.地区生产总值增长速度	%	5	6	7
				3.人均GDP	元	3	3	3
投资规模	11	12	12	4.固定资产投资	亿元	3	4	4
				5.固定资产投资增长速度	%	4	5	6
				6.产业投资占固定资产投资比重	%	2	2	1
				7.招商引资项目到位资金	亿元	2	1	1

续表

类别	权重（%）			指标	单位	权重（%）		
	市	经济强县	非经济强县			市	经济强县	非经济强县
产业发展	24	20	19	8.非粮农业增加值占第一产业增加值比重	%	2	1	1
				9.工业增加值	亿元	4	4	3
				10.工业增加值增长速度	%	4	4	5
				11.工业用电量增长速度与工业增加值增长速度之差的绝对值	百分点	2	1	1
				12.社会消费品零售总额	亿元	2	2	1
				13.社会消费品零售总额增长速度	%	1	1	1
				14.旅游总收入	亿元	2	1	1
				15.旅游总收入增长速度	%	2	1	1
				16.金融机构人民币各项存款余额增长速度	%	2	2	2
				17.金融机构人民币各项贷款余额增长速度	%	3	3	3
科技进步与就业	9	9	7	18.综合科技进步水平指数	%	3	3	2
				19.每万人人才资源数	人	2	2	1
				20.城镇新增就业人数	万人	2	2	2
				21.城镇新增就业人数增长速度	%	2	2	2
财政税收	14	14	15	22.人均公共财政预算收入	元	4	4	4
				23.地方税收收入占公共财政预算收入比重	%	2	2	2
				24.税收收入	亿元	4	4	4
				25.税收收入增长速度	%	4	4	5
居民收入	17	19	20	26.农村居民人均可支配收入	元	4	4	4
				27.农村居民人均可支配收入增长速度	%	4	5	6
				28.城镇居民人均可支配收入	元	4	4	3
				29.城镇居民人均可支配收入增长速度	%	4	5	5
				30.贫困乡镇发生率	%	1	1	2

续表

类别	权重（%）			指标	单位	权重（%）		
	市	经济强县	非经济强县			市	经济强县	非经济强县
生态环境	10	10	10	31.集中式饮用水源地水质达标率	%	2	2	2
				32.城镇污水处理率	%	3	3	3
				33.城市（县城）环境空气质量达标率	%	2	2	2
				34.城乡生活垃圾无害化处理率	%	3	3	3
群众满意度	3	3	3	35.经济发展群众满意度	—	3	3	3

贵州省对10个国家扶贫开发工作重点县取消GDP测评相关指标，重点对居民收入增长、现代高效农业推进、旅游产业发展、生态环境保护等方面发展状况进行测评，综合测评指标体系包括农业发展、旅游产业发展、财政与金融、投资与消费、科技与人才、就业与收入、生态环境、群众满意度8个类别，共33项指标。其中，农业发展类指标4项，旅游产业发展类指标3项，财政与金融类指标4项，投资与消费类指标6项，科技与人才类指标2项，就业与收入类指标7项，生态环境类指标6项，群众满意度类指标1项（见表5-6）。

表5-6 贵州省10个国家扶贫开发工作重点县经济发展综合测评指标体系及权重

类别	权重（%）	指标	单位	权重（%）
农业发展	16	1.省级现代高效农业示范园区总产值	万元	4
		2.省级现代高效农业示范园区总产值增长速度	%	4
		3.非粮产业增加值占第一产业增加值比重	%	4
		4.耕地产出率	元/亩	4
旅游产业发展	7	5.旅游总收入	亿元	2
		6.旅游总收入增长速度	%	2
		7.过夜游客人数占游客总人数比重	%	3

续表

类别	权重（%）	指标	单位	权重（%）
财政与金融	12	8.人均公共财政预算收入	元	2
		9.地方税收收入占公共财政预算收入比重	%	4
		10.金融机构人民币各项存款余额增长速度	%	3
		11.金融机构人民币各项贷款余额增长速度	%	3
投资与消费	14	12.人均固定资产投资	元	2
		13.固定资产投资增长速度	%	3
		14.生态产业投资占固定资产投资比重	%	3
		15.招商引资项目到位资金指数	—	2
		16.社会消费品零售总额	亿元	2
		17.社会消费品零售总额增长速度	%	2
科技与人才	4	18.综合科技进步水平指数	%	2
		19.每万人人才资源数	人	2
就业与收入	24	20.城镇新增就业人数	万人	2
		21.城镇新增就业人数增长速度	%	2
		22.农村常住居民人均可支配收入	元	4
		23.农村常住居民人均可支配收入增长速度	%	5
		24.城镇常住居民人均可支配收入	元	4
		25.城镇常住居民人均可支配收入增长速度	%	4
		26.贫困乡镇发生率	%	3
生态环境	20	27.集中式饮用水源地水质达标率	%	3
		28.城镇污水处理率	%	4
		29.城市（县城）环境空气质量达标率	%	3
		30.城乡生活垃圾无害化处理率	%	4
		31.营造林任务保存率	%	4
		32.森林覆盖率	%	2
群众满意度	3	33.经济发展群众满意度	—	3

贵州省对市级、经济强县、非经济强县和10个国家扶贫开发工作重点

县测评指标权重分别进行设置。（1）市级测评经济总量类权重为12%，投资规模类权重为11%，产业发展类权重为24%，科技进步与就业类权重为9%，财政税收类权重为14%，居民收入类权重为17%，生态环境类权重为10%，群众满意度类权重为3%。（2）经济强县测评经济总量类权重为13%，投资规模类权重为12%，产业发展类权重为20%，科技进步与就业类权重为9%，财政税收类权重为14%，居民收入类权重为19%，生态环境类权重为10%，群众满意度类权重为3%。（3）非经济强县测评经济总量类权重为14%，投资规模类权重为12%，产业发展类权重为19%，科技进步与就业类权重为7%，财政税收类权重为15%，居民收入类权重为20%，生态环境类权重为10%，群众满意度类权重为3%（见表3.1.1）。（4）10个国家扶贫开发工作重点县测评农业发展类权重为16%；旅游产业发展类权重为7%；财政与金融类权重为12%；投资与消费类权重为14%；科技与人才类权重为4%；就业与收入类权重为24%；生态环境类权重为20%；群众满意度类权重为3%（见表5-6）。

2.湖南省对市（州）和县（市）及贫困县的考核

（1）湖南省对市（州）和县（市）及贫困县考核办法进行整合

从2014年度开始，湖南省对下属市州的全面小康考评、绩效评估和县域经济考核进行整合，统一实施。具体实施工作分两条线开展：

一是全面小康考评（包含县域经济考核）。湖南省全面建成小康社会推进工作领导小组办公室按照国家统计局重新修订的全面建成小康监测评价指标体系，对14个市州全面小康实现程度和提升幅度进行考评；按照《中共湖南省委湖南省人民政府关于分类指导加快推进全面建成小康社会的意见》（湘发〔2013〕6号）确定的三类县指标体系，对122个县市区全面小康实现程度、提升幅度，以及全面小康经济强县、全面小康经济发展快进县进行考评考核。

二是绩效评估。湖南省绩效办根据《2014年湖南省绩效评估实施方案》（湘办发〔2014〕15号）和指标体系对省直部门和市州考评。鉴于对市州的全面小康考评和绩效评估主要经济社会指标大致相同，为不重复统计测算，实行指标共用、数据共享，由省统计局和省绩效评估办按照国家统计局重新修订的全面建成小康监测评价指标体系进行测算。

（2）湖南省全面建成小康社会考评指标体系分析

湖南省从2014年起开展各市（州）、县（市、区）全面建成小康社会考评工作，用量化的指标数据和评价结果跟踪反映各市（州）、县（市、区）率先发展、加快推进全面小康社会的进程，确保在中部地区率先建成全面小康。

湖南省全面建成小康社会考评分为两个层级，第一个层级为省对市（州）的考核，第二个层级为省对县（市、区）的考核。

对湖南省14个市（州）的全面建成小康社会考评，按照国家统一制定的全面建成小康社会统计监测指标体系进行考评，监测指标体系由六大类指标组成，即“经济发展”类指标，给予29分权重；“社会和谐”类指标，给予15分权重；“生活质量”类指标，给予19分权重；“民主法制”类指标，给予11分权重；“文化教育”类指标，给予14分权重；“资源环境”类指标，给予12分权重（指标体系见表5-7所示）。

表5-7　湖南省市州全面建成小康社会考评指标体系

类别	序号	监测指标	单 位	目标值(2020年)	权重（%）
经济发展	1	人均GDP(2000年不变价)	元	≥31400	12
	2	R&D经费支出占GDP比重	%	≥2.5	4
	3	第三产业增加值占GDP比重	%	≥50	4
	4	城镇人口比重	%	≥60	5
	5	失业率（城镇）	%	[3,6]	4
社会和谐	6	基尼系数	—	[0.3,0.4]	2
	7	城乡居民收入比	以农为1	[1,2.8]	2
	8	地区经济发展差异系数	%	[0,60]	2
	9	基本社会保险覆盖率	%	≥90	6
	10	高中阶段毕业生性别差异系数	%	=100	3

续表

类别	序号	监测指标	单 位	目标值(2020年)	权重（%）
生活质量	11	居民人均可支配收入	元	≥15000	6
	12	恩格尔系数	%	≤40	3
	13	人均住房使用面积	平方米	≥27	5
	14	5岁以下儿童死亡率	‰	≤12	2
	15	平均预期寿命	岁	≥75	3
民主法制	16	公民自身民主权利满意度	%	≥90	5
	17	社会安全指数	%	≥100	6
文化教育	18	文化产业增加值占GDP比重	%	≥5	6
	19	居民文教娱乐服务支出占家庭消费支出比重	%	≥16	2
	20	平均受教育年限	年	≥10.5	6
资源环境	21	单位GDP能耗	吨标准煤/万元	≤0.84	4
	22	耕地面积指数	%	≥94	2
	23	环境质量指数	%	=100	6

湖南省对县市区全面建成小康社会考评的监测范围为全省122个县（市、区），湖南省根据各县的经济发展类型、全面小康实现程度以及对接四大区域板块和主体功能区，将122个县（市、区）分为三大类。

对于一、二、三类县（市、区），监测评价指标体系均由五大类指标组成，即“经济发展”类指标，给予45分权重；“人民生活”类指标，给予19分权重；“社会发展”类指标，给予15分权重；“民主法治”类指标，给予11分权重；“生态文明”类指标，给予10分权重。

对第一类县（市、区），考评指标体系设22个指标，并给予指标较高的考核目标值（指标体系见表3.2.4）；对第二类县（市、区），设23个指标，并给予指标较为适中的考核目标值（指标体系见表3.2.5）；对第三类县（市、区），设24个指标，并给予指标要求相对较低的考核目标值（指标体系见表5-8）。

表5–8 湖南省县市区全面建成小康社会考评指标体系(一类)

类别	序号	指标名称		单位	目标值(2020年)	权重
经济发展	1	人均地区生产总值(按2000年不变价)		元	≥80000	5
	2	人均财政总收入		元	≥12000	7
	3	税收占财政总收入的比重		%	≥85	7
	4	经济结构指数	二、三产业增加值占GDP比重	%	≥96	12
			高新技术产业增加值占GDP比重	%	≥30	
			文化产业增加值占GDP比重	%	≥8	
	5	城镇化率		%	≥65	4
	6	园区规模工业增加值占规模工业增加值比重		%	≥90	5
	7	金融机构各项贷款增长率		%	≥100	5
人民生活	8	居民收入水平	城镇居民人均可支配收入	元	≥50000	7
			农村居民人均纯收入	元	≥25000	
	9	人均住房使用面积		平方米	≥32	2
	10	人均储蓄存款		元	≥32000	3
	11	居民文教娱乐服务消费支出占消费总支出比重		%	≥18	3
	12	农村居民安全饮水比率		%	=100	2
	13	行政村客运班线通达率		%	≥98	2
社会发展	14	社会保障发展水平	基本医疗保险覆盖率	%	≥90	4
			基本养老服务补贴覆盖率	%	≥50	
	15	教育发展水平	高中阶段毛入学率	%	≥95	4
			平均受教育年限	年	≥11.5	
	16	医疗卫生水平	每千人拥有床位数	张	≥4	4
			5岁以下儿童死亡率	‰	≤12	
	17	文化发展水平	人均拥有公共文化体育设施面积	平方米	≥3	3
民主法治	18	城乡居民依法自治	城镇居委会依法自治达标率	%	≥90	4
			农村村委会依法自治达标率	%	≥90	
	19	社会安全指数		%	=100	7

续表

<table>
<tr><th>类别</th><th>序号</th><th colspan="2">指标名称</th><th>单位</th><th>目标值(2020年)</th><th>权重</th></tr>
<tr><td rowspan="6">生态文明</td><td>20</td><td colspan="2">单位GDP能耗</td><td>吨标煤/万元</td><td>≤0.7</td><td>3</td></tr>
<tr><td rowspan="3">21</td><td rowspan="3">环境质量指数</td><td>城镇污水处理率</td><td>%</td><td>≥75</td><td rowspan="3">5</td></tr>
<tr><td>空气质量达标率</td><td>%</td><td>≥95</td></tr>
<tr><td>地表水质达标率</td><td>%</td><td>=100</td></tr>
<tr><td rowspan="2">22</td><td rowspan="2">绿化水平</td><td>森林资源蓄积量增长率</td><td>%</td><td>≥3</td><td rowspan="2">2</td></tr>
<tr><td>城镇建成区绿化覆盖率</td><td>%</td><td>≥26</td></tr>
</table>

表5–9　湖南省县市区全面建成小康社会考评指标体系(二类)

<table>
<tr><th>类别</th><th>序号</th><th colspan="2">指标名称</th><th>单位</th><th>目标值(2020年)</th><th>权重</th></tr>
<tr><td rowspan="9">经济发展</td><td>1</td><td colspan="2">人均地区生产总值(按2000年不变价)</td><td>元</td><td>≥34000</td><td>5</td></tr>
<tr><td>2</td><td colspan="2">人均财政总收入</td><td>元</td><td>≥3300</td><td>7</td></tr>
<tr><td>3</td><td colspan="2">税收占财政总收入的比重</td><td>%</td><td>≥80</td><td>8</td></tr>
<tr><td rowspan="2">4</td><td rowspan="2">经济结构指数</td><td>二、三产业增加值占GDP比重</td><td>%</td><td>≥90</td><td rowspan="2">10</td></tr>
<tr><td>高新技术产业增加值占GDP比值</td><td>%</td><td>≥20</td></tr>
<tr><td>5</td><td colspan="2">城镇化率</td><td>%</td><td>≥60</td><td>4</td></tr>
<tr><td>6</td><td colspan="2">园区规模工业增加值占规模工业增加值比重</td><td>%</td><td>≥70</td><td>4</td></tr>
<tr><td>7</td><td colspan="2">金融机构各项贷款增长率</td><td>%</td><td>≥100</td><td>4</td></tr>
<tr><td>8</td><td colspan="2">规模以上企业农产品加工产值与农业产值比</td><td>%</td><td>≥250</td><td>3</td></tr>
<tr><td rowspan="7">人民生活</td><td rowspan="2">9</td><td rowspan="2">居民收入水平</td><td>城镇居民人均可支配收入</td><td>元</td><td>≥35000</td><td rowspan="2">7</td></tr>
<tr><td>农村居民人均纯收入</td><td>元</td><td>≥16000</td></tr>
<tr><td>10</td><td colspan="2">人均住房使用面积</td><td>平方米</td><td>≥30</td><td>2</td></tr>
<tr><td>11</td><td colspan="2">人均储蓄存款</td><td>元</td><td>≥28000</td><td>3</td></tr>
<tr><td>12</td><td colspan="2">居民文教娱乐服务消费支出占消费总支出比重</td><td>%</td><td>≥16</td><td>3</td></tr>
<tr><td>13</td><td colspan="2">农村居民安全饮水比率</td><td>%</td><td>=100</td><td>2</td></tr>
<tr><td>14</td><td colspan="2">行政村客运班线通达率</td><td>%</td><td>≥95</td><td>2</td></tr>
</table>

续表

类别	序号	指标名称		单位	目标值(2020年)	权重
社会发展	15	社会保障发展水平	基本医疗保险覆盖率	%	≥90	4
			基本养老服务补贴覆盖率	%	≥50	
	16	教育发展水平	高中阶段毛入学率	%	≥90	4
			平均受教育年限	年	≥10.5	
	17	医疗卫生水平	每千人拥有床位数	张	≥4	4
			5岁以下儿童死亡率	‰	≤12	
	18	文化发展水平	人均拥有公共文化体育设施面积	平方米	≥2	3
民主法治	19	城乡居民依法自治	城镇居委会依法自治达标率	%	≥90	4
			农村村委会依法自治达标率	%	≥90	
	20	社会安全指数		%	=100	7
生态文明	21	单位GDP能耗		吨标煤/万元	≤0.8	4
	22	环境质量指数	城镇污水处理率	%	≥70	5
			空气质量达标率	%	≥95	
			地表水质达标率	%	=100	
			农村垃圾集中处理率	%	≥95	
	23	绿化水平	森林资源蓄积量增长率	%	≥3	1
			城镇建成区绿化覆盖率	%	≥26	

表5-10　湖南省县市区全面建成小康社会考评指标体系(三类)

类别	序号	指标名称	单位	目标值(2020年)	权重
经济发展	1	人均地区生产总值(按2000年不变价)	元	≥21000	5
	2	人均财政总收入	元	≥2500	7
	3	税收占财政总收入的比重	%	≥80	8
	4	二、三产业增加值占GDP比重	%	≥85	5
	5	贫困发生率	%	≤4	4
	6	城镇化率	%	≥45	5
	7	园区规模工业增加值占规模工业增加值比重	%	≥50	4
	8	金融机构各项贷款增长率	%	≥100	4
	9	规模以上企业农产品加工产值与农业产值比	%	≥140	3

续表

<table>
<tr><th>类别</th><th>序号</th><th colspan="2">指标名称</th><th>单位</th><th>目标值(2020年)</th><th>权重</th></tr>
<tr><td rowspan="7">人民生活</td><td rowspan="2">10</td><td rowspan="2">居民收入水平</td><td>城镇居民人均可支配收入</td><td>元</td><td>≥28000</td><td rowspan="2">7</td></tr>
<tr><td>农村居民人均纯收入</td><td>元</td><td>≥9000</td></tr>
<tr><td>11</td><td colspan="2">人均住房使用面积</td><td>平方米</td><td>≥28</td><td>2</td></tr>
<tr><td>12</td><td colspan="2">人均储蓄存款</td><td>元</td><td>≥24000</td><td>2</td></tr>
<tr><td>13</td><td colspan="2">居民文教娱乐服务消费支出占消费总支出比重</td><td>%</td><td>≥14</td><td>2</td></tr>
<tr><td>14</td><td colspan="2">农村居民安全饮水比率</td><td>%</td><td>=100</td><td>4</td></tr>
<tr><td>15</td><td colspan="2">行政村客运班线通达率</td><td>%</td><td>≥80</td><td>2</td></tr>
<tr><td rowspan="7">社会发展</td><td rowspan="2">16</td><td rowspan="2">社会保障发展水平</td><td>基本医疗保险覆盖率</td><td>%</td><td>≥90</td><td rowspan="2">5</td></tr>
<tr><td>基本养老服务补贴覆盖率</td><td>%</td><td>≥50</td></tr>
<tr><td rowspan="2">17</td><td rowspan="2">教育发展水平</td><td>高中阶段毛入学率</td><td>%</td><td>≥80</td><td rowspan="2">4</td></tr>
<tr><td>平均受教育年限</td><td>年</td><td>≥10</td></tr>
<tr><td rowspan="2">18</td><td rowspan="2">医疗卫生水平</td><td>每千人拥有床位数</td><td>张</td><td>≥4</td><td rowspan="2">4</td></tr>
<tr><td>5岁以下儿童死亡率</td><td>‰</td><td>≤12</td></tr>
<tr><td>19</td><td>文化发展水平</td><td>人均拥有公共文化体育设施面积</td><td>平方米</td><td>≥1</td><td>2</td></tr>
<tr><td rowspan="3">民主法治</td><td rowspan="2">20</td><td rowspan="2">城乡居民依法自治</td><td>城镇居委会依法自治达标率</td><td>%</td><td>≥90</td><td rowspan="2">4</td></tr>
<tr><td>农村村委会依法自治达标率</td><td>%</td><td>≥90</td></tr>
<tr><td>21</td><td colspan="2">社会安全指数</td><td>%</td><td>=100</td><td>7</td></tr>
<tr><td rowspan="7">生态文明</td><td>22</td><td colspan="2">单位GDP能耗</td><td>吨标煤/万元</td><td>≤0.8</td><td>4</td></tr>
<tr><td rowspan="4">23</td><td rowspan="4">环境质量指数</td><td>城镇污水处理率</td><td>%</td><td>≥65</td><td rowspan="4">5</td></tr>
<tr><td>空气质量达标率</td><td>%</td><td>≥95</td></tr>
<tr><td>地表水质达标率</td><td>%</td><td>=100</td></tr>
<tr><td>农村垃圾集中处理率</td><td>%</td><td>≥80</td></tr>
<tr><td rowspan="2">24</td><td rowspan="2">绿化水平</td><td>森林资源蓄积量增长率</td><td>%</td><td>≥3</td><td rowspan="2">1</td></tr>
<tr><td>城镇建成区绿化覆盖率</td><td>%</td><td>≥26</td></tr>
</table>

湖南省对各市（州）、县（市、区）全面建成小康社会的实现程度采用

综合加权评分的统计方法，即通过对单项指标设置权重，计算综合得分，来评价分析全面建成小康社会进程状况。各市（州）、县（市、区）全面建成小康社会指标体系，包含正指标、逆指标、区间指标和合成指标四大类。

（3）湖南省绩效评估考评分析

与全面建成小康社会考评的层级相似，湖南省绩效评估考评也分为两个层级，第一个层级为省对市（州）的绩效考评，第二个层级是市（州）对县（市、区）的考评。其不同之处是，全面建设小康社会考评在全省范围内统一组织执行，由省级层面分别对市（州）和县（市、区）进行考评，而绩效评估中对县（市、区）的评估则由上级市（州）进行评估。

湖南省对市州党委、政府和省直单位的评估采取指标评估、公众评估、内部评估三种方式进行，分别占绩效评估总分值1000分的80%、10%、10%。其中指标评估主要突出省委省政府重大决策部署落实、经济发展、改革创新、发展环境优化、民生建设、干部作风转变等内容。

第一，指标评估。湖南省绩效办会同相关部门按照评估指标，定期或不定期对被评估单位完成工作的数量、质量和效益等进行评估打分，全面考评各项工作完成情况。具体采取“听、查、看、访”的方式进行。

听。听取被评估单位完成绩效计划情况的汇报，主要包括任务完成情况、主要做法、实际效果与业绩、存在的问题及改进措施等内容。没有完成工作任务的，要说明原因并提出整改措施。

查。重点查阅被评估单位工作任务完成情况的相关资料，主要包括工作计划、会议记录、工作过程记录、自评资料、检查报告、工程验收报告、工作总结、工作业绩等。

看。重点察看被评估单位相关工作任务完成结果、重点项目现场，核验工作落实的实际情况。

访。通过召开人大代表、政协委员、部分工作人员或服务对象座谈会，走访具有代表性的企事业单位和知情群众，发放民意调查表，听取各方面对被评估单位工作情况的意见和建议。

第二，公众评估。由湖南省绩效办会同有关调查机构组织开展，主要采取会议评议、问卷调查、电话调查等方式进行。

第三，内部评估。包括湖南省领导评价和单位互评（各占50%）。湖南省领导评价由省委、省人大常委会、省政府、省政协领导班子成员对各市州党委、政府和省直有关单位进行评议。单位互评由省直有关单位评价市州党委、政府，市州和县市区党委、政府评价省直有关单位等形式组成。

各市州对下属的县（市、区）进行绩效评估的方式一般参照省对市的绩效评估方式进行。同样包括指标评估、公众评估、内部评估等部分。如以湖南省常德市对下属县（市、区）的绩效评估为例，其评估指标体系总分设为1000分，评估方法包括指标评估、公众评估、内部评估三部分。

第一，指标评估。占800分。常德市绩效评估委员会办公室（以下简称“市绩效办”）组织市直各数据采集责任单位根据评估指标，建立平时考核台账，对被评估单位完成工作的数量、质量和效益等进行评估打分。市绩效办和市直考核办适时组织开展抽查，年终组织开展集中评估验收，听取被评估单位完成绩效计划情况的汇报，查阅被评估单位工作任务完成情况的相关资料，察看被评估单位相关工作任务完成结果和重点项目现场，听取各方面对被评估单位工作情况的意见和建议。

第二，公众评估。占100分。由常德市绩效办会同有关专门调查机构开展群众满意度调查。对区县（市）、五区主要调查经济社会发展、政务服务、党风廉政、发展环境等方面的满意度；对市直和中央、省驻常单位主要调查依法行政、公共服务、转变作风、廉政建设等方面的满意度。调查对象主要是“两代表一委员”、各单位的主要服务对象、党政机关和部分企事业单位工作人员、专家学者等。调查主要采取会议评议、问卷调查、电话调查等方式进行。

第三，内部评估。占100分。包括领导评价和同级互评（各占50%）。领导评价由市委、市人大、市政府、市政协领导班子成员对各区县（市）、五区及市直和中央、省驻常单位进行评价。同级互评由市直和中央、省驻常单位与各区县（市）、五区之间进行相互评价。内部评估由市绩效办牵头、市直考核办参与，统一组织实施。

（4）考评结果的运用

第一，全面小康考评结果运用。按照《湖南省分类指导加快推进全面建成小康社会考评办法》（湘康〔2013〕4号），对市州和县市区的考评结果进行排名奖励。对市州设立三个奖项，分别给予通报表扬，颁发奖金。一是综合奖。按照实现程度占40%、年度指标提升幅度占60%的权重，分别测算计分排名，取前三名。二是经济发展奖。单就经济发展指标考评结果，按照实现程度占40%、年度指标提升幅度占60%的权重，分别测算计分排名，取前三名。三是管理成效奖。按照实现程度占40%、年度指标提升幅度占60%的权重，根据市州所辖县市区考评结果测算计分排名，取前三名。对县市区设立两个综合奖和两个单项奖，分别为“十先进县”奖、“十快进县”奖和“全面小康经济强县”奖、“全面小康经济快进县”奖，给予奖励。“十先进县”奖，根据实现程度考评结果排名，在一类县取前两名，二、三类县分别取前四名。“十快进县”奖，根据提升幅度考评结果排名，在一类县取前两名，二、三类县分别取前四名。“全面小康经济强县”奖，在87个县市（除区以外，纳入县域经济考核范畴的县市）取前十名。“全面小康经济快进县”奖，根据经济指标考评结果，在一类县中取前两名，二、三类县中分别取前四名。

第二，绩效评估考评结果运用。湖南省对市州绩效评估的评估结果分类按综合得分确定为优秀、良好、合格、不合格4个等次。（一）优秀等次名额占被评估单位总数的25%，根据各单位综合得分从高到低分类确定。其中，从14个市州中分类评出4个绩效优秀单位，从123个省直单位中分类评出33个绩效优秀单位。（二）良好等次名额占被评估单位总数的25%，除去优秀等次单位后，根据各单位综合得分从高到低分类确定。其中，从14个市州中分类评出4个绩效良好单位，从123个省直单位中分类评出33个绩效良好单位。有下列情形之一的单位，取消评为优秀和良好等次资格：安全生产被一票否决的；省直单位计划生育、社会管理综合治理被黄牌警告或一票否决的，市州所辖县市区计划生育、社会管理综合治理出现黄牌警告或一票否决累计达到2次及以上的；主要污染物总量减排考核结果未通过的；本级党政领导班子中发生重大腐败案件的。（三）除去优秀、良好等次单位后，综合得分在600分以上的为合格单位。（四）有下列情形之一的，为不合格单位：综合得分在600分以下的；有上述取消评为优秀和良好等次资格情形中2种及以上情形的；因工作失职渎职造成重大损失和恶劣影响，经省绩效评估委员会研究并报省委、省政府审定，认定为不合格的。

评估结果以湖南省委办公厅、省政府办公厅名义通报。评为合格以上等次的单位，省委、省政府按等次分别发给奖金。评为不合格的单位，给予通报批评；单位及班子成员不得参加其他奖励项目的评选；主要负责人由省委组织部进行诫勉谈话；单位连续2年评为不合格的，提请省委调整其主要负责人的工作岗位；对严重失职渎职并造成重大损失和恶劣影响的人员，由省纪检监察机关按照有关规定追究责任。而详细的评估结果及得分、加分、减分与民意调查情况，以省绩效评估委员会名义向各单位一对一反馈，作为各单位改进工作的重要依据之一。

3.安徽省对市（州）和县（市）及贫困县的考核

（1）安徽省对市（州）绩效考核指标体系及分析

为完成安徽省《政府工作报告》确定的2014年全年各项目标任务，安徽省政府按照“综合考核、分级负责、依法依规、公开透明、简便易行”的原则，强化绩效考核，褒奖改革创新，提升政府效能，2014年继续对全省16个市政府实行目标管理绩效考核。

安徽省根据全省区域发展总体战略，结合各地基础条件，将全省16个市政府的目标任务指标分为4类进行考核。一类市：合肥、马鞍山、芜湖、铜陵市；二类市：淮北、蚌埠、淮南、滁州、宣城、池州、安庆市；三类市：亳州、宿州、阜阳、六安市；四类市：黄山市。

安徽省对市（州）的考核内容包括工作目标任务和工作评价两个方面（指标体系见表5-11）。

表5-11　安徽省2014年各市政府目标管理绩效考核指标及权重

类别	序号	指标	权重				提供部门
			一类市	二类市	三类市	四类市	
经济发展	1	地区生产总值	6	8	8	3	省统计局
	2	财政收入	4	4	4	4	省财政厅
	3	固定资产投资	4	4	4	3	省统计局
	4	社会消费品零售总额	2	2	2	2	省统计局
	5	进出口总额	1	1	1	1	省商务厅
	6	实际利用外商直接投资	1	1	1	1	省商务厅
	7	实际利用省外资金（亿元以上项目）	1	1	1	1	省发展改革委
	8	粮食产量	1	2	3	1	省调查总队
	9	规模以上工业企业数	2	2	2	2	省统计局
	小计		22	25	26	18	
提质增效	1	工业化率	1	2	2	1	省统计局
	2	城镇化率	2	3	3	2	省统计局 省公安厅
	3	农业产业化	1	1	1	1	省农委
	4	财政收入占地区生产总值比重	1	1	1	1	省财政厅 省统计局
	5	税收收入占财政收入比重	1	1	1	1	省财政厅
	6	政府债务风险管理	1	1	1	1	省财政厅
	7	战略性新兴产业增加值占规模以上工业比重	5	3	3	1	省统计局 省发展改革委
	8	服务业增加值占地区生产总值比重	3	3	2	7	省统计局
	9	投资效果系数	2	1.5	1.5	1.5	省统计局
	10	民营经济占经济总量比重	2	2	2	2	省统计局 省经济和信息化委
	11	开发区转型升级	2	2	2	2	省发展改革委
	12	高新技术企业数占规模以上工业企业数比重	3	1.5	1.5	1.5	省科技厅 省统计局
	13	研发经费支出占地区生产总值比重	3	2	2	2	省统计局 省科技厅 省教育厅
	14	每万人口发明专利授权量	2	2	2	2	省科技厅
	小计		29	26	25	26	

续表

类别	序号	指标	权重				提供部门
			一类市	二类市	三类市	四类市	
生态建设	1	耕地保有量	3	3	3	2	省国土资源厅
	2	单位地区生产总值能耗和二氧化碳排放降低	3	3	3	4	省发展改革委 省统计局
	3	单位工业增加值用水量降低	2	2	2	3	省水利厅 省统计局
	4	单位生产总值建设用地降低率	1	1	1	1	省国土资源厅 省统计局
	5	城市空气质量（可吸入颗粒物PM10平均浓度）	2	2	2	4	省环保厅
	6	主要污染物减排	2.5	2.5	2.5	3.5	省环保厅
	7	城市生活垃圾无害化处理	1.5	1.5	1.5	2.5	省住房城乡建设厅
	8	千万亩森林增长工程	2	2	2	4	省林业厅
	小计		17	17	17	24	
社会建设	1	教育发展	3	3	3	3	省教育厅
	2	公共文化及体育设施建设	2	2	2	2	省文化厅 省体育局
	3	文化产业发展	2	2	2	2	省委宣传部 省文化厅 省新闻出版广电局 省统计局
	4	人口和计划生育	1	1	1	1	省卫生计生委
	5	医疗卫生基础设施建设	1	1	1	1	省卫生计生委
	6	社会治安	2	2	2	2	省综治办 省公安厅 省信访局
	7	社区建设及管理	1	1	1	1	省民政厅
	8	交通运输建设和治超工作	2	2	2	2	省交通运输厅
	9	质量工作	1	1	1	1	省质监局 省农委 省住房城乡建设厅
	10	气象防灾减灾工作	1	1	1	1	省气象局
	11	防震减灾工作	1	1	1	1	省地震局
	12	国防动员和后备力量建设	1	1	1	1	省军区 省民政厅
	小计		18	18	18	18	

续表

类别	序号	指标	权重				提供部门
			一类市	二类市	三类市	四类市	
民生改善	1	城乡居民人均可支配收入（含扶贫情况）	4	4	4	4	省调查总队 省扶贫办
	2	财政民生支出和民生工程	2	2	2	2	省财政厅
	3	城镇新增就业人数	2	2	2	2	省人力资源社会保障厅
	4	城乡参加基本养老保险人数	1	1	1	1	省人力资源社会保障厅
	5	城镇保障性住房建设	1	1	1	1	省住房城乡建设厅
	6	食品药品安全	2	2	2	2	省食品药品监管局
	7	安全生产（含消防工作）	2	2	2	2	省安全监管局 省公安厅
	小计		14	14	14	14	
合计			100	100	100	100	
工作评价	1	工作落实情况	5	5	5	5	省政府办公厅
	2	政风评议	5	5	5	5	省政府纠风办
	3	群众满意度	5	5	5	5	省统计局
	4	依法行政	3.5	3.5	3.5	3.5	省司法厅 省法制办 省政务公开办
	5	应急管理	1.5	1.5	1.5	1.5	省政府办公厅
	小计		20	20	20	20	
累计			120	120	120	120	

工作目标任务设经济发展、提质增效、生态建设、社会建设、民生改善5个类别50项考核指标。突出质量效益在经济发展中的导向作用，更加重视社会事业发展和民生改善，新增政府债务风险管理、单位生产总值建设用地降低率、城市空气质量、质量工作、气象防灾减灾工作、防震减灾工作、国防动员和后备力量建设、安全生产8项考核指标，完善了单位地区生产总值能耗和二氧化碳排放降低、交通运输建设和治超工作、城乡居民

人均可支配收入、城镇新增就业人数、食品药品安全5项考核指标。

工作评价设工作落实情况、政风评议、群众满意度、依法行政、应急管理5项考核指标。

实行人口和计划生育、社会管理综合治理、环境保护和节能减排、安全生产和重大安全生产事故风险“一票否决”。

（2）安徽省对市（州）绩效考核的考核方法及结果运用

安徽省对市（州）绩效考核的考核计分方法分为两个方面，一是工作目标任务。50项考核指标，满分100分。其中，地区生产总值等指标，由安徽省省统计局运用功效系数法按静态占30%、动态占70%的比例进行计分；单位工业增加值用水量降低等指标，根据责任目标实际完成程度，运用功效系数法进行计分；农业产业化等指标由省有关单位按下达任务完成数计分。二是工作评价。5项考核指标，满分20分，由相关单位直接评分。以上两项考核内容得分相加为各市政府综合得分。

考核流程主要包括四个环节，分别是：a.各市自查。即各市政府对2014年工作目标任务完成情况进行自查，并于规定时间内将自查报告报省政府。b.部门复核。即承担工作目标任务考核的单位于规定时间内向省政府办公厅、省统计局提供各市政府工作目标任务得分和有关数据。省有关单位复核、计分，于规定时间内提供给省政府办公厅。c.考核领导小组会议研究。即由省政府办公厅汇总对各市政府的考核情况，并报省政府目标管理绩效考核领导小组会议研究。d.省政府常务会议审议。由省政府目标管理绩效考核领导小组将会议研究的意见，提请省政府常务会议审议。

安徽省对市（州）绩效考核结果的运用包括荣誉与奖金两个方面，即省政府目标管理绩效考核综合得分前8名的市政府，确定为“省政府目标管理绩效考核先进单位”，由省政府予以通报，并各奖励20万元，同时以奖代补600万元，以奖代补资金由省财政以转移支付方式下拨，一律用于公共服务或民生工程项目建设。

（3）安徽省安庆市对县（市、区）目标绩效考核

第一，安徽省安庆市对县（市、区）目标绩效考核指标体系分析。

安徽省安庆市对下属的十二个县（市、区）进行目标绩效考核，将十二个县（市、区）分为三类：一类县：桐城市、怀宁县、枞阳县、潜山县。二类县：宿松县、太湖县、望江县、岳西县。城区类：迎江区、大观区（含高新区）、宜秀区、市经济技术开发区。

考核指标体系参照安徽省政府对市政府实行目标管理绩效考核体系，设经济发展、转变发展方式、资源环境、民生改善和社会建设、工作评价共五个方面，其中经济社会发展指标46项，工作评价5项，具体考核指标及权重见表5-12所示。

表5-12　安庆市对县（市）目标绩效考核指标体系及权重

类别	序号	指标	一类县（市）		二类县		城区			
			桐、怀、枞	潜	宿、望	太、岳	迎江	大观	宜秀	开发区
经济发展	1	地区生产总值	8	8	8	8	8	8	8	8
	2	财政收入	4	4	4	4	4	4	4	4
	3	固定资产投资	3	3	3	3	3	3	2	3
	4	社会消费品零售总额	2	3	2	3	4	2	3	2
	5	进出口总额	1	1	1	1	1	1	1	1
	6	实际利用外商直接投资	1	1	1	1	1	1	1	1
	7	实际利用市外资金（亿元以上项目）	1	1	1	1	1	1	1	1
	8	粮食产量	2	1	2	1				
	9	规模以上工业企业数	2	2	2	2	2	4	3	4
	小计		24	24	24	24	24	24	23	24

续表

类别	序号	指标	一类县（市）		二类县		城区			
			桐、怀、枞	潜	宿、望	太、岳	迎江	大观	宜秀	开发区
转变发展方式	1	工业化率	3	2	3	2	2	3	2	3
	2	城镇化率	3	3	3	3	3	3	3	3
	3	农业产业化	1	1	1	1	1	1	1	1
	4	财政收入占地区生产总值比重	1	1	1	1	1	1	1	1
	5	税收收入占财政收入比重	1	1	1	1	1	1	1	1
	6	战略性新兴产业产值占规模以上工业比重	3	3	3	3	4	5	4	5
	7	服务业增加值比重	4	5	4	5	5	3	4	3
	8	高新技术企业数占规上工业数比重	1.5	1.5	1.5	1.5	1.5	2.5	1.5	1.5
	9	研究经费支出占地区生产总值比重	2	2	2	2	2	2	2	2
	10	每万人口发明专利授权量	2	2	2	2	2	2	2	2
	11	投资效果系数	2.5	2.5	2.5	2.5	2.5	2.5	2.5	2.5
	12	民营经济占经济总量比重	2	2	2	2	2	2	2	2
	13	开发区转型升级	2	2	2	2	3	3	3	4
	小计		28	28	28	28	30	31	29	31
生态建设	1	耕地保有量	3	3	3	3	3	3	3	3
	2	单位工业增加值用水量降低	2	1	2	1	3	2	3	2
	3	单位地区生产总值能耗降低	3	3	3	3	3	3	3	3
	4	单位地区生产总值二氧化碳排放降低	2	2	2	2	2	2	3	2
	5	主要污染物减排	4	4	4	4	4	4	4	4
	6	城市生活垃圾无害化处理	2	2	2	2	2	2	2	2
	7	千万亩森林增长工程	2	3	2	3			1	
	小计		18	18	18	18	17	16	19	16

续表

类别	序号	指标	一类县（市）		二类县		城 区			
			桐、怀、枞	潜	宿、望	太、岳	迎江	大观	宜秀	开发区
社会建设	1	教育发展	4	4	4	4	4	4	4	4
	2	公共文化及体育设施建设	2	2	2	2	2	2	2	2
	3	文化产业发展	2	2	2	2	3	3	3	3
	4	人口计生	1	1	1	1	1	1	1	1
	5	医疗卫生基础设施建设	1	1	1	1	1	1	1	1
	6	社会治安	2	2	2	2	2	2	2	2
	7	社区建设及管理	2	2	2	2	2	2	2	2
	8	消防工作	1	1	1	1	1	1	1	1
	9	食品安全	1	1	1	1	1	1	1	1
	10	交通运输建设任务	1	1	1	1	1	1	1	1
	小计		17	17	17	17	18	18	18	18
民生改善	1	城乡居民收入	4	4	4	4	4	4	4	4
	2	城乡居民收入占人均生产总值比重	2	2	2	2				
	3	财政民生支出和民生工程	2	2	2	2	2	2	2	2
	4	城镇新增就业人数	2	2	2	2	2	2	2	2
	5	城镇登记失业率	1	1	1	1	1	1	1	1
	6	城乡参加基本养老保险人数	1	1	1	1	1	1	1	1
	7	城镇保障性住房建设	1	1	1	1	1	1	1	1
	小计		13	13	13	13	11	11	11	11
工作评价	1	工作落实	5	5	5	5	5	5	5	5
	2	政风评议	5	5	5	5	5	5	5	5
	3	群众满意	5	5	5	5	5	5	5	5
	4	依法行政	3.5	3.5	3.5	3.5	3.5	3.5	3.5	3.5
	5	应急管理	1.5	1.5	1.5	1.5	1.5	1.5	1.5	1.5,
	小计		20	20	20	20	20	20	20	20
	合计		120	120	120	120	120	120	120	120

第二，安徽省安庆市对县（市、区）目标绩效考核办法。

安徽省安庆市对县（市、区）的目标绩效考核办法采用多指标综合考核，其方法是分别计算经济总量水平的静态指数、当年增长的动态指数。静态指数反映当年经济发展所达到的总量水平；动态指数反映当年与上年相比的增长情况。在此基础上，按照静态指数占30%、动态指数占70%的权数分布计算综合指数，以此反映各县(市)区经济总体发展及社会进步情况。其中，粮食产量指标考虑资源禀赋的差异，只计算动态指数，即以动态指数直接计入综合指数；耕地保有量、城镇新增就业人数、城乡参加基本养老保险人数、人口计生等指标，只计算静态指数，即以静态指数直接计入综合指数。其他指标均分动静两态计算。

按照指标体系前五个方面（经济发展、转变发展方式、资源环境、民生改善和社会建设）计算出来的分值，加上第六方面（工作评价）分值，最终形成县（市）与城区目标管理绩效考核综合得分的位次。

第三，安徽省安庆市对县（市、区）目标绩效考核结果运用。

安徽省安庆市对县（市、区）目标绩效考核结果的运用包括两个方面，分别是奖励和批评，主要侧重于奖励机制。

在奖励方面，安庆市对县（市、区）目标绩效考核的结果设综合奖和单项奖两大类。a.综合奖。按照县（市）区综合分类考核总分排列位次，分别从高到低取数，一类县取前2名，二类县取前2名，四区取前2名，授予“××年度目标管理绩效考核先进县（市）区”称号，并分别给予20万元奖金。在综合考核中，对安全生产、节能减排、社会管理综合治理（含信访工作）、人口计生未完成责任目标或发生重大事件的县（市）区政府实行“一票否决”。各县（市）区政府完成水利建设任务情况和执行编制规定情况纳入考核，实行倒扣分。b.单项奖。设立经济发展、转变发展方式、社会建设、生态建设、民生改善五个单项奖。这五个单项奖均是对指标体系中的一级指标分值进行各县比较，取一级指标分值排第一位的县授予相应的单项奖，并给予10万元奖金。另外，无论是获取综合奖和单项奖，原则上一县（市）区获取奖项不超过2项。超过2项的奖项，顺延下一位次。

在惩罚机制方面，安庆市对县（市、区）主要以批评为主。即对于综合考核结果排列一二类县中最后1名的县（市），城区中最后1名的区进行通报批评。

4.各省对市（州）和县（市）及贫困县考核办法比较分析

通过对贵州省、湖南省、安徽省三个省份考核办法的比较和分析，可以看出，每个省对市州和县的考核，有相同之处，也有相互区别的方面。

（1）三个省对市州和县的考核均分为市级和县级两个层面进行。其中，湖南省的考评包括“全面小康考评”和“绩效评估”两个体系，两个体系均分别对市、县进行两个层次的考核。

表5-13　各省对市（州）和县（市）及贫困县考核办法比较

	贵州省	湖南省	安徽省
对市、县的考核是否分开进行	分别对市、县进行两个层次的考核	1、考评包括“全面小康考评”和“绩效评估”两个体系； 2、两个体系均分别对市、县进行两个层次的考核； 3、绩效考核包括两个层级，第一个层级为省对市（州）的绩效考评，第二个层级是市（州）对县（市、区）的考评。	1、分别对市、县进行两个层次的考核；
对市的考核是否根据各市的不同情况进行区分	对各市的考核统一执行	全面小康考核对全省的所有市进行统一考核，指标与全国保持一致	将全省16个市分为4类进行考核。一类市：合肥、马鞍山、芜湖、铜陵市；二类市：淮北、蚌埠、淮南、滁州、宣城、池州、安庆市；三类市：亳州、宿州、阜阳、六安市；四类市：黄山市；

续表

	贵州省	湖南省	安徽省
对县的考核是否根据各县的不同情况进行区分	对县的考核，将县分为“经济强县”“非经济强县”和“10个国家扶贫开发工作重点县”三类进行测评	全面小康考核将全省的122个县（市、区）分为三大类分别进行考核；对市和县的考核均在全省统一实施；	各市州根据自身情况制定对所属县的考核。如安徽省安庆市将下属的12个县（市、区）分为三类：一类县：桐城市、怀宁县、枞阳县、潜山县。二类县：宿松县、太湖县、望江县、岳西县。城区类：迎江区、大观区（含高新区）、宜秀区、市经济技术开发区。不同类的县使用同一个指标体系，但是各指标的权重根据不同县的类别有所调整。
考核内容（一级指标）	1、对市级、经济强县、非经济强县测评指标设置一致，包括经济总量、投资规模、产业发展、科技进步与就业、财政税收、居民收入、生态环境、群众满意度等8个方面； 2、对10个国家扶贫开发工作重点县取消GDP测评相关指标，重点对居民收入增长、现代高效农业推进、旅游产业发展、生态环境保护等方面发展状况进行测评，综合测评指标体系包括农业发展、旅游产业发展、财政与金融、投资与消费、科技与人才、就业与收入、生态环境、群众满意度8个类别	1、全面小康考核，对市（州）的考核，由六大类指标组成，即“经济发展”类指标；“社会和谐”类指标；“生活质量”类指标；“民主法制”类指标；“文化教育”类指标；“资源环境”类指标。 2、全面小康考核，对于一、二、三类县（市、区），监测评价指标体系均由五大类指标组成，即“经济发展”类指标；“人民生活”类指标；“社会发展”类指标；“民主法治”类指标；“生态文明”类指标。 3、对一、二、三类县的考核，在各指标上的权重一致，但是对第一类县（市、区），考评指标体系设22个指标，并给予指标较高的考核目标值；对第二类县（市、区），设23个指标，并给予指标较为适中的考核目标值；对第三类县（市、区），设24个指标，并给予指标要求相对较低的考核目标值。	1、对市（州）的考核内容包括工作目标任务和工作评价两个方面； 2、工作目标任务设经济发展、提质增效、生态建设、社会建设、民生改善5个类别50项考核指标； 3、工作评价设工作落实情况、政风评议、群众满意度、依法行政、应急管理5项考核指标。

（2）在相互区别方面，包括对考核对象的分类以及考核内容方面。

其一是在对市（州）的考核方面，贵州省和湖南省均是对市州进行统一执行，不进行分类考核。安徽省则是将全省16个市分为4类进行考核。一类市：合肥、马鞍山、芜湖、铜陵市；二类市：淮北、蚌埠、淮南、滁州、宣城、池州、安庆市；三类市：亳州、宿州、阜阳、六安市；四类市：黄山市。

其二是在对县的考核方面，贵州省和湖南省均根据各县经济发展水平的不同进行分类，对不同类别的县采用不同的指标体系。如贵州省对县的考核，将县分为“经济强县”“非经济强县”和“10个国家扶贫开发工作重点县”三类进行测评；湖南省的全面小康考核将全省的122个县（市、区）分为三大类分别进行考核。而安徽省则是对不同类的市进行分类考核，对县的考核则由各市分别进行。根据对安徽省安庆市现行的考核方法看，他们是对县进行了分类，并根据不同的类别，对指标体系的权重有调整，即对不同类别的县，考核的侧重点不一样。

其三是在考核内容方面，贵州、湖南、安徽三个省则根据当地的实际情况各有侧重。

贵州省对市级、经济强县、非经济强县测评指标设置一致，包括经济总量、投资规模、产业发展、科技进步与就业、财政税收、居民收入、生态环境、群众满意度等8个方面；对10个国家扶贫开发工作重点县取消GDP测评相关指标，重点对居民收入增长、现代高效农业推进、旅游产业发展、生态环境保护等方面发展状况进行测评，综合测评指标体系包括农业发展、旅游产业发展、财政与金融、投资与消费、科技与人才、就业与收入、生态环境、群众满意度8个类别。

湖南省全面小康考核，对市（州）的考核，由六大类指标组成，即“经济发展”类指标；“社会和谐”类指标；“生活质量”类指标；“民主法制”类指标；“文化教育”类指标；“资源环境”类指标。对于一、二、三类县（市、区），监测评价指标体系均由五大类指标组成，即“经济发展”类指标；“人民生活”类指标；“社会发展”类指标；“民主法治”类指标；

“生态文明”类指标。对一、二、三类县的考核，在各指标上的权重一致，但是对第一类县（市、区），考评指标体系设22个指标，并给予指标较高的考核目标值；对第二类县（市、区），设23个指标，并给予指标较为适中的考核目标值；对第三类县（市、区），设24个指标，并给予指标要求相对较低的考核目标值。

安徽省对市（州）的考核内容包括工作目标任务和工作评价两个方面；工作目标任务设经济发展、提质增效、生态建设、社会建设、民生改善5个类别50项考核指标；工作评价设工作落实情况、政风评议、群众满意度、依法行政、应急管理5项考核指标。

（3）各省的考核指标体系在实施进度上，均处于摸索阶段，并取得了良好的效果。如贵州省人民政府办公厅在2013年12月，以黔府办发〔2013〕56号印发了《贵州省市县经济发展综合测评办法》。该测评办法实行一年后，对促进贵州省各市(州)、县经济社会发展、实现增比进位起到了积极作用。而为了进一步增强测评办法的科学性，区别对待不同条件的县，2014年10月16日，贵州省人民政府办公厅经省政府同意，印发了调整后的《贵州省市县经济发展综合测评办法》。黔府办发〔2013〕56号同时废止。湖南省则在2014年度开始，对下属市州的全面小康考评、绩效评估和县域经济考核进行整合，统一实施，具体实施工作分两条线开展，一是全面小康考评（包含县域经济考核）。二是绩效评估。而为不重复统计测算，实行指标共用、数据共享，由省统计局和省绩效评估办按照国家统计局重新修订的全面建成小康监测评价指标体系进行测算。

5.2.3　不同省份对贫困县扶贫开发工作的考核机制特点比较

本章前两节的内容分析了中共中央组织部和国务院扶贫办对贫困县领导班子和领导干部的考核，比较分析了当前我国各省对贫困县绩效考核的现状，这两部分考核涉及贫困县的全方位的工作。而对于贫困县的发展来说，扶贫工作是重中之重，因此，有必要对贫困县扶贫开发工作的考核机制也进行比较分析。

2014年下半年，在中国国际扶贫中心的支持下，北京师范大学中国扶贫研究中心主任张琦教授多次带领博士研究生和硕士研究生对贵州、河北等地进行了实地调研，并与陕西、四川、新疆等省级扶贫办进行联系，获取当地贫困县扶贫开发考核资料。

1.各省贫困县扶贫开发工作考核组织方式比较

通过对贵州省和河北省贫困县考核机制的调研，以及对陕西省、四川省、新疆维吾尔自治区贫困县考核办法相关资料的整理后，目前各省对贫困县扶贫开发工作的考核组织方式有以下几方面的特点。

（1）由省级扶贫开发领导小组负责扶贫开发工作的组织实施

贵州省、河北省、陕西省、四川省、新疆维吾尔自治区对贫困县扶贫开发工作的考核均在省级扶贫开发领导小组的领导下统一组织实施，考核过程中由省扶贫办牵头进行，其他涉及扶贫开发的责任部门如省委组织部、省发改委、省教育厅、省工信厅、省民政厅、省财政厅、省住建厅、省交通厅、省水利厅、省农业厅等多个部门参与协助。

（2）各省的考核范围和考核对象均为贫困县及其领导班子和主要领导干部

贵州省、河北省、陕西省、四川省、新疆维吾尔自治区对省内贫困县的考核范围的划定包括了国家级贫困县、省级贫困县和片区贫困县三类（片区贫困县和国家级贫困县有重合）。其中，实地调研的结果发现，贵州省、河北省推行的“减贫摘帽”或者说“脱贫出列”政策，均属于鼓励贫困县积极脱贫，所以在贫困县摘帽之后，实行的是“摘帽不摘政策”，河北对脱贫出列的贫困县也继续纳入贫困县考核之列。

（3）以县（市、区）自评为主，省扶贫开发领导小组组织复核

河北省、陕西省、四川省、新疆维吾尔自治区目前对贫困县扶贫开发工作考核的实施方式均以贫困县（市、区）一般包括五个环节。第一个环节是贫困县根据省统一的考核指标体系填报数据进行自评，评价结果报省级扶贫开发领导小组办公室；第二个环节是省级扶贫开发领导小组办公室

对县一级扶贫开发领导小组自评结果进行初审；第三个环节是省级扶贫开发领导小组派出复核小组按照一定比例对贫困县的自评结果进行实地调查；第四个环节是根据初审结果和实地调研情况进行复审；第五个环节是将评价结果报省扶贫开发领导小组，并上网公布。

贵州省的考核方式与其余几省略有不同，贵州省对贫困县扶贫开发工作的考核，首先要求各数据来源部门提供数据；其次，由省扶贫开发领导小组对指标数据进行审核和实地核查；第三，将指标数据汇总到省扶贫办，由省扶贫办统一对贫困县的扶贫开发工作进行考核评价。

表5-14　各省贫困县考核组织方式比较

省份	考核范围	考核对象	考核组织实施	考核流程
贵州	贵州省50个国家扶贫开发工作重点县	重点县的党委、政府领导班子和主要领导	省扶贫开发领导小组统筹，省委组织部和省扶贫办牵头成立考核小组	1、省级相关单位提供重点县上年度扶贫开发工作考核指标数据； 2、省委组织部和省扶贫办牵头组成考核工作小组对扶贫开发工作考核指标数据进行调查核实； 3、重点县扶贫开发工作考核指标数据由省扶贫办汇总并进行分析； 4、考核结果报省扶贫开发领导小组审定后公布
河北	考核对象为河北省9个有扶贫开发工作任务的市；22个连片特困地区县、40个片区外扶贫开发工作重点县以及涿鹿县赵家蓬区、3个出列后继续扶持县	重点县的党委、政府领导班子和主要领导	省扶贫开发领导小组，省扶贫办等部门成立考核小组	1、市、县自评； 2、考核组对自评结果进行初审； 3、考核组以实地调研形式随机核查； 4、考核组结合初审与实地核查情况进行综合考察； 5、考核结果报批和通报

续表

省份	考核范围	考核对象	考核组织实施	考核流程
陕西		全省有扶贫开发工作任务的市、县（区）	省扶贫开发领导小组统一组织，考核小组由省扶贫办牵头	考核采取各市县自评、数据分析、重点核查、专家参与等方式进行，与河北省贫困县考核办法基本一致。
四川		包括《四川省农村扶贫开发纲要（2011-2020年）》确定的88个县（市、区）	省扶贫开发领导小组统一组织	1、以县为单位，县（市、区）扶贫开发领导小组组长为本地区考核目标管理工作第一责任人，负责目标的组织实施； 2、市一级的行政单位则负责制定本市考核工作的实施细则，并加强督促检查； 3、省一级的扶贫开发领导小组要派出考核工作组，每年2月底前按照不低于10%的比例对贫困县进行抽查
新疆		一是35个扶贫开发工作重点县（市）；二是39个有贫困村的县（市）；三是12个地州	自治区扶贫开发领导小组统一组织，成立扶贫开发工作考核小组	1、在地州开展检查前，县（市）完成自评，具体时间由各地州安排； 2、每年10月底前，地州完成对县（市）的检查，并将检查结果、地州和县（市）考核数据、备查资料提交自治区考核小组办公室； 3、每年11月15日前，考核小组组织安排力量，完成对扶贫开发工作重点地州和重点县（市）、1/3的非重点地州和县（市）的实地核查

2.各省贫困县扶贫开发工作考核指标体系特点分析

（1）各省贫困县考核方法均实行打分制

贵州省、河北省、陕西省、四川省、新疆维吾尔自治区目前实行的贫困县扶贫开发工作考核指标体系均实行的是打分制。其中河北省、陕西省、四川省、新疆维吾尔自治区的贫困县根据省里统一制定的考核指标体系，各个指标的得分根据达标的不同情况进行计分，各个指标的得分根据在上年度结果的基础上的不同增长程度进行分级，每个指标设置有最高分。

而贵州省与其他省略有不同，贵州省的考核指标体系中各个指标的得分不进行分级，而是贵州省对每个指标制定当年要达到的目标，按照是否达到目标计分，达到目标计分。

（2）各省的考核指标均以结果为导向

从各省考核指标体系中三级指标的分值分布情况看，各省对贫困县扶贫开发工作的考核以结果为导向，对三个方面的指标重视程度较高。一是对贫困人口的减少、贫困人口收入的提高等指标提高了其分值；二是对扶贫资金的分配使用进行严格的考核，提高其分值；三是特色产业增收方面的指标。

如贵州省贫困县考核指标体系中“减贫增收”项下的“农村贫困人口减少数量”“贫困发生率下降幅度”“农村居民人均可支配收入”三个三级指标的分值最高，分别为10分、5分和10分。其次为“组织领导”项下的“落实六个到村到户情况”和“产业发展”项下的“农业产业化经营带动农户比例”“高效农业示范园区带动农户增收效率”，分值分别为5分、8分和5分；此6项之外的其余41个三级指标分值均为1分或者2分。

河北省的考核指标体系中对“财政专项扶贫资金使用情况”项下的“考核年度财政专项扶贫资金绩效考评结果”赋予了10分的分值，对“金融服务”项下的“重点县、片区县贷款余额的增长率（%）”赋予了6分的分值，其余客观指标的分值均小于或等于5分。

陕西省的考核指标体系中“减贫成效”项下包括两个四级指标，分别是贫困人口变化率(%)、贫困地区农村居民收入增长率(%)，分值分别是20分和10分。其次，投入和管理项下的四级指标“考核年度财政专项扶贫资金绩效评价结果”“考核年度各市县建档立卡、驻村工作队、社会扶贫等日常扶贫工作情况”的分值均达到10分。其余指标的分值均低于5分。

四川省的考核指标体系中三级指标“农村贫困人口年人均纯收入增长率（%)”“完成省下达农村扶贫脱困减少贫困人口任务数(%)，其中残疾人扶贫对象不低于25%”两个指标的分值最高，均为14分。“扶贫投入”项下的“县（市、区）本级安排财政专项扶贫资金占同年上级安排到县（市、区）的财政专项扶贫资金的比例（%）或县（市、区）本级安排财政专项扶贫资金的增幅（%）”分值为6分。其余指标的分值均低于5分。

（3）各省考核指标体系的指标设置以客观可量化指标为主，包含少量主观指标

贵州省、河北省、陕西省、四川省、新疆维吾尔自治区目前实行的贫困县扶贫开发工作考核指标体系中指标的设置均以客观可量化指标为主，包含少量主观指标，这里客观指标指的是可以通过客观的数据进行计算的指标。每个省的考核指标中包含极少数几个主观指标。如贵州省考核指标体系中的指标“落实六个到村到户情况”“落实集团帮扶、定点扶贫和对口帮扶工作情况”；河北省考核指标体系中的增分指标“扶贫工作方法和管理措施创新”；陕西省考核指标体系中的指标“考核年度各市县建档立卡、驻村工作队、社会扶贫等日常扶贫工作情况”等。

表5–15　各省贫困县扶贫开发工作考核指标体系特点

省份	打分制	分值高于5分的三级指标	主观指标
贵州	各个指标的得分不进行分级，贵州省对每个指标制定当年要达到的目标，按照是否达到目标计分	农村贫困人口减少数量，10分 贫困发生率下降幅度，5分 农村居民人均可支配收入，10分 落实六个到村到户情况，5分 农业产业化经营带动农户比例，8分 高效农业示范园区带动农户增收效率，5分	落实六个到村到户情况 落实集团帮扶、定点扶贫和对口帮扶工作情况
河北	各个指标的得分根据达标的不同情况进行计分	考核年度财政专项扶贫资金绩效考评结果，10分 重点县、片区县贷款余额的增长率（%），6分	扶贫工作方法和管理措施创新
陕西	各个指标的得分根据达标的不同情况进行计分	贫困人口变化率(%)，20分 贫困地区农村居民收入增长率(%)，10分 考核年度财政专项扶贫资金绩效评价结果，10分 考核年度各市县建档立卡、驻村工作队、社会扶贫等日常扶贫工作情况，10分	考核年度各市县建档立卡、驻村工作队、社会扶贫等日常扶贫工作情况

续表

省份	打分制	分值高于5分的三级指标	主观指标
四川	各个指标的得分根据达标的不同情况进行计分	农村贫困人口年人均纯收入增长率（%），14分 完成省下达农村扶贫脱困减少贫困人口任务数（%），其中残疾人扶贫对象不低于25%，14分 县（市、区）本级安排财政专项扶贫资金占同年上级安排到县（市、区）的财政专项扶贫资金的比例（%）或县（市、区）本级安排财政专项扶贫资金的增幅（%），6分	无

3.各省贫困县扶贫开发工作考核结果的运用

河北省、陕西省根据贫困县的考核结果分值情况，对省内贫困县的考核结果进行等次划定，划分为A、B、C、D四个等次，并按照等次对贫困县进行激励。新疆维吾尔自治区则是按照比例进行等次划分，对重点地州扶贫开发工作的考核，按50%的比例评定优秀等次；对非重点地州扶贫开发工作的考核，按25%的比例评定优秀等次。对重点县（市）的考核，按照A、B、C等次各占15%的比例评定，其余按D等次进行评定；对非重点县（市）的考核，按照A、B等次各占7%、10%的比例评定。四川不划分等次，但是分片区对各片区内的贫困县考核结果进行排序，并按照比例进行激励。

各省激励的措施主要包括四个方面，一是全省进行通报表扬或者通报批评；二是将考核结果作为干部提拔的重要参考依据；三是财政资金拨付使用方面的倾斜；四是扶贫项目申报方面的倾斜。

在通报表扬或者通报批评方面，各省对范围的界定略有区别。河北省对考核结果为A、B等次的市、县，以省扶贫开发领导小组的名义给予通报表扬。对于考核结果为D等次的市、县则给予通报批评。陕西省与河北省一样，对考核结果为A、B等次的市县（区），以省扶贫开发领导小组名义通报表扬，D等次的市县（区）通报批评。新疆则是对A、B、C等次的重点县（市），以扶贫开发领导小组名义通报表扬；对最后2名的重点地州、最后3名的重点县（市）给予通报批评。

在财政资金拨付使用、项目倾斜方面，各省均根据扶贫成效不同，对扶贫成效好的贫困县采取优先支持的政策。其中陕西省对考核结果为A、B等次的市县（区），在中省财政专项扶贫资金分配时给予奖励和倾斜。D等次的市县（区）扣减一定的资金，予以惩罚。新疆在财政专项扶贫资金分配时，对考核结果为A、B、C等次的重点县（市）和A、B等次的非重点县（市），采取以奖代补的方式给予奖励和倾斜；对考核结果为D等次的重点县（市）和C等次的非重点县（市）扣减一定的资金。

表5-16　各省贫困县扶贫开发工作考核结果的运用

省份	是否划分等次	考核结果运用
贵州		1、人事：作为评价重点县党委、政府领导班子和主要领导工作实绩的重要内容，并作为干部选拔任用、年度考核等次确定和奖惩的重要依据 2、政策：对如期或者提前“减贫摘帽”的重点县，给予表彰奖励，并加大政策支持和项目资金投入力度，实行“摘帽不摘政策” 3、资金：对重点县扶贫开发工作考核结果优良的，按照不同等次给予项目资金奖励
河北	根据贫困县的考核结果分值情况，对省内贫困县的考核结果进行等次划定，划分为A、B、C、D四个等次	1、通报：对考核结果为A、B等次的市、县，以省扶贫开发领导小组的名义给予通报表扬。同时，作为评选扶贫先进单位的重要依据。对于考核结果为D等次的市、县则给予通报批评。 2、对40个省定重点县和片区县外的国定重点县，2014年出列的，一次性奖励800万元；2015年出列的奖励700万元，2016年出列的奖励600万元，2017年出列的奖励500万元。从2018年开始，对片区县进行评价，2018年出列的，一次性奖励800万元，2019年出列的，奖励700万元。 3、干部考核：对考核结果抄送党委组织部门，作为市、县领导班子、领导干部综合考核评价的重要内容和奖惩、使用的重要依据。 4、对提前和如期实现脱贫目标的县，省里将按照干部管理权限，对工作实绩突出的干部予以重用；对不能如期实现脱贫目标的县，要予以通报批评，党政主要领导不得提拔使用。 5、政策：重点县脱贫出列后，继续保持国家和省现有扶贫政策不变、支持力度不减，出列后按照标准和程序重新确定一定数量的重点贫困村继续给予扶持。

续表

省份	是否划分等次	考核结果运用
陕西	根据贫困县的考核结果分值情况，对省内贫困县的考核结果进行等次划定，划分为A、B、C、D四个等次	1、对考核结果为A、B等次的市县（区），以省扶贫开发领导小组名义通报表扬，D等次的市县（区）通报批评。 2、对考核结果为A、B等次的市县（区），在中省财政专项扶贫资金分配时给予奖励和倾斜。D等次的市县（区）扣减一定的资金，予以惩罚。 3、考核结果抄送省委组织部和各市县（区）党委政府主要负责同志，作为各市县（区）和相关部门领导班子及领导干部综合考核评价的重要内容和使用的重要依据。
四川	不划分等次，但是分片区对各片区内的贫困县考核结果进行排序	1、与领导班子考核挂钩。每个类区年度考核结果按10%比例排名靠后的县（市、区），由县级扶贫开发领导小组向省扶贫开发领导小组写出书面整改报告，连续两年排名靠后的县，由省扶贫开发领导小组对县级扶贫开发领导小组组长，副组长实行问责。 2、与领导干部考核挂钩。省扶贫开发领导小组办公室将贫困县考核结果报省委组织部，并纳入县级领导干部个人年度考核内容，作为评先评优，选拔任用的重要参考。 3、与扶贫工作管理挂钩。将贫困县考核结果作为扶贫资金分配，扶贫工作评先评优的主要依据。 4、与重点县退出挂钩。对考核为先进县的重点县，在相关资金分配、政策优惠等方面予以倾斜，对扶贫工作组织不力，任务进展缓慢的，予以通报批评。
新疆	按照比例进行等次划分，对重点地州，按50%的比例评定优秀等次；对非重点地州，按25%的比例评定优秀等次。对重点县（市），按照A、B、C等次各占15%的比例评定，其余按D等次进行评定；对非重点县（市），按照A、B等次各占7%、10%的比例评定。	1、为优秀的地州和非重点县（市），为A、B、C等次的重点县（市），以扶贫开发领导小组名义通报表扬；对最后2名的重点地州、最后3名的重点县（市）给予通报批评。 2、在财政专项扶贫资金分配时，对考核结果为A、B、C等次的重点县（市）和A、B等次的非重点县（市），采取以奖代补的方式给予奖励和倾斜；对考核结果为D等次的重点县（市）和C等次的非重点县（市）扣减一定的资金。 3、对考核结果为优秀等次的地州，在分配项目管理费时给予奖励和倾斜。 4、考核结果抄送自治区党委组织部、自治区文明办、自治区绩效办和自治区党委政府主要领导、分管领导，作为各地州、县（市）领导班子及领导干部综合考核评价、绩效考评、文明单位创建等的重要内容和重要依据。

5.2.4 当前贫困县绩效考核存在的主要问题

1.政府绩效评估方式开放度不高

政府绩效评估方式开放度不高，评估的主体主要是上级机关，社会公众参与少，偏重于工作过程的评估，尚未深入到对工作最终效果的测评；评估方式多为“评比式”，随意性大，持续性规范性不强；政府绩效评估的封闭性、神秘性、主观性较强，透明度、公开化和客观性还不够，缺乏必要的社会监督和制约。这种自上而下的政府考核的局限性就是，政府机关“眼睛朝上”，只关注上级领导是否满意，虽然可以把反映公众的呼吁作为指标设计的考虑之一，但是从制度上并没有跨越政府内部评议的框框。所以，公民和管理服务对象参与政府业绩的考核，是现代政府绩效评估的重要内容。各地政府应该逐步增加群众参与的程度和范围，增加对群众意见和社会智慧的吸纳力度。

2.我国当前的政府绩效评估的理论依据来支撑

我国当前的政府绩效评估的理论依据还缺乏，理论对实践的引导力度不够，这主要还是因为中国政府绩效评估起步晚，对中国政府绩效评估的实践总结还不够，中国特色的政府绩效评估理论体系尚未建成。另外，在具体的实践过程中，虽然有的地方已经实行了多年的政府绩效评估，但依然需要随着时代的不断进步而做出相应的调整。在实施政府绩效评估整个过程中，需要时刻密切结合我国的实际。

3.现行的政府考评指标体系中对扶贫开发的权重设置较低

从各省的对县市的绩效考核来看，目前，我国的政府绩效考核有了一定的改进，其中最大的改进是将考核对象进行了区分，如湖南省对县（市、区）的考核，将考核对象区分为一类县、二类县和三类县，对不同类型的县进行考核的明细指标和权重进行了相应调整。安徽省对市（州）的考核也将全省16个市政府的目标任务指标分为4类进行考核，相应的，安徽省安庆市对下属的十二个县（市、区）进行目标绩效考核，将十二个县（市、区）分为三类分别进行考核。

虽然当前的政府绩效考核已经在以前的基础上有了不小的改进，并对考核对象，根据其经济发展水平、资源条件等因素进行划分，并分别考核，但是仍然存在的一个明显问题是，贫困县考核指标体系中对扶贫开发工作的权重设置较低，说明地方政府对扶贫重视程度仍然不够。

4.现行政府绩效考核机制对落后地区经济增长的益贫性重视不够

建立和实施政府绩效考核机制目的是通过考核机制，激发和促进当地的持续健康发展。但是对于贫困地区而言，当前的主要任务是迅速改变贫困面貌，达到贫困地区脱贫致富目标，即贫困地区的贫困人口数量减少，贫困村和贫困户减少。对于贫困家庭来说就是收入水平提高、生活水平改善、能够就业工作、子女能够升学、老人有所养、生病时能够及时医治，教育文化、医疗卫生条件得以改善。

这就要求在贫困县的政府绩效考核中，要将扶贫开发工作的重要性进一步提升。但事实上，虽然有些省份已经对考核对象进行了区分，并对考核指标进行了调整，但是从其对落后地区的考核指标体系来看，扶贫工作在考核体系中仍然未得到足够的重视，这样就造成在贫困县的发展过程中出现了一些看似难以理解的现象，即经济增长指标提高了，社会也稳定了，但贫困人口不仅没有减少反而增加了，即贫困发生率却提高了，经济增长对贫困家庭带来好处少于其他家庭的好处。显然，这种考核机制，对脱贫致富积极作用在很多贫困县不但不明显，有些甚至起到相反作用。

5.现行政府考核机制还较难以适应新阶段我国扶贫开发新战略部署要求

随着中国农村扶贫开发纲要（2012–2020年）的发布，以及我国新的扶贫标准的提高，扶贫开发工作已经进入到了一个新的历史发展阶段，在新的历史阶段中，集中连片特殊困难地区成为我国扶贫开发的主战场，其主要指导思想就是，进一步深化改革、创新机制，构建政府、市场、社会协同推进的大扶贫开发格局，加快贫困群众脱贫致富、贫困地区全面建设小康社会步伐。2013年12月中共中央办公厅、国务院办公厅印发的《关于创新机制扎实推进农村扶贫开发工作的意见》（以下简称中办25号文件）提出的深化改革，创新扶贫开发工作六大机制（即改进贫困县考核机制、建立精准扶贫工作机制、健全干部驻村帮扶机制、改革财政专项扶贫资金管理机制、完善金融服务机制、创新社会参与机制），形成了以集中连片特殊困难地区为主战场，因地制宜，分类指导，突出重点，注重实效，在继续做好整村推进、易地扶贫搬迁、以工代赈、就业促进、生态建设等工作的同时，进一步整合力量、明确责任、明确目标，组织实施扶贫开发10项重点工作（即村级道路畅通工作、饮水安全工作、农村电力保障工作、危房改造工作、特色产业增收工作、乡村旅游扶贫工作、教育扶贫工作、卫生和计划生育工作、文化建设工作、贫困村信息化工作）等，显然，过去的政府目标绩效考核机制和方法对贫困县来说已经难以适应新时期的新阶段我国扶贫开发新战略及部署。因此，贫困县考核机制创新研究的不仅必要，而且极其迫切。

第6章　目前我国贫困退出机制现状及实施进展

按照全面建成小康社会的要求，到2020年我国将全面消除贫困，目前全国各级省委、省政府高度重视贫困问题，把扶贫开发工作作为全面建成小康社会的重中之重，作为民生的重中之重，力争在既定时间节点完成脱贫摘帽任务，实现脱贫目标。本部分主要梳理各地贫困退出（减贫摘帽）方面的做法，然后总结经验并提出存在的问题。

6.1　部分省市贫困退出机制实施情况

关于我国贫困退出机制，扶贫办正会同有关部门积极研究。河北、贵州、甘肃、云南等省份已经开始先行先试。

6.1.1　河北省——集中精力扶贫攻坚

河北省委、省政府出台《关于鼓励扶贫开发工作重点县加快脱贫出列步伐的意见》（冀发〔2014〕15号），确立了扶贫开发工作重点县退出激励机制，明确了脱贫出列目标任务。提出到2017年底，片区外23个国定重点县和17个省定重点县全部实现脱贫出列，其中17个省定重点县到2016年底全部出列；到2020年底，22个片区县全部脱贫出列。意见还制定了脱贫出列评价标准和奖励政策。目前，河北省有62个重点县，其中列入国家燕山——太行山集中连片特困地区的县22个，片区外国定重点县23个、省定重点县17个。重点县、片区县脱贫出列将分两步走：第一步，到2017年底，片区外的40个国定、省定重点县全部实现脱贫出列；第二步，到2020年底，22个片区县全部脱贫出列。

河北省委、省政府确定，从2014年起每年出列10个县，确保到2017年底40个片区外重点县全部脱贫出列。评价标准是，采用人均公共财政预算收入和农民人均纯收入两个指标，按“四六”权重赋值，即人均地方公共财政预算收入占40%，农民人均纯收入占60%（考虑到国定重点县贫困程度相对较深，在基本指标测算基础上，分别减少5%作为修正赋值），计算考核年度前连续三年的算术平均值。自2014年起，该省对40个省定重点县和片区外国定重点县的相关指标进行测算，从高到低排列，排名在前10位的予以出列，以后年度以未出列重点县为基数进行排序。按照分两步走的安排，河北省将从2018年起对22个片区县进行评价。凡进入全省前30强和改为县级市的重点县直接出列。

在奖励政策上方面，对提前出列的重点县，在全省通报表扬并给予奖励，同时，保持国家和省现有扶持政策不变、支持力度不减。其中，对40个省定重点县和片区外国定重点县，2014年出列的，一次性奖励800万元，2015年出列的奖励700万元，2016年出列的奖励600万元，2017年出列的奖励500万元。从2018年开始，对片区县进行评价，2018年出列的，一次性奖励800万元；2019年出列的，奖励700万元。奖励资金从省财政预算中单列，主要用于巩固扶贫成果、发展扶贫产业、提高贫困群众自我发展能力。同时，河北省加大对重点县扶贫工作的考核，将考核结果作为对设区市和重点县党政领导班子综合考核评价的重要依据。对弄虚作假、欺上瞒下的，依照有关规定严肃处理。除重大自然灾害外，对巩固脱贫成果不力、出列后出现反弹、贫困发生率不降反升的，严格追究责任。

对提前出列的重点县，按照标准和程序，重新确定一定数量的重点贫困村，继续给予扶持。省直有关部门继续对脱贫出列重点县的产业发展、基础设施建设、社会事业发展等给予支持，帮助其巩固脱贫成果。期间，如国家出台重点县调整政策，按国家政策执行。意见明确，有关设区市和重点县党委、政府是实现脱贫出列目标的责任主体，坚持党政一把手负总责，积极探索扶贫开发新途径、新方式；各级扶贫部门与统计部门配合，把统计数据延伸到贫困乡村，定期核定重点县脱贫出列的推进情况；将脱贫出列工作纳入扶贫开发专项考核内容，把提高扶贫对象生活水平和减少贫困人口作为考核的主要内容，加大对重点县扶贫工作的考核。考核结果作为对设区市和重点县党政领导班子综合考核评价的重要依据。

河北省目前的重点县主要是依据2006年至2008年的基数经过排序确定的，经过多年来的努力，大部分县已经具备了一定的发展基础和加快脱贫出列的条件。鼓励重点县加快发展，尽快摘掉贫困帽子，有利于把各方面力量集中起来，投入到最需要扶持的地方；有利于破除等靠要思想，激发贫困地区干部群众自力更生、艰苦奋斗，依靠自己双手创造美好生活的热情和力量；有利于促进改革开放，改善发展环境，增强贫困地区对社会优势资源的吸引力。

6.1.2　贵州省——自加压力全面出击

贵州省提出了“33668”扶贫攻坚行动计划：用3年时间（2015年-2017年），全省减少贫困人口300万以上，实施精准扶贫“六个到村到户”和完善基础设施“六个小康建设”任务，贫困县农村居民人均可支配收入达到8000元以上；贫困地区基本公共服务主要领域平均指标达到西部地区平均水平以上；实现24个贫困县、375个贫困乡（镇）“减贫摘帽”，5800个贫困村出列。再用3年时间（2018年-2020年），全省减少贫困人口163万人以上，1个贫困县、34个贫困乡（镇）“减贫摘帽”，3200个贫困村出列。贵州省还制定了贫困县、乡、村、户退出标准及方式（见专栏6-2）。

专栏6-1：贵州省“66”

“六个到村到户”：结对帮扶干部到村到户、产业扶持到村到户、教育培训到村到户、农村危房改造到村到户、扶贫生态移民到村到户、基础设施到村到户，实现对扶贫对象的精准扶持。

“六个小康建设”：小康路建设；小康水建设；小康房建造；小康电建设；小康讯建设；小康寨建设。

资料来源：贵州省扶贫办。

2014年贵州省有8个县、95个乡成功“减贫摘帽”，减贫人口达150

万。据统计，2011年至2014年，贵州已有22个贫困县主动退出贫困县系列，贵州成为目前在全国率先建立贫困退出机制并取得初步成效的省份。2011年春，贵州省委提出完善扶贫开发激励机制，研究制定“摘帽不摘政策”的办法措施，鼓励有条件的国家扶贫开发工作重点县加快脱贫步伐，切实解决在扶贫工作中的“等、靠、要”问题，让“减贫摘帽”是最大政绩的思想成为全省扶贫开发工作重点县的主流。2011年3月，贵州省委、省政府出台《关于对国家扶贫开发工作重点县加快脱贫攻坚步伐进行奖励的意见》，强调把扶贫脱贫作为全省“第一民生工程”，在对鳏寡孤独、丧失劳动能力的特殊贫困人口给予长期社会救助的同时，积极鼓励各地“敢于摘帽惠民生，敢于摘帽抓产业，敢于摘帽促发展，敢于摘帽奔小康”，“鼓励国家扶贫开发工作重点县减贫摘帽，举全省之力向绝对贫困发起总攻”。文件拟定了全省“减贫摘帽”总体规划和年度计划：按照“量力而行、自加压力、先难后易、分阶段达标”的原则，从省情出发，到2015年，实现30个国家扶贫开发工作重点县和500个贫困乡“摘帽”，贫困人口比2010年减少一半；到2018年，剩余的20个国家扶贫开发工作重点县和934个贫困乡全部“摘帽”；2018年至2020年，巩固、提升全省“减贫摘帽”成果，确保在2020年与全国同步建成全面小康社会。

专栏6-2：贵州省贫困县、乡、村、户退出标准及方式

第一，贫困县“减贫摘帽”标准及方式：已按省定标准“减贫摘帽”的县，按照贫困发生率低于5%的国家标准继续开展工作，三年内（2015年—2017年）全部渐次退出；未“减贫摘帽”的25个县，继续按照省定“减贫摘帽”标准执行，在按省定标准退出贫困县后，次年继续开展国家标准的退出工作。达到国定退出标准的，执行国定退出标准，三年内（2016年—2018年）全部退出。

第二，贫困乡（镇）“减贫摘帽”标准及方式：继续按照省定标准执行（即考核贫困发生率、农村居民人均可支配收入两项内容）。

第三，贫困村出列标准及方式：贫困村出列按照“一降一达一超”的标准执行（即贫困发生率每年下降4.3个百分点，农村居民人均可支配收入达到全省平均数的60%以上，当年集体经济收入超过10万元）。

第四，贫困户脱贫标准及方式：贫困人口脱贫仍以农村居民人均可支配收入2300元（2010年不变价）为标准。按照贫困人口脱贫与识别程序一致的原则，执行“乡村确定脱贫名单、村民代表大会评议、乡（镇）政府审核、县扶贫办批复的‘两公示一公告’”流程，认定贫困人口退出。

按照《中共贵州省委办公厅、贵州省人民政府办公厅关于对国家扶贫开发工作重点县加快脱贫攻坚步伐进行奖励的意见》的工作要求，结合国家扶贫开发工作重点县和贫困乡镇“减贫摘帽”规划，为分年度有序推进并鼓励国家扶贫开发工作重点县和贫困乡镇提前实现“减贫摘帽”，促进全省经济社会又好又快、更好更快发展，2015年度拟“减贫摘帽”10个国家扶贫开发工作重点县：遵义市道真县、安顺市关岭县、毕节市纳雍县、铜仁市沿河县、黔东南州台江县、雷山县、天柱县、黔南州荔波县、罗甸县、黔西南州晴隆县（详附表1）。各市又按照省下达任务分解任务和指标，逐级细化，比如遵义市制定了贫困县、贫困乡（镇）的“减贫摘帽”工作推进表，明确了各县脱贫的时间以及2011年–2016年度贫困乡（镇）的脱贫名单（详见下表6–1）。

同时，贵州省针对贫困县和贫困乡镇，量身定做了细化标准：国家扶贫开发工作重点县以2010年全省贫困发生率33.4%为基数，以到2020年与全国同步实现全面小康为目标，要求每年贫困发生率必须下降3.3个百分点，同时按6∶4的权重考核农民人均纯收入、人均地方预算内财政收入两项指标。农民人均纯收入以2010年50个国家扶贫开发工作重点县农民人均纯收入3153元为基点，参照全省农村经济社会发展水平，2011年农民人均纯收入按10%增幅计算，当年考核标准为3468元。2012年至2018年，则按农村居民人均日消费1.5美元（汇率按6.7）计算为3688元（2011年不变

表6–1　遵义市贫困县、贫困乡镇“减贫摘帽”工作推进表

<table>
<tr><th rowspan="2">县、区（市）名称</th><th rowspan="2">贫困县摘帽</th><th rowspan="2">贫困乡镇(个)</th><th colspan="3">贫困乡镇“减贫摘帽”</th><th rowspan="2">备 注</th></tr>
<tr><th>2011年–2014年</th><th>2015年</th><th>2016年</th></tr>
<tr><td>合计</td><td>4</td><td>116</td><td>85</td><td>20</td><td>11</td><td rowspan="10">贫困县“减贫摘帽”方式及标准：按照省定标准执行（即考核贫困发生率、农村居民人均可支配收入、地方财政一般预算内收入三项内容）；贫困乡（镇）“减贫摘帽”方式及标准：按照省定标准执行（即考核贫困发生率、农村居民人均可支配收入两项内容）。贫困村出列方式及标准：按照“一降一达一超”的标准执行（即贫困村贫困发生率每年下降4.3个百分点，农村居民人均可支配收入达到全省平均数的60%以上，当年集体经济收入超过10万元）。</td></tr>
<tr><td>务川县</td><td>2014</td><td>13</td><td>11　茅天镇、柏村镇、泥高乡、涅水镇、镇南镇、蕉坝乡、大坪镇、黄都镇、分水乡、涪洋镇、砚山镇</td><td></td><td>2　红丝乡、石朝乡</td></tr>
<tr><td>正安县</td><td>2013</td><td>17</td><td>11　庙塘镇、和溪镇、瑞溪镇、格林镇、土坪镇、桴焉乡、碧峰乡、乐俭乡、谢坝乡、新洲镇、中观镇</td><td></td><td>3　芙蓉江镇、杨兴乡、市坪乡</td></tr>
<tr><td>道真县</td><td>2015</td><td>11</td><td>8　三桥镇、阳溪镇、洛龙镇、旧城镇、棕坪乡、隆兴镇、大矸镇、忠信镇</td><td>3　流渡镇、小雅镇、班竹镇</td><td>1　平模镇</td></tr>
<tr><td>习水县</td><td>2012</td><td>18</td><td>15　土城镇、良村镇、回龙镇、同民镇、二郎乡、二里乡、双龙乡、程寨乡、大坡乡、官店镇、三岔河乡、坭坝乡、醒民镇、桃林乡、永安镇</td><td>2　河口乡、桃源乡</td><td>2　仙源镇、桑木镇</td></tr>
<tr><td>新蒲新区</td><td></td><td>1</td><td>1　三渡镇</td><td>1　寨坝镇</td><td></td></tr>
<tr><td>遵义县</td><td></td><td>14</td><td>11　枫香镇、乐山镇、石板镇、松林镇、喇叭镇、平正乡、茅栗镇、新民镇、山盆镇、铁厂镇、洪关乡</td><td>3　沙湾镇、毛石镇、芝麻镇</td><td></td></tr>
<tr><td>桐梓县</td><td></td><td>9</td><td>5　小水乡、坡渡镇、大河镇、风水乡、羊蹬镇</td><td>4　芭蕉乡、马鬃乡、容光乡、黄莲乡</td><td></td></tr>
<tr><td>绥阳县</td><td></td><td>3</td><td>1　黄杨镇</td><td>1　太白镇</td><td>1　温泉镇</td></tr>
<tr><td>湄潭县</td><td></td><td>5</td><td>3　鱼泉镇、西河乡、抄乐乡</td><td>1　高台镇</td><td>1　复兴镇</td></tr>
</table>

续表

县、区（市）名称	贫困县摘帽	贫困乡镇(个)	贫困乡镇“减贫摘帽”			备 注
			2011年–2014年	2015年	2016年	
凤冈县		9	6　永安镇、绥阳镇、花坪镇、新建乡、石径乡、永和镇	2　天桥镇、王寨镇、	1　土溪镇	
余庆县		3	2　大乌江镇、小腮镇	1　关兴镇		
赤水市		6	4　白云乡、长期镇、宝源乡、石堡乡	2官渡镇、元厚镇		
仁怀市		7	7　三合镇、喜头镇、龙井乡、后山乡、学孔乡、火石岗乡、沙滩乡			

资料来源：贵州省习水县扶贫办。

价）并执行到2018年。人均地方预算内财政收入考核标准以全省当年人均地方预算内财政收入为基数进行计算。贫困乡“减贫摘帽”标准则是：在确保贫困发生率每年下降3.3个百分点以上的基础上，考核农民人均纯收入一项指标，具体考核标准按国家扶贫开发工作重点县考核标准执行。“贫困县退出倒逼机制已经建立起来，不如自加压力，主动减贫摘帽。”

在扶贫对象识别过程中，贵州省威宁县迤那镇在实践中总结出了“四看法”：一看房、二看粮、三看劳动力强不强、四看家中有没有读书郎。看房，就是通过看农户的居住条件和生活环境，估算其贫困程度；看粮，就是通过看农户的土地情况和生产条件，估算其农业收入和食品支出；看劳动力强不强，就是通过看农户的劳动力状况和有无病残人口，估算其务工收入和医疗支出；看家中有没有读书郎，就是通过看农户受教育程度和在校生现状等，估算其发展潜力和教育支出。习水县在实践过程中提出了精准扶贫动态评估方法，找出致贫原因，确定帮扶责任人，通过“看”“算”“访”“评”四个方面，每季度由分管领导召集乡、村、组相关人员组成考评小组进行打分，得分低于85分视为未脱贫（详见下表6–2）。

表6-2　习水县二里乡2015年精准扶贫动态评估识别卡

<table>
<tr><td colspan="9">一、基本情况</td></tr>
<tr><td rowspan="2">农户情况</td><td>户主姓名</td><td colspan="2">住址</td><td>人口</td><td>致贫原因</td><td rowspan="2">帮扶干部</td><td>姓名</td><td>单位</td></tr>
<tr><td>黄××</td><td colspan="2">玉溪村中间组</td><td>8</td><td>缺土地</td><td>刘×</td><td>乡党委</td></tr>
<tr><td colspan="9">二、评价情况</td></tr>
<tr><td>序号</td><td>评价方式</td><td>评估内容</td><td>说明</td><td>分值</td><td>一季度</td><td>二季度</td><td>三季度</td><td>四季度</td></tr>
<tr><td rowspan="11">一</td><td rowspan="11">看
（55分）</td><td>住房是否安全</td><td></td><td>8</td><td>5</td><td>6</td><td></td><td></td></tr>
<tr><td>住房是否改造</td><td></td><td>3</td><td>1</td><td>2</td><td></td><td></td></tr>
<tr><td>居住环境整洁程度</td><td></td><td>4</td><td>1</td><td>2</td><td></td><td></td></tr>
<tr><td>水、电、路完善</td><td></td><td>5</td><td>2</td><td>2.5</td><td></td><td></td></tr>
<tr><td>看存粮</td><td></td><td>8</td><td>4</td><td>4</td><td></td><td></td></tr>
<tr><td>看精神状态</td><td></td><td>3</td><td>1</td><td>2</td><td></td><td></td></tr>
<tr><td>有产业</td><td>种植、养殖收益情况</td><td>5</td><td>2</td><td>2</td><td></td><td></td></tr>
<tr><td>残疾/疾病状况</td><td></td><td>3</td><td>3</td><td>3</td><td></td><td></td></tr>
<tr><td>劳动力状况</td><td>健康、收入高</td><td>8</td><td>5</td><td>5</td><td></td><td></td></tr>
<tr><td>在读情况</td><td>就读级别越高得分越高</td><td>3</td><td>2</td><td>2.5</td><td></td><td></td></tr>
<tr><td>家庭受教育程度</td><td></td><td>5</td><td>2</td><td>3</td><td></td><td></td></tr>
<tr><td rowspan="6">二</td><td rowspan="6">算
（24分）</td><td>务农收入</td><td>收入越高得分越高</td><td>4</td><td>2</td><td>3</td><td></td><td></td></tr>
<tr><td>产业收入</td><td>收入越高得分越高</td><td>4</td><td>1</td><td>2</td><td></td><td></td></tr>
<tr><td>其他收入</td><td>收入越高得分越高</td><td>4</td><td>2</td><td>2</td><td></td><td></td></tr>
<tr><td>教育支出</td><td>支出越多得分越低</td><td>4</td><td>2</td><td>1</td><td></td><td></td></tr>
<tr><td>医疗支出</td><td>支出越多得分越低</td><td>4</td><td>3</td><td>3</td><td></td><td></td></tr>
<tr><td>生产生活支出</td><td>支出越多得分越低</td><td>4</td><td>1</td><td>1</td><td></td><td></td></tr>
<tr><td rowspan="3">三</td><td rowspan="3">访
（11分）</td><td>邻里评价</td><td>直观感受</td><td>5</td><td>2</td><td>2</td><td></td><td></td></tr>
<tr><td>帮扶干部评价</td><td>直观感受</td><td>3</td><td>1</td><td>1.5</td><td></td><td></td></tr>
<tr><td>带队领导评价</td><td>直观感受</td><td>3</td><td>1</td><td>1.5</td><td></td><td></td></tr>
</table>

续表

序号	评价方式	评估内容	说明	分值	一季度	二季度	三季度	四季度
四	评（10分）	小组推荐	得票越多分数越低	10	4	5		
		村级联评	未通过则一票否决					
		社会公示	未通过则一票否决					
		乡级审核	未通过则一票否决					
得分（结果）		例：85分（脱贫）得分低于85分视为未脱贫		100	47（纳入帮扶）	56（未脱贫）		

资料来源：贵州省习水县扶贫办。

贵州省对成功“减贫摘帽”的贫困县，承诺“摘帽不摘政策”，并额外给予奖励、扶持。据贵州省扶贫开发办公室主任叶韬介绍，“摘帽不摘政策”是指原有扶持政策保持不变，并且安排到县的财政扶贫资金总量原则上以其前3年常规总量为基数，按10%的增幅逐年递增。额外奖励包括“摘帽奖励”和“减贫奖励”：对实现“摘帽”的国家扶贫开发工作重点县，从其“摘帽”当年起至2018年，每年给予1000万元扶贫项目资金奖励。属于省定经济强县的国家扶贫开发工作重点县的，“摘帽”当年一次性奖励1000万元扶贫项目资金。同上年比，年度减贫人口比例分别达50%、40%和30%的，当年度一次性对应奖励项目资金500万元、400万元和300万元。

不仅贫困县减贫“摘帽”有奖，贫困乡减贫“摘帽”也有奖。一类、二类、三类贫困乡镇如期或提前“摘帽”的，从“摘帽”当年起至2018年，安排到乡的财政扶贫资金总量，原则上以10%的增幅逐年递增，并每年另行对应奖励项目资金100万元、50万元和20万元。一类贫困乡减贫人口比例达50%、40%和30%的，当年度一次性对应奖励项目资金50万元、30万元和10万元。二类、三类贫困乡按其实际减少贫困人口数量一次性给予项目资金奖励。

此外，按照相关政策，对基层党组织也有奖励。《贵州省对国家扶贫开发工作重点县加快脱贫攻坚步伐进行奖励的实施办法》规定，对如期或提前“摘帽”的国家扶贫开发工作重点县、贫困乡党政班子，“摘帽”当年分别一次性奖励项目资金50万元和10万元。

6.1.3 甘肃省——激发内力创新施策

为深入贯彻落实习近平总书记系列重要讲话精神和关于扶贫开发的战略思想，特别是在陕甘宁革命老区脱贫致富座谈会和视察甘肃时的重要讲话精神，按照党中央“四个全面”战略布局，扎实推进精准扶贫、精准脱贫，加快甘肃省全面建成小康社会进程，甘肃省委、省政府出台《中共甘肃省委、甘肃省人民政府关于扎实推进精准扶贫工作的意见》（甘发〔2015〕9号）。意见指出，甘肃省精准扶贫工作以58个片区县为主战场，兼顾17个“插花型”贫困县，瞄准建档立卡的贫困村、贫困户，对225个特困片带和6220个贫困村、97万贫困户、417万贫困人口，统一识别标准、统一数据口径，动态掌握基本信息，推行扶贫对象实名制管理。建立精准扶贫大数据库，做到底数清、问题清、任务清、对策清、责任清，数据准确、管理规范。实行脱贫销号，加强政策衔接，将返贫人口及时列为扶贫对象，做到有进有出、动态管理。

甘肃省计划从2015年到2020年间，按照“前三年集中攻坚、后三年巩固提高”的阶段安排，紧紧抓住增加贫困群众收入这个核心，确保扶贫对象人均可支配收入增幅高于全省平均水平，同步推进扶贫开发与全面小康社会建设进程。“前三年集中攻坚”，每年稳定减少贫困人口100万人以上，到2017年底贫困地区农村居民人均可支配收入达到7000元以上，其中扶贫对象人均可支配收入达到4000元以上；基本生产生活条件明显改善，基本公共服务和社会保障水平显著提升；“后三年巩固提高”，到2020年贫困地区生产生活条件进一步改善，稳定实现“两不愁、三保障”，消除绝对贫困，所有贫困县实现脱贫；基本完成农村小康主要监测指标，努力与全国一道全面建成小康社会。此外甘肃省委省政府通过顶层设计，把区域发展与精准扶贫结合起来，连片布点、集中攻坚，2015年主要围绕58个片区县和17个插花县的100个特困片带、1000个贫困村和当年减贫的100万人口，实施“百片千村”扶贫攻坚示范工程（见附表2）。在“百片千村”扶贫攻坚示范工程的1000个整村推进项目中，重点实施水、电、路、危房改造等基础设施建设、增收产业培育、实用技术和技能培训、互助资金等项目。到户项目以当年计划脱贫的100万建档立卡贫困人口为重点，结合扶贫对象实际情况，组织实施精准扶贫工程，确保计划脱贫对象按期脱贫。

专栏6-3：甘肃省贫困县、贫困村、贫困户脱贫目标

——县区脱贫目标（19项）：

(1)贫困人口年均人均可支配收入增幅高于全省平均水平；(2)贫困发生率下降到8%以下；(3)贫困村整体实现减贫摘帽；(4)人均一般公共预算收入增幅高于全省平均水平；(5)行政村通沥青（水泥）路比例达到100%，行政村客运班车通达率达到95%以上；(6)村内道路硬化（砂化）率达到70%以上；(7)饮水安全农户比重达到100%，自来水入户率达到96%以上；(8)行政村动力电覆盖率达到100%；(9)有安全稳固住房的贫困户比重达到100%，有安全稳固住房且人均住房面积大于30平方米的贫困户比重达到90%；(10)县级义务教育巩固率达到95%以上；(11)新型农村合作医疗参合率达到95%以上；(12)行政村文化室覆盖率达到100%，三馆（图书馆、博物馆、文化馆）覆盖率达到100%；(13)建制村标准化卫生室覆盖率达到95%以上，千人拥有执业医师1.95人以上；(14)新型农村社会养老保险参保率达到95%以上；(15)农村简易卫生厕所比例达到80%以上，农村卫生厕所普及率达到70%以上；(16)农村通讯普及率达到95%以上，中央和省上广播电视节目综合覆盖率达到98%以上，市、县区广播电视节目覆盖率达到50%以上，农村互联网普及率达到25%以上；(17)行政村互助资金覆盖率达到100%；(18)农村万元农业增加值用水量小于1500立方米；(19)社会安全指数达到100%。

——贫困村脱贫目标（17项）：

⑴贫困人口人均可支配收入高于当年贫困线，增幅高于全省农村居民人均可支配收入平均水平；⑵贫困发生率下降到8%以下；⑶有通乡镇的硬化路1条以上，有到村客运班车1辆以上；⑷村民小组通村部的硬化路或砂化路比例达到100%；⑸饮水安全农户比重达到100%，自来水入户率达到96%以上；⑹通动力电；⑺有安全稳固住房的农户比重达到100%，有安全稳固住房且人均住房面积大于30平方米的农户比重达到90%；⑻有村级增收产业1项以上；⑼义务教育巩固率达到95%以上；⑽新型农村合作医疗参合率达到95%以上；⑾有标准化村卫生室1个以上，有执业医师1个以上；⑿新型农村社会养老保险参保率达到95%以上；⒀简易卫生厕所比例达到80%以上，卫生厕所普及率达到70%以上；⒁有村文化活动室1个以上；⒂通讯普及率达到95%以上，中央和省上广播电视节目综合覆盖率达到98%以上，市、县区广播电视节目覆盖率达到50%以上，通互联网农户比重达到25%以上；⒃有互助资金协会1个以上；⒄有意愿的贫困家庭"两后生"技能培训率达到100%。

——贫困户脱贫目标（共12项）：

⑴人均可支配收入高于当年贫困线，并达到或高于全省农村居民人均可支配收入平均水平；⑵有安全稳固住房，人均安全稳固住房面积等于或大于30平方米；⑶饮用安全水，有条件地区接通自来水；⑷适龄儿童接受9年义务教育；⑸主要劳动力接受了技能培训；⑹有增收门路；⑺全部人口参加了新型农村合作医疗；⑻符合条件人口参加了新型农村社会养老保险；⑼有简易卫生厕所或卫生厕所；⑽有通讯设备，有线广播电视入户，接通互联网；⑾无因病、因学、因婚借贷；⑿人均生活消费支出大于等于当年国家扶贫标准。

以渭源县为例，按照前三年集中攻坚、后三年巩固提高的阶段安排，进一步明确县级目标任务（见专栏6-3）。从2015年-2020年，围绕增加贫困群众收入这一核心，确保扶贫对象人均可支配收入增幅高于全省平均水平，推进扶贫开发与全面小康社会建设进程。2015年–2018年减少贫困人口7.54万人，其中：2015年减贫1.51万人，2016年减贫2.83万人，2017年减贫2.66万人，2018年减贫0.54万人。2015年–2017年，全县农民人均可支配收入分别达到5796元、6671元、7502元，扶贫对象人均可支配收入分别达到3085元、3613元、4136元。到2020年，稳定实现"两不愁、三保障"，基本完成农村小康主要监测指标，努力实现与全国、全省、全市一道全面建成小康社会的目标。此外，渭源县综合考虑各贫困村扶贫攻坚任务、工作难度、扶贫成本、资金投入等因素，确定了贫困村、贫困户脱贫时序：2015年实现42个贫困村整体脱贫，2016年实现28个贫困村整体脱贫，2017年实现24个贫困村整体脱贫。到2017年底，全县109个贫困村贫困发生率下降到8%以下，实现整体脱贫，全县农村贫困发生率下降到8%以下，实现整县脱贫。2020年，全县贫困发生率下降到5%以下。

在具体的实施过程中，甘肃省坚持问题导向，依据建档立卡确定的扶贫对象，区分因灾、因病、因学和缺项目、缺资金、缺劳力、缺技术等不同致贫原因，准确掌握贫困村、贫困户的脱贫致富需求。找准贫困群众最期盼、经过努力可以解决的问题，因村施策、因户施法，制定详细计划、建立工作台账、实行挂图作业，明确进度、倒排工期，确保项目资金、帮扶力量和监测评估到村到户。按照省下达的任务，甘肃省各市县又分别制定了计划，以定西市渭源县为例（见下表6–3），县级组织分别制定了脱贫指标以及建设任务，并且对每一项任务落实到责任。

甘肃省在《中共甘肃省委、甘肃省人民政府关于扎实推进精准扶贫工作的意见》中提出了完善减贫"摘帽"激励政策意见，意见指出对完成减贫"摘帽"任务的贫困县给予一定奖励，对扶贫任务重，但扶贫成效显著、减贫"摘帽"县的县委书记、县长予以提拔，对抓精准扶贫成绩突出的市县乡领导干部予以重用，接任者原则上优先从原有班子中选拔；对在精准扶贫中发挥作用充分、表现优秀的省市直部门各级干部优先提拔使用。严格执行"逢提必下"制度，对没有基层工作经历的机关、国有企业、事业单位干部，特别是50岁以下厅局级和45岁以下县处级中青年干部，已经提拔的要“补课”，拟提拔的必须有一年以上的基层工作经历；对有培养前途的干部要视情安排到基层任职或到贫困县乡村至少挂职锻炼一年；对新考录和没有基层工作经历的公务员，全部安排到贫困乡、村挂职锻炼；选派一批副厅级及副厅级后备干部到贫困县（市、区）挂任县（市、区）委副书记、副县长。对在贫困乡镇和贫困村工作一年以上的村党组织第一书记、驻村工作队队员和支教支医干部，视为有基层工作经历。

表6-3　2015年渭源县42个整体脱贫村建设任务汇总表

市县	脱贫指标	建设任务	责任单位
渭源	1、扶贫对象农民人均纯收入：增幅高于全县（区）平均水平2个百分点以上，达到2300元以上	年内扶贫对象人均纯收入达到3410元以上	调查队各有关乡镇
	2、贫困面：下降到8%以下	2015年42个脱贫村共减少贫困人口4025户17417人（北寨镇634户2715人会川镇252户1037人莲峰镇612户2610人路园镇161户727人；麻家集镇225户1017人祁家庙乡240户1103人锹峪乡355户1547人秦祁乡158户690人清源镇224户981人庆坪乡233户966人上湾乡219户824人田家河乡262户1179人五竹镇293户1318人峡城乡157户703人）42个脱贫村贫困面下降到8%以下。	扶贫办各有关乡镇
	3、义务教育：巩固率达到95%以上	达到95%以上	教体局各有关乡镇
	4、基本医疗：有标准化卫生室，新农合参合率稳定在96%以上	新建标准化卫生室5所。北寨镇新建2所（陈家渠村、阳坡村）；上湾新建2所（朱堤村、周家窑村）；庆坪新建1所（王家川村）。新农合参合率全部稳定在96%以上	卫生局各有关乡镇
	5、养老保险：参保率达到95%以上	参保率全部达到95%以上	人社局各有关乡镇

续表

市县	脱贫指标	建设任务	责任单位
渭源	6、文化：有标准化文化活动室、有综合性村民活动中心。	①、文化活动室设施配备：34处；其中北寨9处（丁家湾、郑家川、盐滩、马莲、麻地湾、暖阳、阳坡、阳山、陈家渠）；会川3处（和平、王家咀、常家湾）；莲峰2处（石门、天池）；路园2处（潘家岔、陆家湾）；麻家集2处（四沟、土牌湾）；祁家庙2处（烟雾沟、边家堡）；庆坪1处（关山根）；上湾2处（周家窑、朱堤）；田家河1处（田家河）；五竹1处（路麻滩）；峡城2处（大林、康家）；锹峪2处（永丰、乔阳）；秦祁2处（杨川、麋川）；清源3处（聂家山、池坪、七圣） ②、村部：15处；其中北寨4处（郑家川、阳坡、马莲、陈家渠）；莲峰2处（石门、天池）；路园2处（潘家岔、陆家湾）；祁家庙1处（烟雾沟）；庆坪1处（关山根）；上湾2处（周家窑、朱堤）；峡城1处（大林）；锹峪2处（永丰、乔阳）③、村民活动中心场地硬化建设：35处；其中北寨9处（丁家湾、郑家川、盐滩、马莲、麻地湾、暖阳、阳坡、阳山、陈家渠）；会川3处（和平、王家咀、常家湾）；莲峰2处（石门、天池）；路园2处（潘家岔、陆家湾）；麻家集2处（四沟、土牌湾）；祁家庙2处（烟雾沟、边家堡）；庆坪2处（关山根、王家川）；上湾2处（周家窑、朱堤）；田家河1处（田家河）；五竹2处（路麻滩、渭河源）；峡城2处（大林、康家）；锹峪2处（永丰、乔阳）；秦祁2处（杨川、麋川）；清源2处（聂家山、七圣）④、体育设施配备：36处；其中北寨9处（丁家湾、郑家川、盐滩、马莲、麻地湾、暖阳、阳坡、阳山、陈家渠）；会川3处（和平、王家咀、常家湾）；莲峰2处（石门、天池）；路园2处（潘家岔、陆家湾）；麻家集2处（四沟、土牌湾）；祁家庙2处（烟雾沟、边家堡）；庆坪2处（关山根、王家川）；上湾2处（周家窑、朱堤）；田家河1处（田家河）；五竹2处（路麻滩、渭河源）；峡城2处（大林、康家）；锹峪2处（永丰、乔阳）；秦祁2处（杨川、麋川）；清源3处（聂家山、池坪、七圣）	组织部文广局体育中心各有关乡镇

续表

市县	脱贫指标	建设任务	责任单位
	7、住房：所有农户住无危房。	需要改建危房1214户。贫困户778户、非贫困户436户（北寨镇需改建危房316户；贫困户：316户；非贫困户：户） （会川镇需改建危房172户；贫困户：65户；非贫困户：107户） （莲峰镇需改建危房189户；贫困户：107户；非贫困户：82户） （路园镇需改建危房26户；贫困户：17户；非贫困户：9户） （麻家集镇需改建危房52户；贫困户：33户；非贫困户：19户） （祁家庙乡需改建危房38户；贫困户：13户；非贫困户：25户） （庆坪乡需改建危房27户；贫困户：25户；非贫困户：2户） （上湾乡需改建危房20户；贫困户：13户；非贫困户：7户） （田家河乡需改建危房75户；贫困户：40户；非贫困户：35户） （五竹镇需改建危房55户；贫困户：22户；非贫困户：33户） （峡城乡需改建危房87户；贫困户：32户；非贫困户：55户） （锹峪乡需改建危房75户；贫困户：46户；非贫困户：29户） （秦祁乡需改建危房56户；贫困户：38户；非贫困户：18户） （清源镇需改建危房26户；贫困户：11户；非贫困户：15户）	住建局各有关乡镇
渭源	8、道路：通达率和通畅率分别达到100%，通班车。	2015年42个脱贫村共需硬化道路88.1公里，砂化道路284.9公里；（北寨硬化道路13.3公里、砂化道路143.5公里；会川硬化7.4公里、砂化道路19公里，莲峰硬化道路5公里；路园硬化道路9.6公里，砂化道路8公里；麻家集硬化道路16.7公里，砂化道路35公里；锹峪砂化道路9公里；秦祁硬化道路6公里；清源硬化7.3公里，砂化道路17.1公里；庆坪砂化道路20.3公里，过水路面7处；上湾硬化6公里，砂化道路18公里；田家河硬化道路5.5公里，砂化道路8.5公里；五竹硬化道路2.5公里；峡城硬化道路8.8公里，砂化道路6.5公里）。	交运局财政局发改局国土局扶贫办各有关乡镇
	9、饮水:自来水入户率达到96%以上	2015年42个脱贫村共需解决自来水入户共1308户。（北寨174户、莲峰719户、路园21户、麻家集59户、祁家庙44户、锹峪204户、清源57户、五竹30户）	水务局各有关乡镇
	10、动力电:动力电基本满足农户生产需求	2015年42个脱贫村共需农网改造61个社，动力电改造4个社。北寨镇12个村45个社农网改造；会川镇1个社（丁家营）农网改造、和平村需50KW变压器4台；莲峰对1个社农网改造（石门村阴山社）；清源镇1个社（聂家山村菜籽坪社）农网改造；庆坪乡3个社（为关山根、上岔、上庄）农网改造；上湾乡共8个社（为朱堤村的阳屲社，坪子滩社，小庄社，河坝社，郭家庄社，刘家铺社，大湾社，杨家山社）农网改造；田家河乡田家河村动力电改造3个社（大山湾、红沟、山庄）；五竹镇需解决渭河源村中川社农网改造、路麻滩阴屲社农网改造；峡城乡两个村（康家村、大林村）需50kW变压器2台；秦祁乡动力电改造1个社（糜川村大路沟社）、杨川村杨川社需100千伏安变压器1台。	供电公司各有关乡镇

续表

市县	脱贫指标	建设任务	责任单位
	11、异地扶贫搬迁：对有搬迁条件和意愿的农户100%完成搬迁	需易地扶贫搬迁 434 户。贫困户255户、非贫困户179户（北寨镇需易地扶贫搬迁108 户；贫困户：108户；非贫困户：0户） （祁家庙乡需易地扶贫搬迁13户；贫困户：6户；非贫困户：7户） （庆坪乡需易地扶贫搬迁10户；贫困户：5户；非贫困户：5户） （上湾乡需易地扶贫搬迁8户；贫困户：6户；非贫困户：2户） （田家河乡需易地扶贫搬迁31户；贫困户：12户；非贫困户：19户） （五竹镇需易地扶贫搬迁37户；贫困户：9户；非贫困户：28户） （锹峪乡需易地扶贫搬迁55户；贫困户：27户；非贫困户：28户） （秦祁乡需易地扶贫搬迁60户；贫困户：36户；非贫困户：24户） （清源镇需易地扶贫搬迁112户；贫困户：46户；非贫困户：66户）	发改局各有关乡镇
	12、劳动力培训：新增“两后生”培训全覆盖	年内新增“两后生”培训实现全覆盖	扶贫办各有关乡镇

同时甘肃省还健全了惩戒约束机制，对在扶贫攻坚中认识不到位、精力不集中、措施不聚焦、作风不扎实、效果不明显的县级党政主要领导和分管领导进行组织调整或问责，对完不成阶段性扶贫任务、在扶贫工作中弄虚作假的领导干部给予严肃处理。对挂职锻炼考核不合格的干部不能重用且要进行批评教育。加强经济责任审计，加大责任追究力度，对严重损害国家和群众利益、严重浪费资源、严重破坏生态环境，造成恶劣影响的要记录在案，并视情节轻重给予组织处理或党纪政纪处分，触犯法律的追究法律责任。

6.1.4　其他省市

1.湖南省

到2020年湖南省扶贫开发工作的总体目标是：湖南省基本消除绝对贫困现象，稳定实现扶贫对象不愁吃、不愁穿，保障其义务教育、基本医疗和住房；实现贫困地区经济、社会、生态全面发展，扶贫开发工作重点县人均GDP、人均财政收入、农民人均收入增幅高于全省平均水平，城乡居民收入与GDP增幅基本同步，基本公共服务主要领域指标接近全省平均水平，扭转发展差距扩大趋势。按照国家原定1274元的扶贫标准，2010年湖南省有贫困人口146万人，占全国相应人口的5.43%；按照2300元的新扶贫标准，湖南省贫困人口接近1000万，是目前全国贫困人口数量前6位的省之一，约占全国相应数的7%（据国家统计局统计，2011年湖南省减少贫困人口100万左右，2012年贫困人口总数仍有908万）。湖南省通过建立精准扶贫机制，瞄准贫困人口，一户一户地扶，一个一个地帮，让真正的贫困人口共享阳光雨露。按农民人均纯收入2300元（2010年不变价）的新扶贫标准测算，贫困人口由2010年底的1006万人，下降到2013年底的640万人，3年有366万人告别贫困。

湖南省扶贫开发工作主要把握四个层次，分别是全省总体上的扶贫、大湘西地区的扶贫、少数民族地区高寒山区的扶贫和两个连片特困地区的扶贫，即武陵山片区和罗霄山片区，共涉及48个县。在具体贫困识别中，湖南省探索总结了“五评法”，即一评住房条件，二评生产资料，三评劳动能力，四评教育支出，五评健康状况。先后识别出640万贫困人口、8000个贫困村，并建档立卡，即将实行信息化管理。以前“一把尺子量到底”的“大水漫灌”式扶贫，变成“精准滴灌”式扶贫，数百万贫困户每户一策。对丧失劳动能力的52.5万名贫困对象，兜底保障“全覆盖”；有劳动能力的187.5万户扶贫对象，培育产业“强支撑”；对贫困家庭孩子，突出教育培训“拔穷根”；生存条件特别恶劣、一方水土养不起一方人的贫困对象，易地搬迁“挪穷窝”。

2013年以来，湖南省根据“低保保生存、扶贫促发展”的要求，落实省委、省政府“加强分类指导，一乡一策、一村一策，一家一户一本台账、一个脱贫计划、一套帮扶措施”的部署，避免扶持措施“脱靶”，对80万贫困对象按年人均400元标准进行扶持，启动到户扶持项目20多万个。湖南省还对片区内国定贫困村分期分批实施整村推进。采取以县为单位，村为平台的方式，统筹整合各类资源，集中投入，发展特色产业，壮大集体经济，实施水、电、气、房和环境改善等工程，解决群众入学、就医、养老等困难，加强村级班子建设，提高自我发展能力。按照两年一轮，2015年预计完成780个贫困村整村推进，在少数民族高寒山区建设120个具有地方特色、市场竞争力强的产业开发示范村，建成900个整村推进示范村；2020年完成所有国定贫困村的整村推进计划。

湖南省通过改革产业扶贫方式，实行差异化的扶贫政策和多样化的帮扶方式来实现扶贫脱贫。产业扶贫按照“资金跟着穷人走、穷人跟着能人走、能人穷人跟着产业项目走、产业项目跟着市场走”的思路，改普惠政策为差异化扶持政策，改“给钱给物”、打卡到户为直接帮扶、委托帮扶和股份合作，鼓励贫困地区农业企业、农民合作社、家庭农场与贫困农户建立紧密的利益联结机制。芷江侗族自治县探索“扶贫对象+龙头企业+银行”模式，由县扶贫办牵线担保，每个贫困户从县农行贷款5万元作为股本，投资到和翔辉鸿养鸭合作社发展芷江鸭养殖。今年3月，94个贫困户每户分红4000元。

2.江西省

江西省委、省政府印发《中共江西省委江西省人民政府关于全力打好精准扶贫攻坚战的决定》，将精准扶贫攻坚实绩作为市县综合考核评价的重要内容，通过建立贫困县考核、约束、退出机制，树立“摘穷帽为荣、戴穷帽为耻”的观念，坚决杜绝“戴着贫穷帽子、过着炫富日子”的现象。

我国大规模扶贫开发政策的调整始于1986年，并经历了三次较大调整，但江西省贫困县名单多年未变。对此，江西省提出要制订全省25个贫困县的考核约束办法，引导贫困县党政班子和领导干部把主要精力和工作重点、财力和各类资源，放在提高贫困人口生活水平、减少贫困人口数量、改善贫困地区生产生活条件上；对在贫困县埋头苦干并取得突出成绩的干部，提拔使用时优先考虑，对不胜任、不称职的，及时调整；按照“鼓励摘帽、政策保留”的思路，认真研究“脱贫摘帽”办法，及时出台江西省贫困退出机制。

江西省力争提前两年实现精准扶贫攻坚目标。到2018年，力争全省基本消除绝对贫困现象，贫困县脱贫摘帽取得突破性进展；具备劳动能力但缺乏发展条件的轻度贫困农户人均可支配收入达到当地平均水平的70%左右，具有部分劳动能力的中度贫困农户人均可支配收入达到当地平均水平的50%左右。2019年-2020年，稳定实现扶贫对象不愁吃、不愁穿，保障其义务教育、基本医疗和住房，贫困县全部退出，确保贫困地区和贫困群众在全面建成小康社会进程中不掉队。

江西省精准扶贫攻坚将按“找准原因、精准施策、建立机制、形成合力”的要求，对25个贫困县进一步加大产业扶贫投入力度，在赣南等原中央苏区和特困片区58个县设立“产业扶贫信贷通”，并新增安排资金支持58个县以外的产业扶贫；着力提高救助水平，对符合农村低保条件的困难群众实行应保尽保，逐年提高农村低保保障标准和特困人员供养标准，对因支出型贫困造成基本生活严重困难的群体予以特别救助；着力改善生活条件，2015年底基本解决贫困农村安全饮水问题，力争2020年自来水普及率达到90%，2017年基本解决38个重点扶贫攻坚县农村贫困群众的安居问题。

3. 云南省

2015年7月云南省发布《云南省贫困县退出工作实施方案》，从2015年开始，有序推进贫困人口脱贫和贫困村、贫困乡、贫困县摘帽退出，至2020年，实现全省574万贫困人口稳定脱贫，减少贫困村4277个、贫困乡476个，全省88个国家扶贫开发工作重点县、集中连片特殊困难地区县全部摘帽退出。云南省贫困县退出工作将按照以下基本原则实施：(1) 分期分批、逐步退出。实行扶贫对象按计划、分年度动态退出。采取分期分批的办法，对达到退出条件的扶贫对象，按程序考核审核后正式退出。(2) 鼓励摘帽、保留政策。贫困县退出后，继续保持有关扶持政策不变、支持力度不减，巩固扶贫成果。鼓励有条件的贫困县、贫困乡和贫困村加快脱贫步伐，提前摘帽退出。(3) 正向激励、强化运用。把贫困县退出与县级党政领导班子和领导干部考核、财政专项扶贫资金竞争分配结合起来，实行干部考核、资金分配双激励。

方案提出深入贯彻习近平总书记新时期扶贫开发战略思想，全面落实中央和省委、省政府扶贫开发决策部署，深入实施精准扶贫、精准脱贫，根据扶贫实效构建贫困退出机制，实现扶贫对象动态管理，推动扶贫资源优化配置、精准投向，确保贫困地区和贫困群众如期实现脱贫、摘帽、增收目标，到2020年与全省全国同步全面建成小康社会。该方案还提出了退出年度目标任务，并且分贫困人口、贫困村、贫困乡、贫困县进行了细化，具体如下：

（1）减少贫困人口574万人。按照"五年全力攻坚，一年巩固提升"的要求，确保2015年至2019年全省每年减少贫困人口100万人以上，2020年全省574万贫困人口全部脱贫，全面消除绝对贫困。

（2）减少贫困村4277个。确保2016年至2020年全省每年平均实现约860个贫困村脱贫出列，2020年实现全省4277个贫困村脱贫出列。

（3）减少贫困乡476个。确保2016年至2020年全省每年平均实现约95个贫困乡脱贫出列，2020年实现全省476个贫困乡脱贫出列。

（4）退出贫困县88个。到2020年，实现88个国家扶贫开发工作重点县和集中连片特殊困难地区县摘帽退出。

方案还对退出标准和考核认定程序进行了详细说明（见下表6-4）：

表6-4　云南省贫困县退出标准和考核认定程序

指标	退出标准	考核认定程序
贫困人口	执行"一高"标准，即：年度贫困户农村常住居民人均可支配收入高于（或等于）当年国家扶贫标准（农民人均纯收入2300元，以2010年不变价计算）	按照建档立卡贫困户申请———村委会确定脱贫名单———村民代表大会评议———乡（镇）政府复核验收———县扶贫开发领导小组审批的"两公示一公告"程序，科学认定贫困人口脱贫对象。
贫困村	执行"一降一高一有"标准，即：贫困村贫困发生率下降到7%以下，贫困村农村常住居民人均可支配收入增幅高于所在乡农村常住居民人均可支配收入增幅，有集体经济收入。	按照摸底核实———贫困村申请———乡复核验收———县级审批的"一公示一公告"程序认定贫困村退出，并逐级报省、州（市）备案。

续表

指标	退出标准	考核认定程序
贫困乡	执行“一降一高”标准，即：贫困乡贫困发生率下降到5%以下，贫困乡农村常住居民人均可支配收入增幅高于所在县农村常住居民人均可支配收入增幅。	按照组织核查———贫困乡申请———县级复核验收———州（市）审批的“一公示一公告”程序认定贫困乡退出，并报省备案。
贫困县	执行“一降一高”标准，即：贫困县贫困发生率下降到3%以下，贫困县农村常住居民人均可支配收入增幅高于全省农村常住居民人均可支配收入增幅。	按照组织核查———贫困县申请———州（市）审核验收———省级审批———国家备案的程序认定贫困县退出。

资料来源：云南省扶贫办。

《云南省贫困县退出工作实施方案》（讨论稿）提出将加强正向激励，对按程序报批后退出的贫困县，按退出时限给予一次性奖励，其中2016年为2000万元，2017年为1800万元。

此外，云南拟把贫困县退出作为贫困地区县级党政领导班子及领导干部经济社会发展实绩考核的重要内容，作为评定领导干部年度考核等次、形成综合考评意见、领导干部任用和奖惩的重要依据。对在要求时限前脱贫摘帽的县党委、政府主要领导和分管领导给予优先提拔任用，并优先安排原班子成员或扶贫部门领导接任；对不能按要求时限脱贫摘帽的县党委、政府主要领导和分管领导进行追责问责、组织调整。

6.2 目前贫困退出机制的经验总结

通过以上对部分省市现行贫困退出机制的梳理，可以看出我国贫困退出机制已经得到了重视并且正在有序开展过程之中。从目前已有的退出机制及实施情况（见表6-5），我们发现其中存在共性和差异，下面给予详细分析。

表6–5　省市贫困退出机制（减贫摘帽）实施情况比较

省份	河北	贵州	甘肃
退出目标	2017年底，片区外23个国定重点县和17个省定重点县全部实现脱贫出列，其中17个省定重点县到2016年底全部出列；到2020年底，22个片区县全部脱贫出列。	“33668”扶贫攻坚行动计划： 用3年时间，全省减少贫困人口300万以上，实施精准扶贫“六个到村到户”和完善基础设施“六个小康建设”任务，贫困县农村居民人均可支配收入达到8000元以上；贫困地区基本公共服务主要领域平均指标达到西部地区平均水平以上；	“前三年集中攻坚、后三年巩固提高”：58个片区县为主战场，兼顾17个“插花型”贫困县，瞄准建档立卡的贫困村、贫困户，对225个特困片带和6220个贫困村、97万贫困户、417万贫困人口。
退出时序	1.到2017年底，片区外的40个国定、省定重点县全部实现脱贫出列； 2.到2020年底，22个片区县全部脱贫出列。	1.2015年–2017年，全省减少贫困人口300万以上；实现24个贫困县、375个贫困乡（镇）“减贫摘帽”，5800个贫困村出列。 2.2018年–2020年，全省减少贫困人口163万人以上，1个贫困县、34个贫困乡（镇）“减贫摘帽”，3200个贫困村出列。	1．“前三年集中攻坚”，每年稳定减少贫困人口100万人以上，到2017年底贫困地区农村居民人均可支配收入达到7000元以上，其中扶贫对象人均可支配收入达到4000元以上； 2．“后三年巩固提高”，到2020年贫困地区生产生活条件进一步改善，稳定实现“两不愁、三保障”，消除绝对贫困，所有贫困县实现脱贫；基本完成农村小康主要监测指标，努力与全国一道全面建成小康社会。
退出步骤	从2014年起每年出列10个县，确保到2017年底40个片区外重点县全部脱贫出列。	到2015年，实现30个国家扶贫开发工作重点县和500个贫困乡“摘帽”，贫困人口比2010年减少一半；到2018年，剩余的20个国家扶贫开发工作重点县和934个贫困乡全部“摘帽”；2018年至2020年，巩固、提升全省“减贫摘帽”成果，确保在2020年与全国同步建成全面小康社会。	

续表

省份	河北	贵州	甘肃
评价标准退出方法	采用人均公共财政预算收入和农民人均纯收入两个指标，按“四六”权重赋值，即人均地方公共财政预算收入占40%，农民人均纯收入占60%；计算考核年度前连续三年的算术平均值。	1.贫困县“减贫摘帽”：贫困发生率低于5%的国家标准 2.贫困乡（镇）“减贫摘帽”：考核贫困发生率、农村居民人均可支配收入 3.贫困村出列标准及方式：“一降一达一超”的标准执行（即贫困发生率每年下降4.3个百分点，农村居民人均可支配收入达到全省平均数的60%以上，当年集体经济收入超过10万元）。 4.贫困户脱贫标准及方式：农村居民人均可支配收入2300元（2010年不变价）为标准。	1.贫困县脱贫目标（19项） ⑴贫困人口年均人均可支配收入增幅高于全省平均水平；⑵贫困发生率下降到8%以下；⑶贫困村整体实现减贫摘帽；⑷人均一般公共预算收入增幅高于全省平均水平；⑸行政村通沥青（水泥）路比例达到100%，行政村客运班车通达率达到95%以上；⑹村内道路硬化（砂化）率达到70%以上；⑺饮水安全农户比重达到100%，自来水入户率达到96%以上；⑻行政村动力电覆盖率达到100%；⑼有安全稳固住房的贫困户比重达到100%，有安全稳固住房且人均住房面积大于30平方米的贫困户比重达到90%；⑽县级义务教育巩固率达到95%以上；（略） 2.贫困村脱贫目标（17项）： 3.贫困户脱贫目标（12项）： （详见专栏3）
保障措施	奖励政策：对40个省定重点县和片区外国定重点县，2014年出列的，一次性奖励800万元，2015年出列的奖励700万元，2016年出列的奖励600万元，2017年出列的奖励500万元。 从2018年开始，对片区县进行评价，2018年出列的，一次性奖励800万元；2019年出列的，奖励700万元。	“摘帽不摘政策”：原有扶持政策保持不变，并且安排到县的财政扶贫资金总量原则上以其前3年常规总量为基数，按10%的增幅逐年递增。额外奖励包括“摘帽奖励”和“减贫奖励”：对实现“摘帽”的国家扶贫开发工作重点县，从其“摘帽”当年起至2018年，每年给予1000万元扶贫项目资金奖励。属于省定的扶贫开发工作重点县的，“摘帽”当年一次性奖励1000万元扶贫项目资金。同上年比，年度减贫人口比例分别达50%、40%和30%的，当年度一次性对应奖励项目资金500万元、400万元和300万元。	“逢提必下”制度； 对于减贫摘帽的贫困县，保持原有扶持政策不变，投入力度不减，并给予奖励，在资金激励方面，完成减贫摘帽的贫困县，除了保持原有扶持政策不变之外，还可以奖励项目资金1000万元。

续表

省份	河北	贵州	甘肃
负责单位	有关设区市和重点县党委、政府，各级扶贫部门与统计部门	各级扶贫部门、统计部门、党委、政府	各级扶贫部门、统计部门、党委、政府
相关文件	《关于鼓励扶贫开发工作重点县加快脱贫出列步伐的意见》（冀发〔2014〕15号）	《中共贵州省委办公厅 贵州省人民政府办公厅关于对国家扶贫开发工作重点县加快脱贫攻坚步伐进行奖励的意见》（黔党办发[2011]1号）2011年3月9日 《贵州省对国家对国家扶贫开发工作重点县加快脱贫攻坚步伐进行奖励的实施办法》（黔扶领办[2011]8号）2011年8月9日 《中共遵义市委 遵义市人民政府关于打好扶贫攻坚加快“减贫摘帽”的实施意见》（遵党发[2011]8号）2012年5月10日 《中共习水县委关于创新机制推进扶贫攻坚的意见》（习党发[2014]1号） 《习水县扶贫开发领导小组关于下达2014–2017年贫困人口减贫计划的通知》（习扶领办[2014]13号）2014年7月5日	《中共甘肃省委、甘肃省人民政府关于扎实推进精准扶贫工作的意见》（甘发〔2015〕9号）

注：根据各省扶贫办文件汇编。

6.2.1 目前贫困退出机制的共性

1. 以国家扶贫战略为依据，根据各省实际情况制定针对性目标计划。目前我国全面建成小康社会的任务重点难点在贫困地区，但是由于贫困地区致贫因素不同，涉及影响因素较多，各省的省情、人文环境不一样，这就要求贫困退出机制的制定和设计充分考虑不同地区的实际情况。针对不同的脱贫对象，区分了重点县，片区县，还有“插花型”贫困县。可以看出，河北省提出重点县、片区县到2017年底，片区外的40个国定、省定重点县全部实现脱贫出列，到2020年底，22个片区县全部脱贫出列。而贵州省则从省情出发，提出到2015年，实现30个国家扶贫开发工作重点县和500个贫困乡“摘帽”，贫困人口比2010年减少一半；到2018年，剩余的20个国家扶贫开发工作重点县和934个贫困乡全部“摘帽”；2018年至2020年，巩固、提升全省“减贫摘帽”成果，确保在2020年与全国同步建成全面小康社会。

2. 以人均收入水平为核心，按照县乡村户逐级分解指标和任务。考察是否贫困的关键性指标仍然是收入，在贫困退出过程中需要将“农村居民人均可支配收入”作为核心指标和一切行动的参考依据。目前贫困退出标准主要以收入为主，一般表述为人均纯收入或人均可支配收入。按照国家扶贫标准贫困户农民人均纯收入2736元（相当于2010年2300元不变价），各省按照这一标准攻艰克难、创新工作方式，解决收入贫困问题。以贫困人口的个人收入、家庭收入、贫困村村级收入、贫困县县级收入为依据，统一测算口径，明确考核重心，这样才能有效推进贫困退出工作开展。目前我国的贫困退出主要考虑贫困户、贫困村、贫困县三级退出，也可以加入贫困乡镇一级，共四级退出体系。各级的贫困退出指标考查的对象不同，主要以人均可支配收入为核心，综合考察基础设施建设、财政投入等因素，以此构成贫困退出体系（见图6-1）。

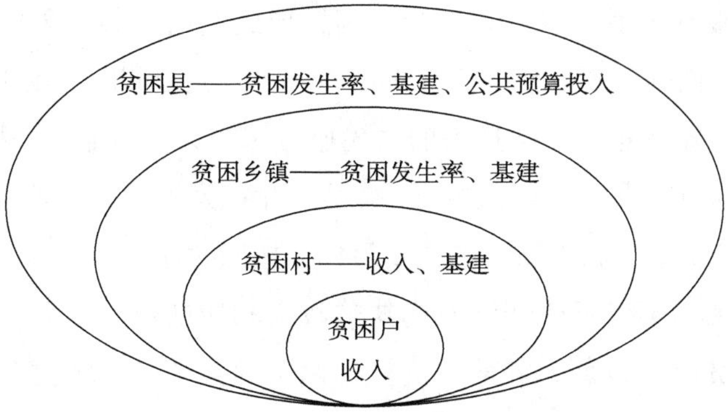

图6–1　贫困退出机制主要各级分解构成图

以上图为依据，各地将脱贫任务和指标按四级退出体系逐级分解安排。在具体解决以收入为核心的贫困问题的同时关注贫困乡（镇）、贫困户、贫困村的实际发展现状，比如在习水县在贫困人口分解时把贫困乡镇分成一、二、三类和非贫困乡镇，然后按照非贫困乡镇、三类乡镇、二类乡镇、一类乡镇贫困发生率逐次递升的原则进行分解。其他地区还运用“四看法”和“看”“算”“访”“评”等方法，不单单从收入一方面衡量和化解贫困难题，而是从多元、多维衡量和化解贫困难题，从而产生整体脱贫时序进度表。

3. 以既定时间节点为基准，分阶段、分步骤逐渐实现脱贫摘帽。实现贫困县的减贫脱帽不是一蹴而就，一劳永逸的。对于贫困县的考核与退出需要分阶段、分步骤逐步执行，在这一点上，河北和贵州都提出了“分步走”的战略，河北省提出重点县、片区县脱贫出列将分两步走：第一步，到2017年底，片区外的40个国定、省定重点县全部实现脱贫出列；第二步，到2020年底，22个片区县全部脱贫出列。贵州提出到2015年，到2018年以及2018年至2020年不同的“减贫摘帽”任务。甘肃省提出了“前三年集中攻坚，后三年巩固提高”的阶段目标。省市各县也分别根据各地的实际情况制定了贫困人口分年度减贫计划表、减贫脱贫时序进度表、贫困村出列计划等。可以看出各省以“到2020年的全面消除贫困”为目标，开展了合理有序的工作安排与部署。

4. 以激发贫困对象主动性为原则，形成倒逼机制，采取“摘帽不摘政策”。“减贫摘帽”不能仅仅成为政策口号，要充分调动贫困地区贫困户自身的能动性，转变思想，从过去的“输血”转变为“造血”，从过去的“等靠要”转变为自主发现、自我参与、自力更生的发展模式。整县脱贫、整村脱贫、整户脱贫成为精准扶贫的重要目标，按照时序脱贫，对于提前减贫“摘帽”的县区，不仅不改变既有的扶贫政策和扶贫规模，而且给予一定的奖励；对脱贫成效显著、提前减贫“摘帽”的县区、乡镇党政负责人给予奖励。比如贵州省正安县正在积极推动贫困县退出倒逼机制，让贫困户主动申请“摘帽”。“摘帽不摘政策”是指原有扶持政策保持不变，并且安排到县的财政扶贫资金总量原则上以其前3年常规总量为基数，按10%的增幅逐年递增。甘肃省对于完成减贫“摘帽”任务的贫困县给予一定的奖励，对于减贫贡献大的责任人，符合干部选拔任用条例的，优先提拔使用。

5. 以适度的奖惩为补充，重视进退结合、奖惩结合。鼓励贫困县、贫困户自主发展需要内力和外力的结合。在奖励政策上方面，对提前出列的重点县，在全省通报表扬并给予奖励，同时，保持国家和省现有扶持政策不变、支持力度不减。其中，对40个省定重点县和片区外国定重点县，2014年出列的，一次性奖励800万元，2015年出列的奖励700万元，2016年出列的奖励600万元，2017年出列的奖励500万元。从2018年开始，对片区县进行评价，2018年出列的，一次性奖励800万元；2019年出列的，奖励700万元。奖励资金从省财政预算中单列，主要用于巩固扶贫成果、发展扶贫产业、提高贫困群众自我发展能力。同时，河北省加大对重点县扶贫工作的考核，将考核结果作为对设区市和重点县党政领导班子综合考核评价的重要依据。对弄虚作假、欺上瞒下的，依照有关规定严肃处理。除重大自然灾害外，对巩固脱贫成果不力、出列后出现反弹、贫困发生率不降反升的，严格追究责任。

6. 以创新和科学为指导，不断创新工作方式，科学高效推进减贫工作。从目前调研和收集资料来看，各省市在精准扶贫和精准脱贫过程中采取了一系列创新的工作方法，比如结对帮扶、驻村干部、成立驻村帮扶工作队、选派第一书记等。同时融入先进的科技手段，比如建立利用互联网+，建立电商扶贫模式。此外，各省市在扶贫攻坚过程中注重建立贫困数据库，比如贵州省精准扶贫信息平台、甘肃省精准扶贫大数据管理平台等。其中贵州省扶贫办信息网资源管理平台包括内容管理平台、数据集成平台、数据采集平台和应用集成平台，各市县可利用此平台进行公示公告、数据录入与更新以及联网共享。甘肃省于2015年6月印发《关于开展2015年全省精准扶贫大数据平台建设因户施策信息采集录入工作的通知（甘扶领办发[2015]18号）》，积极推动贫困信息采集工作。

6.2.2　目前贫困退出机制的差异

1.贫困退出机制各个省市县之间推进速度和程度不同。各地在精准扶贫的推动下，采取实地考察、问卷调查的形式，开展建档立卡工作。在充分了解民情、体察民意的基础上，根据地区经济社会发展情况以及贫困地区、贫困人口的特征，分别制定了不同的退出时序、退出步骤和退出标准。基础好的早退出，多退出，相对基础差的后退出、晚退出。比如甘肃省提出“三年扶贫攻坚，三年巩固提高”的退出目标，全省425万贫困人口、78个贫困县在2015年-2017年前三年实现全部脱贫，贫困面下降30个百分点；河北省到2017年底，40个国定、省定重点县全部实现脱贫出列；

2.贫困退出机制各个省市县之间退出标准不尽相同。通过上文的分析可以看出各地对本地区的贫困退出分别提出了评价标准和退出方法。退出指标以“收入”为核心的基础上各省进行了调整，河北省的评价标准主要看人均公共财政预算收入和农民人均纯收入两个指标，并按“四六”权重赋值；贵州省则分别对贫困户、贫困村、贫困乡（镇）、贫困县制订了“减贫摘帽”的标准；甘肃省在此基础上进一步细化工作，针对贫困县制订了19项脱贫目标，针对贫困村制订了17项脱贫目标，针对贫困户制订了12项脱贫目标。

3.贫困退出机制实施思路和内容有所差异。在具体的实施过程中，各地省委、省政府提出了因地制宜的方案，根据扶贫攻坚任务、工作难度、扶贫成本、资金投入等因素制定减贫实施思路与具体的方案和内容。河北省将贫困县区分为重点县和片区县的基础上，采取“集中兵力攻坚重点”的工作方法力争在2017年底实现40个国定、省定重点县全部实现脱贫出列；贵州省则按照“量力而行、自加压力、先难后易、分阶段达标”的原则，积极鼓励各地“敢于摘帽惠民生，敢于摘帽抓产业，敢于摘帽促发展，敢于摘帽奔小康”，“鼓励国家扶贫开发工作重点县减贫摘帽，举全省之力向绝对贫困发起总攻”。甘肃省面对贫困难题从动员贫困户内生性入手，创新工作方法，坚持问题导向，依据建档立卡确定的扶贫对象，区分因灾、因病、因学和缺项目、缺资金、缺劳力、缺技术等不同致贫原因，准确掌握贫困村、贫困户的脱贫致富需求，因村施策、因户施法，制定详细计划、建立工作台账、实行挂图作业。

6.3 目前我国贫困退出机制存在的主要问题

1.部分省市现行的贫困退出机制政治任务色彩较浓，有可能出现贫困退出是低水平、不稳定、不可持续的。通过实地调研与相关政策资料的研究发现，现行的贫困退出工作主要思路是，由国家扶贫办制定脱贫计划（包括脱贫人数、脱贫时间以及各省各项指标），再由省扶贫办将脱贫任务分解下发到各个市，市下发到各个贫困县，贫困县按照指标任务进一步制定出贫困乡（镇）、贫困村的出列计划。整个过程是自上而下的逐级按任务分解，按这种思路执行的脱贫可以在短期内完成任务、达到目标，但是长期来看是不持久、不稳定的，这样的脱贫只能是低水平、不具有可持续性的。主要表现在三个方面：

（1）存在“被动摘帽”现象。从目前正在开展的退出工作来看，各省市县的退出工作大多是在完成上级政府的工作任务，按照上一级政府的工作安排制定退出计划，成为一项国家主推，政府主导的政治任务，所谓的贫困县、贫困乡（镇）、贫困户脱贫多是出于“被动脱贫”“被动摘帽”的状态。我们所进行的三个县，九个村镇都存在这样的问题，比如贵州省遵义市制定

“减贫摘帽”工作推进表，明确安排茅天镇、柏村镇等85个乡镇2014年前摘帽，流渡镇、小雅镇等20个乡镇2015年摘帽，红丝乡、芙蓉江镇2016年摘帽。甘肃省制定了“2015年实施特困片带、整村推进项目村和减贫任务到县名单”，名单明确到每一个村，要求在2015年完成减贫任务。这一方面说明政府在退出工作方面发挥了积极主动的作用，同时另一方面却显示出目前退出工作上级对下级的安排、计划痕迹过重，导致被动退出现象。

（2）存在“强制退出”现象。现有的退出工作多是以当地的退出计划、退出时序为基础，按照上一级的任务进行分解，这种分解详细到每一年、每一个县、每一个乡镇，甚至是每一个村、每一个贫困户。而为了完成退出工作安排或者退出计划，在规定的时间节点、指定的地域范围，计划中被安排退出的贫困对象必须能顺利退出，不能退出的也得想方设法退出，这容易导致“强制脱贫”“强制退出”的现象。当然，在当初制定计划时，各省市县综合考虑了每一个贫困对象的客观情况，考虑到年度公共财政预算投入等因素，但是如果完成不了，或者说为了完成而完成退出计划或者退出任务，一些贫困户、贫困村就会“赶鸭子上架”式的强制退出。

（3）脱贫及退出的可持续性不强。从目前的退出工作来看，贫困退出主要靠外力推动，无论是资金、技术还是帮扶人员，虽然整体上看形成了一个系统，但是资金短缺、技术薄弱、针对性不强、缺人才等问题十分严重，这造成目前的贫困退出工作可持续性差，部分贫困退出只是暂时性的。从调研可以发现，90%的调研地区存在缺资金的问题，而对于能够使得贫困户脱贫最重要的“掌握一门技术”这一项，培训针对性不强，技术成本高等问题也严重影响了贫困户脱贫的能力提高。还有目前对贫困退出做出重大贡献的各地帮扶干部，他们多是受政策激励被下派到贫困地区，但是70%的帮扶干部考虑到家庭、自身发展等问题，在选择帮扶工作的时间上多是选择1年左右。目前各地都做了很多工作，凸现出来最大问题就是可持续性差，涉及农民增收可持续性、退出工作的可持续性，如果只追求短期目标就容易使得现有的贫困退出工作成为短暂的一道风光，而不是风景。

2.贫困退出机制尚未形成全国统一的制度体系框架，部分省市先行先试面临一些较难克服的地方难题。从地方来看，目前各地非常重视扶贫开发工作，正在抓紧制定脱贫计划，但是各省现行的贫困退出工作并未形成统一的机制安排，一般表述为“脱贫出列”“脱贫攻坚”“退出工作”；目前所实施的退出工作仍处于试验期，并未统一推广，从各省颁发相关工作意见的时间上来看，退出工作最早的是贵州省，2011年出台加快脱贫攻坚步伐的“减贫摘帽”工作意见，其次是河北省，2014年出台了加快脱贫出列步伐的工作意见，其他省份在2015年也相继出台了关于贫困退出的意见和安排。

各地积极响应国家宏观调控目标，积极打响扶贫攻坚战役的同时，也面临一些地方难题，通过本课题组调研我们了解到，目前各省各地在解决贫困问题过程中，由于缺少国家统一的解决办法和指导方针，地方政府和扶贫单位常常处于进退两难境地。比如进行精准脱贫的过程中，许多地方政府为了达成目标任务造成欠债过大。各地在解决贫困问题的过程中，采取多种办法努力提高扶贫水平。比如加强基础设施方面，这项工作可以让贫困对象直接受益被多数地方采用。但同时需要认识到基础设施建设涉及面广、投资大，目前很多地方财政压力大、欠债多。这些负债是等待上级财政的帮扶还是自筹解决?

从国家层面来看，按照“到2020实现全部消除贫困”这一大的宏观指引与目标，我国相继出台了“六个精准”“四个一批”的脱贫方案。但是这些扶贫开发措施仍然停留在宏观导向的层面，缺乏具体的操作细则，另外各项政策和措施如何有机地联系在一起、形成合力，仍需要进一步的研究。尤为重要的是，目前我国的贫困退出机制需要融合这些政策和措施，形成一个全国统一的制度体系框架来指导我国扶贫开发工作。

3.贫困退出标准尚未统一确定，有待研究和探索。贫困退出标准涉及标准的内容考核哪些指标，标准的划分，各分项的具体细化。考虑到经济社会不断发展以及地区发展的差异性，全国性贫困退出标准至今尚未确定。贫困退出关系到每一个贫困人口，也关系到每一个贫困地区，指标与标准的设立需要考虑到每一个贫困户的基本情况与需求，同时也需要考虑到地方发展的特点与需求。退出的标准一旦确定，那么势必会用这些指标或标准来衡量贫困地区、贫困人口，需要切实考虑与兼顾各项利益。主要涉及以下几个问题：

（1）以收入为核心的贫困标准问题。“唯GDP”论对于生态环境、人类可持续发展存在诸多弊端，贵州、云南、广西、海南等地已经取消GDP考核或者降低GDP考核权重，综合考虑单位能耗、单位二氧化硫排放、固体废物综合利用率、森林覆盖率、人均绿化面积等因素，重视贫困地区绿色可持续发展。此外，对于“农民人均可支配收入”的考核也需要审度，从调研可以了解到，目前农村居民的收入水平普遍可以达到国家扶贫标准，地方政府也表示，可以顺利完成按照国家的贫困线标准划定的脱贫任务。这也提醒我们在下一步的脱贫考核中，以“收入”为核心的贫困标准过于单一、简化，不能全面地反映贫困户的真实情况，需要从多元化、多维角度来衡量和考核贫困户，比如医疗、健康、教育等方面。目前各地正在采用的“四看法”从“看”“算”“访”“评”等多方面考察贫困对象。

（2）贫困退出标准、脱贫指标谁来定的问题。没有统一的标准和指标不行，否则就会出现散、乱的现象，但是这些标准由谁来制定，既能反映各地的实际情况又能紧密结合国家的政策方针。从目前的情况来看，这些标准和指标都是从上到下逐级下发，国家扶贫办制定脱贫计划（包括脱贫人数、脱贫时间以及各省各项指标），再由省扶贫办将脱贫任务分解下发到各个市，市下发到各个贫困县，贫困县按照指标任务进一步制定出贫困乡（镇）、贫困村的出列计划。但是这样的做法存在很大的问题，一方面这种自上而下的政治性命令、行政性干预的方式不能体现地方实际发展的情况，另一方面也限制和束缚地方发展的主动权和自由权。

（3）脱贫指标如何分解的问题。按照预期的脱贫目标，各省市积极进行贫困退出工作，分别根据各地的实际情况制定了贫困脱贫时序，具体到每一年、每一个乡镇、每一个村，每一个户，甚至每一个人。但是现行的贫困退出指标设计是否科学存在很大质疑。有些脱贫指标的分解就是用全县总贫困人口除以到2020年全面建成小康社会的5年期限得出的。我们在甘肃渭源县调研时，镇长反映，“北寨镇要求全镇13个村于2015年底全部脱贫，放眼整个脱贫的进度，越到后期政策效用释放的效果越大，效益越来越好，也就是说后面脱贫的贫困村可以享受到更多的效益，后面的脱贫水平也越高。”也有其他贫困县反映，“按年平均脱贫人数的考核办法并不合理，不利于前面打牢基础。基础设施改善后，脱贫人数会大幅增加，脱贫总体上会呈现一个加速的态势，但扶贫绝非朝夕之功，尤其一些贫困程度深的县，基础设施建设仍是产业脱贫的前提条件，未来两三年内都是打基础阶段，脱贫人数会相对较少，短期内很难立竿见影。”

4. 贫困县退出与贫困村和贫困户退出等相互之间关系和标准如何制定仍待探讨。贫困退出具体包括贫困县的退出、贫困乡镇的退出、贫困村的退出以及贫困户的退出，每一层级都涉及不同的对象，相应的退出标准也就不同，目前对于贫困村和贫困户的指标不完全相同，比如甘肃省确定的贫困户12项指标，贫困村17项指标，但是这些指标之间的关系没有描述清楚。此外，也不能孤立的只关注某一层级的退出问题，以上所述的各个层级是相互关联的，只有贫困户脱贫才能有贫困村出列，只有贫困村出列才能有贫困乡镇脱贫，只有贫困乡镇脱贫才能有贫困县退出。所以，应该在区别对待每一层级的基础上，考虑每一层级指标之间的关系，抓住关键核心指标。

5. 贫困退出机制具体实施细则与保障机制不完善。各地都在积极探索贫困退出的方案和政策，对于具体的实施操作仍然处于摸索阶段。对于如何退出、如何执行退出、如何安排退出、如何保障退出等具体的问题尚未形成一致的制度。可以看到出台的方案已经很多，涉及基础设施、教育卫生、社会保障、文化旅游、劳动力培训等等方面，但是整体来看对于各实施方案的配套保障机制以及后续长效机制尚未形成。

第四篇　体系与指标：构建我国贫困考核和退出机制设想

第7章　我国贫困县考核机制构建思路

总结前期我国扶贫脱贫考核机制的得失，结合未来我国扶贫脱贫总体战略要求和目标任务，要想完善我国贫困县考核机制，需要从理论、实际条件等方面出发形成总体思路。

7.1　完善和创新我国贫困县考核机制的理论依据

政府绩效评估指标体系构建的理论依据包括绩效管理理论、系统理论和利益相关者理论等。理论是对实践的总结。一切科学的理论都要从实践中来到实践中去，接受检验，指导实践，同时在实践中丰富和发展。加强政府绩效评估的理论研究，必须要与当地各级政府的实际情况通过实践探索紧密结合，将实践中积累的大量丰富而生动的实践经验进行理论概括和创造；然后用取得的理论认识指导实践，并在实践的检验中发展和完善理论的认识。

1.政府绩效评估体系构建的绩效管理理论

我国当前的政府绩效评估仍没有完全脱离传统的行政效率评估模式，采取一般表现为事后评估，这势必就会带来很多负面的影响，因此，我们必须转变绩效评估理念，使政府绩效管理强调事先沟通、事中评估与事后反馈三部分的全过程，从效率转向结果，重点关注政府提供公共产品或服务的效果、质量、公平性和公众满意度等结果要素；另外，评估指标作为政府绩效评估体系的重要组成部分，对政府绩效评估的结论至关重要，而政府绩效管理理论又能为政府绩效评估指标体系的构建提供理论指导，所以政府绩效管理能够为建立科学化的绩效评估体系提供理论知识，指导政府兼顾政府投入、过程和产出等效率要素，尽量节约有限的财政资源，努力以最小的投入实现预期绩效目标、获得最佳的社会效益。

2.政府绩效评估体系构建的系统理论

在构建政府绩效评估指标体系时，可以将绩效评估体系看作是一个复杂系统，而在建立一个具有特定结构与功能的复杂系统时，我们需要在一种科学的理论指导下分析指标体系和指导指标体系构建，系统理论作为这样一种理论正好满足我们的需要。政府绩效评估指标体系功能和结构二者的对立统一是政府绩效评估指标体系不断完善的动力，政府绩效评估指标体系构建的系统原理，是构建政府绩效评估指标体系的基本理论。当前我国地方各级政府都非常重视推行绩效评估，也取得了很大成绩，但是由于政府目标的多元性、绩效评估本身的复杂性和区域发展的不平衡性，政府绩效评估实践中仍然存在一些亟待解决的现实问题，需要根据实际情况，总结以往政府绩效评估的实践经验，进行大胆创新。

3.政府绩效评估指标体系构建的利益相关者理论

利益相关者理论是二十纪六十年代左右在西方国家逐步发展起来的。学者们在分析政府绩效与不同利益相关主体之间关系时，经常可以采用利益相关者理论提供分析框架，同时，在根据特定利益相关者的不同利益特点设计并构建政府绩效评估指标体系时，也可以为构建政府绩效评估指标体系提供理论支持。所以，政府绩效评估应根据特定利益相关者的利益要求，在选择特定的利益相关者作为评估主体时进行绩效评估指标体系设计。在进行政府绩效评估过程中，包括享受政府公共产品的社会公众、为绩效产出进行投入的上级部门和政府部门等众多利益相关者，因此利益相关者对政府绩效给予了充分地关注。

7.2　完善和创新我国贫困县考核机制的实践基础

1.扶贫开发考核制度和考核标准基本确定，考核机制初步形成

（1）扶贫开发考核前期试点为考核制度完善奠定了基础

“十二五”初期，我国对贫困县的考核基本与其他非贫困县一样，没有

独立的贫困县考核机制。经过几年的工作推进，尤其是新十年扶贫开发纲要的制定，给贫困县考核机制的创新提供给了契机。2012年以后，已经有部分省份，如内蒙古、广西等省（自治区）已经制定了适用于本辖区的贫困县考核指标体系，这样的做法类似于为我国贫困县实施新的考核机制在进行试点，这为制定和实施全国统一的贫困县考核机制的建立打下了坚实的基础。2014年年初，中央组织部下发了关于改善改进党政领导同志考核的文件，其中明确要求要先在贫困县进行试点，在试点的基础上再推开。同时，扶贫工作也要加强对省一级的考核，使省一级的考核和县一级的考核成功配套，相互衔接，真正在贫困地区做好扶贫工作。全国考核指标体系等正在各省基础上统一制定。

（2）经过试点探索初步形成了贫困考核机制雏形

在前期考核试点工作进展顺利的基础上，国务院有关部门正在进行调研制定贫困县统一的考核指标和退出机制等方面，与之配套的贫困户、贫困村、贫困县识别机制、建档立卡信息收集等方面也在逐步完善中，考核标准也正在制定，在一定程度上，我国贫困县考核机制已经初步形成。目前考核机制具有以下特点：一是考核更加科学。首先，建档立卡中包括了全国所有贫困县的指标数数据，也包括有全国14个片区中片区县的数据。指标体系分户级数据、村级数据、县级数据和片区数据四个层级。户级数据共59类一级指标，200多个三级指标数据。村级指标有8个一级指标，126个三级指标，400多个四级指标。贫困县级数据共分为5个一级指标数据和109个三级指标，300多个四级指标，这些指标都是全面反映扶贫脱贫的各种指标。二是考核更加系统性和可持续性。系统性表现在，建档立卡本身的就包含了今后要考核的主要内容，更加注重贫困户的收入生活水平、产业发展、社会服务等等。建档立卡是扶贫系统的一号工程，也是一个可持续性的工作，今后每年扶贫脱贫的监测和评估都将以建档立卡数据为依据并持续性地做好，因此，也保证考核的持续性。三是考核的层次性更加明晰。建档立卡分为了四个层次，因此，考核也就分为四个层次来进行。县级为基础单元进行片区整理考核和升级考核，以村为基础单元进行县级整理考核。以户级为基础单元进行村级汇总整理考核。

（3）扶贫开发考核指标体系出现多元化趋向，考核重心开始转变

贫困县扶贫开发考核指标逐渐多元化。目前已经有省份对贫困县的考核指标体系进行了创新，转变了以往以GDP为主的单一目标制，考核指标体系的内容日益丰富，从已有的一些新制定的扶贫开发考核机制来看，新的考核机制制定思路兼顾了教育、社保、群众满意度等多个维度。

完善贫困县考核机制是根据中办25号文件要求，2014年后逐步开始在全国展开，目前还处于建立考核机制的制度研究和初步推进阶段。2014年底，将是贫困县考核机制的第一次实施检验，因此，从一项制度机制形成来看，还处于前期的规划方案制作阶段。

2.精准扶贫稳步推进，扶贫开发考核机制实施条件形成

（1）建档立卡工作基本完成，扶贫脱贫成效考核范围得以确定

考核内容是什么？考核的主体和客体是什么？也就是说要考核扶贫脱贫，确定扶贫脱贫的对象是前提，扶贫脱贫对象的真实性和准确性决定了扶贫脱贫效果的真实性和准确性。根据中办25号文件关于建立精准扶贫工作机制的要求，国务院扶贫办先后于2014年分别印发了《扶贫开发工作方案》（国开发[2014]24号）和《建立精准扶贫工作机制实施方案》（国开发[2014]30号）《扶贫开发建档立卡指标体系》等文件和通知。通过建档立卡，对贫困户和贫困村进行精准识别，确认贫困对象。建档立卡依照农民人均收入2300元国家扶贫标准，按照2013年底国家统计局测算的贫困人口8249万人为基数识别规模等具体方法，4月底完成规模分解，5月底完成了初选对象，6月底完成了审定公告和填写登记。可见，建档立卡中的贫困识别工作可以大大提升扶贫精确性，也为扶贫脱贫考核确定了范围和基础。

（2）精准帮扶政策确定，扶贫脱贫责任考核有了依据

自国家确定实施精准扶贫战略，努力实现2014年再减少农村贫困人口1000万人以上的目标后，各地把驻村工作队作为实行精准扶贫的平台和管道，并与第二批群众路线教育实践活动结合，指导督促加快组建工作队并派驻到位。安排干部驻村帮扶是各地近年来普遍采用的工作方式，全国驻村帮

扶干部达到40万，实现每个贫困村都有驻村工作队，每个贫困户都有帮扶责任人，并做到不脱贫不脱钩。帮扶单位固定，工作队3人，每名干部连续驻村1年以上。同时，允许已经形成规范制度和成功经验的地方，在原有工作基础上完善和加强驻村工作。因此，从这个角度看，帮扶责任人的明确，更加有利于给扶贫脱贫责任考核提供依据。

（3）精准管理制度初步建立，扶贫脱贫制度考核有一定的保障

精准扶贫就是对扶贫对象的精准识别、精准帮扶，对扶贫工作的精准管理、精准考核和对减贫效果进行客观公正的评估。实施精准扶贫可以通过分类制定脱贫规划，实现对贫困人口精细化管理、对扶贫资源精确化配置、对贫困农户精准化扶持，做到对象精准、规划精准、资金项目精准、脱贫措施精准和组织领导精准。目前，我国通过建档立卡工作，已经将精准管理制度初步建立起来，因此，这样的精准管理制度使得扶贫脱贫制度考核有了更坚实的保障。

7.3 完善和创新我国贫困县考核机制的总体思路

完善我国贫困县考核机制的目的主要包括三个方面：一是更加明确贫困县发展目标是扶贫脱贫；二是引导贫困县将工作重点转移到以扶贫开发为核心的工作上来；三是不断提高扶贫脱贫效率和效果。

而我国目前政府绩效考核的实施情况是，对贫困县的考核与其他非贫困县的考核仍然是大同小异。这就导致对贫困县的绩效考核不能有效地与非贫困县进行区分，并将贫困县的工作重点引导到扶贫开发上来。因此，需要在现有的政府绩效考核基础上进行调整和完善。

政府绩效考核的目的是为了促进，促进的前提需要领导重视，所以对考核结果的运用关系到考核机制实施的实际效果。因此根据对贫困县扶贫开发工作考核的重视程度不同，或者说对贫困县扶贫开发工作考核结果的不同运用，可以梳理出完善和创新我国贫困县考核机制的总体思路（见图7-1所示）。

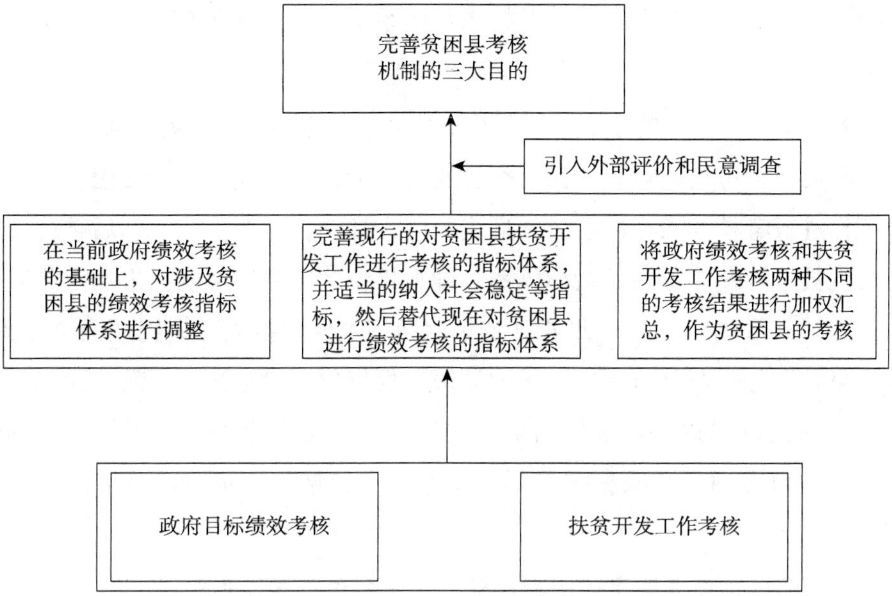

图7–1　完善和创新我国贫困县考核机制的三种思路

1.调整政府对贫困县进行绩效考核的指标体系

根据前面几章的案例分析，目前我国对政府目标绩效考核的实际情况在原来的基础上已经有了一定的改进，即对考核对象进行分类。存在的主要问题是虽然对考核对象进行了分类，并根据类别不同调整了考核指标及权重，但是对贫困县的考核，与当前中央对贫困县考核提出的要求还有一定的差距，主要表现在，对贫困县的考核中，扶贫开发的主导地位仍然没有得到凸显。

当前的政府绩效考核与扶贫开发工作考核是两条并行的线，政府对目标绩效的管理仍然以绩效考核的结果为主，对县级领导班子等的评价也以政府绩效考核为主。而对扶贫开发工作的考核结果，只能作为对当地扶贫开发工作进展的了解，并为领导班子的评价提供参考。即上级政府对县级领导班子的“指挥棒”，尤其是贫困县的领导班子，仍然没有指向扶贫开发。所以可行的思路之一是在当前政府绩效考核的基础上，对涉及贫困县的绩效考核指标体系进行调整，调整的思路是参照正在实行并逐步完善的扶贫开发工作考核指标体系。在现有政府绩效考核指标体系中增加扶贫开发相关考核指标和权重。

2.直接将扶贫开发考核结果作为贫困县绩效考核结果进行运用

与第一种思路相对应的另一个思路是持续的完善现行的对贫困县扶贫开发工作进行考核的指标体系，并适当地纳入社会稳定等指标，然后替代现在对贫困县进行绩效考核的指标体系。即直接将扶贫开发考核结果作为贫困县绩效考核结果进行运用。此处对结果的运用主要包括人事和财政两个方面。在人事方面包括对县级领导班子的评级不再仅仅是参考扶贫开发工作的考核结果，而是以扶贫开发考核结果为主，从而决定领导班子成员的职位调整等。在财政方面则是根据扶贫开发工作的考核结果决定财政资金的拨付和使用。

3.对现行的政府绩效考核和扶贫开发考核进行综合加权

与第一种思路和第二种思路不同的第三种思路是将上述两种方法进行折中。如从2014年度开始，湖南省对下属市州的全面小康考评、绩效评估和县域经济考核进行整合，统一实施。只包括全面小康考核和绩效评估两种。

所以，第三种折中思路是在现行的政府绩效考核和扶贫开发工作考核的基础上分别继续进行。但是对结果的运用方面，则需要提高扶贫开发工作考核的重要程度。对贫困县的考核，要将政府绩效考核和扶贫开发工作考核两种不同的考核结果进行加权汇总，作为贫困县的考核结果。

结合当前我国政府绩效评价的实际情况，本研究报告推荐使用第三种思路。

4.对现行的政府绩效考核引入外部评价机制和民意调查

现行的政府绩效评价主要侧重于上级政府对下级政府的考核，而根据利益相关者理论，政府作为社会服务和公共产品的提供者，其利益相关者涉及企业、社会公众等各个方面。所以在对政府绩效进行评价的过程中需要进一步改变思路，在现有的上对下基础上引入第三方评价机制，并将民意调查纳入绩效考核结果中。

表专-1　贵州省贫困县党政领导班子和领导干部经济社会发展实绩考核指标体系

序号	指标	子项	权重（%）	责任部门（第一家为牵头部门）	考核对象
合计		44个子项	100	——	——
一	扶贫成效	2个子项	20	——	——
1	贫困人口	农村贫困人口减少	10	国家统计局贵州省调查总队、省统计局、省扶贫开发办公室	50个县
2	农民收入	农村居民人均可支配收入增长率（%）	10	国家统计局贵州省调查总队、省统计局、省扶贫开发办公室	50个县
二	经济发展	5个子项	15	——	——
3	地区生产总值	人均GDP	4	省统计局	40个县
4	特色优势产业发展	县级特色优势主导产业覆盖建档立卡贫困户比例（%）	3	省扶贫开发办公室、省农业委员会	40个县（考核满分3分）、10个县（考核满分5分）
5		省级现代高效农业示范园区带动农民增收	2	省农业委员会	50个县
6		建档立卡贫困户参加农民合作社比例（%）	3	省扶贫开发办公室、省农业委员会	40个县（考核满分3分）、10个县（考核满分5分）
7	村级经济	村级集体经济增长比例（%）	3	省扶贫开发办公室、省农业委员会	50个县

续表

序号	指标	子项	权重（%）	责任部门（第一家为牵头部门）	考核对象
三	基本生产生活条件、公共服务和生态环境保护	25个子项	34	——	——
8	农村基础设施建设	通畅行政村（建制村）的比例变化（百分点）	2	省交通运输厅	50个县
9		通客运班车行政村（建制村）的比例变化（百分点）	1	省交通运输厅	50个县
10		建档立卡贫困户中饮水安全户比例（%）	1	省水利厅	50个县
11		建档立卡贫困户通电比例（%）	1	省电网公司	50个县
12		建档立卡贫困自然村通生产用电比例（%）	1	省电网公司	50个县
13		建档立卡贫困户中无房户或住危房的比例变化（百分点）	1	省住房和城乡建设厅、省民政厅	50个县
14	教育培训	学前三年教育毛入园率（%）	1	省教育厅	50个县
15		义务教育巩固率（%）	1	省教育厅	50个县
16		高中阶段教育毛入学率（%）	1	省教育厅	50个县
17		中等职业教育占比（%）	1	省教育厅、省人力资源和社会保障厅	50个县
18		建档立卡贫困户新成长劳动力参加职业教育培训的比例（%）	2	省扶贫开发办公室、省教育厅、省人力资源和社会保障厅	50个县
19	卫生和计生	有达标卫生院乡镇和有合格卫生室建档立卡贫困村的比例（%）	2	省卫生和计划生育委员会	50个县
20		建档立卡贫困村有乡村医生或执业（助理）医师的村比例（%）	1	省卫生和计划生育委员会	50个县
21		符合政策生育率（%）	1	省卫生和计划生育委员会	50个县

续表

序号	指标	子项	权重（%）	责任部门（第一家为牵头部门）	考核对象
22	文化	建档立卡贫困村有文化活动室的村比例（%）	1	省文化厅	50个县
23		建档立卡贫困户通广播电视的比例（%）	1	省新闻出版广电局	50个县
24	通讯	建档立卡贫困自然村互联网覆盖率（%）	1	省通讯管理局	50个县
25	保障	基本社会保险覆盖率（%）	2	省人力资源和社会保障厅、省卫生和计划生育委员会、省公安厅、省统计局、省教育厅	50个县
26		农村五保集中供养率（%）	1	省民政厅	50个县
27		农村居民最低生活保障应保尽保率（%）	1	省民政厅	50个县
28	扶贫生态移民	年度扶贫生态移民工程执行情况	1	省水库和生态移民局	50个县
29	环境质量	森林覆盖率（%）	2	省林业厅	50个县
30		年度造林合格率（%）	3	省林业厅	50个县
31		城乡生活垃圾无害化处理率（%）	2	省住房和城乡建设厅、省环境保护厅	50个县
32		城镇污水处理率（%）	2	省住房和城乡建设厅、省环境保护厅	50个县
四	投入和管理	5个子项	13	——	——
33	定点帮扶和对口帮扶	落实省领导集团帮扶、社会扶贫、定点扶贫和对口帮扶工作情况	2	省扶贫开发办公室	50个县
34	资金投入	贷款余额增长率（%）	2	中国人民银行贵阳中心支行	50个县
35		建档立卡贫困户获得扶贫小额贷款的比例（%）	2	省农村信用社联合社、省扶贫开发办公室	50个县

续表

序号	指标	子项	权重（%）	责任部门（第一家为牵头部门）	考核对象
36	涉农资金整合	整合并用于建档立卡贫困村和贫困户的资金占当年省下达到县财政专项扶贫资金的比例（%）	3	省财政厅	50个县
37	扶贫资金和项目管理	财政专项扶贫资金绩效评价结果、财政专项扶贫资金项目管理情况	4	省财政厅、省扶贫开发办公室	50个县
五	党的建设	2个子项	6	——	
38	党风廉政	党风廉政建设责任制落实情况	3	省监察厅	50个县
39	基层党组织	“三支队伍”建设情况	3	省委组织部	50个县
六	组织领导	5个子项	12	——	——
40	领导重视	落实党政一把手负总责的扶贫开发工作责任制	2	省扶贫开发办公室	50个县
41	机构设置	县级扶贫机构单列，落实人员编制，建立健全贫困乡（镇）扶贫机构	2	省编委办、省扶贫开发办公室	50个县
42	工作计划	制定明确的工作计划，落实目标责任制	2	省扶贫开发办公室	50个县
43	精准扶贫	建立完善并落实贫困户识别、进退机制	3	省扶贫开发办公室	50个县
44		同步小康驻村工作组实现对贫困村和贫困户全覆盖，参与扶贫项目管理	3	省委组织部、省扶贫开发办公室	50个县

第8章　贫困县考核指标体系的构建与完善

根据第五章提出的总体思路，本研究对贫困县考核指标体系的构建和完善，分别提出了两个不同的指标体系。一是包括各方面工作的贫困县考核指标体系，二是就贫困县扶贫开发工作的考核提出了一个考核指标体系。对两个指标体系的运用，可以根据第四章总体思路中提出的设想有选择地进行采纳和借鉴。

8.1　构建贫困县考核指标体系的原则

贫困县考核的目标是多元的，既有经济、社会、人口、资源、环境目标；又有增长、结构优化目标，还有公平、效率目标。因此在构建贫困县考核指标体系的过程中，应该依据不同的目标而定，同时还要坚持以下几点基本原则：

1.科学性原则。贫困县考核指标体系的建立要具有一定的理论基础，指标的物理意义必须明确，测定方法标准，统计方法规范，具体指标能够反映贫困县经济社会发展的涵义和目标及其实现程度，要尽量全面、完善。

2.系统性和综合性原则。贫困县考核指标体系是一个综合的指标体系，应当涉及到经济、社会、资源、环境、人口等诸多方面，并将它们联系起来。也就是说，贫困县考核指标体系要体现一个可持续发展的系统性，一方面的自然社会经济系统性，另一方面，也要体现数据与指标在测度经济增长与减贫中的综合性，避免单一性指标带来的片面性。

3.统一性原则。统一性是贫困县考核指标体系的重要基础，尽可能的借鉴已有的减贫指标体系，保持相对的统一性。只有保持一定的统一性，才能够提高贫困县考核指标体系的适用性和权威性。

4.指标与数据可比性原则。贫困县考核指标体系是针对现有的贫困县进行设计测度，要实现不同辖区贫困县减贫水平与进度之间的比较。因此，贫困县考核指标体系的设计要求各项指标尽可能使之具备必要的可比性，实现同类区域的互相比较。此外，具体指标也应该具有某种时间上的可比性。从而对城市的可持续发展程度进行动态分析和评价。

5.指标与数据的可得性原则。指标选择要考虑新数据取得的难易程度、可靠性和成本，还要保证可以量化计算，这是贫困县考核指标体系构建的基础。若是选取的具体指标其数据无法获得或者数据的精确性无法保证，那么，指标体系也就缺可操作性，就无法应用，也就难以进行客观合理的实际测度、评价、比较和分析。

8.2 构建贫困县考核指标体系的基本思路

1.完善对贫困人口识别的标准。贫困不只是收入贫困，而是一个多维贫困，收入贫困只是贫困形式表现之一。收入差距之外其他维度贫困表现突出，诸如教育、医疗卫生、社会保障等公共服务差距。因此，要摒弃单一的贫困人口识别标准，对过去的贫困线标准进行扩展，由收入的一维评估扩展为包括收入、教育、健康、生态等多维评估，构建贫困人口识别的指数体系，将扶贫资金用在刀刃上。

2.指标体系中降低对GDP考核的权重，但仍要兼顾经济增长因素。贫困县考核的目的是为了让贫困县的领导干部将工作的重心放到扶贫开发和贫困人口的减少上来，因此对贫困县的考核不能与非贫困县一样，要适当减低对GDP考核的权重。但是贫困问题的解决包括经济增长和收入分配两大方面的共同作用，所以在指标体系设计中要兼顾经济增长的作用。

3.将生态文明建设纳入贫困县考核指标体系。生态文明建设与经济建设、政治建设、文化建设、社会建设构建成我国新时期“五位一体”建设任务，生态环境脆弱贫困县，应使资源环境与生态保护与经济增长对等，走绿色发展之路。

4.在指标体系的权重设置时，要根据贫困县的不同类型进行差别化处理。不同类型的贫困县，如国定重点县、省定重点县、片区县、“老少边”类型的县等，类型的不同，享受的政策不一样，经济发展水平的资源条件不一样，对他们的考核要进行差别化处理。

8.3 贫困县综合绩效考核指标体系的构建

1. 贫困县综合绩效考核指标体系的框架结构

在参考了贵州省、湖南省、安徽省三省对各省所属贫困县的考核指标体系的基础上，本报告设计了一套针对贫困县综合绩效考核的指标体系。该考核指标体系的框架结构以客观指标为主，包括四大类一级指标，即经济发展、人民生活、社会发展、生态文明四项。其中一级指标经济发展涉及的方面包括贫困率、城镇化、GDP、财政、金融、投资、服务业、消费、粮食等方面，包括13项三级明细指标；一级指标人民生活涉及人民的衣食住行等方面，包括9项三级明细指标；一级指标社会发展涉及社会保障、教育、医疗等方面，包括9项三级明细指标；一级指标生态文明涉及能耗、温室气体排放、污染物排放、水资源、空气等方面，包括8项三级明细指标。

2.贫困县综合绩效考核指标体系的权重设计思路

对于贫困县综合绩效考核指标体系中各个指标的权重设计，本报告认为可以根据贫困县的类型进行区分，贫困县包括国定贫困县、省定贫困县、片区县等类型，根据贫困县享受政策的不同，一方面可以对各个指标制定不同的目标值进行考核，另一方面可以根据贫困县类型不同调整各指标的权重，突出重点。尤其，对于地处生态环境脆弱地区的贫困县，对这类贫困县的考核，要根据国家最新政策，取消对这类贫困县GDP的考核。

表 8–1　贫困县考核指标体系及三级指标权重设置

一级指标	二级指标	三级指标	片区县和国定重点县	生态脆弱地区贫困县	省定重点县
经济发展与贫困减少	贫困率	贫困发生率降低	6%	3.5%	5.5%
	城镇化	城镇化率	2%	1.5%	3%
	GDP	人均地区生产总值	2%	–	1.5%
	财政	人均财政总收入	2%	1.5%	1.5%
		财政收入占地区生产总值比重	2%	1.5%	1.5%
		税收收入占财政收入比重	2%	1.5%	1.5%
	金融	金融机构各项贷款增长率	2%	1.5%	1.5%
	投资	人均固定资产投资	2%	1.5%	1.5%
		固定资产投资增长速度	2%	1.5%	1.5%
	服务业	服务业增加值比重	2%	1.5%	1.5%
	消费	社会消费品零售总额	2%	1.5%	1.5%
		社会消费品零售总额增长速度	2%	1.5%	1.5%
	粮食	粮食产量	2%	1.5%	1.5%
	合计		30%	20%	22%
人民生活	收入	城镇居民人均可支配收入	5%	5%	4%
		农村居民人均纯收入	5%	5%	5%
		人均储蓄存款	5%	5%	4%
	住房	人均住房使用面积	2.5%	2.5%	2%
		城镇保障性住房建设	2.5%	2.5%	2%
	饮水	农村居民安全饮水比率	2.5%	2.5%	2%
	交通	行政村客运班车通达率	2.5%	2.5%	2%
	生活垃圾	城乡生活垃圾无害化处理率	2.5%	2.5%	2%
	就业	城镇新增就业人数	2.5%	2.5%	2%
	合计		30%	30%	25%

续表

一级指标	二级指标	三级指标	片区县和国定重点县	生态脆弱地区贫困县	省定重点县
社会发展	社会保障	基本医疗保险覆盖率	2.125%	2.125%	2.75%
		基本养老服务补贴覆盖率	2.125%	2.125%	2.75%
	教育	高中阶段毛入学率	2.125%	2.125%	2.75%
		平均受教育年限	2.125%	2.125%	2.75%
	医疗	每千人拥有床位数	2.125%	2.125%	2.75%
		5岁以下儿童死亡率	2.125%	2.125%	2.75%
	依法自治	城镇居委会依法自治达标率	2.125%	2.125%	2.75%
		农村村委会依法自治达标率	2.125%	2.125%	2.75%
	社会安全	社会安全指数	3%	3%	3%
	合计		20	20	25
生态文明 20、30、25	能耗	单位GDP能耗	2.5%	3.75%	3.125%
	温室气体排放	单位地区生产总值二氧化碳排放降低	2.5%	3.75%	3.125%
	污染物排放	主要污染物减排	2.5%	3.75%	3.125%
	空气质量	空气质量达标率	2.5%	3.75%	3.125%
	绿化	森林覆盖率	2.5%	3.75%	3.125%
	耕地	耕地保有量	2.5%	3.75%	3.125%
	污水	城镇污水处理率	2.5%	3.75%	3.125%
	水源地保护	集中式饮用水源地水质达标率	2.5%	3.75%	3.125%

表8-2　贫困县考核指标体系一级指标权重设置

	片区县和国定重点县	生态脆弱地区贫困县	省定重点县
经济发展与贫困减少	30%	20%	25%
人民生活	30%	30%	25%
社会发展	20%	20%	25%
生态文明	20%	30%	25%

表8-2中给出了根据贫困县类型不同调整各指标权重的思路。对处于生态脆弱地区的贫困县，要加大人民生活和生态文明的权重，并将经济发展中对GDP的考核取消；对片区县和国家重点县，要侧重于经济发展和贫困减少以及人民生活两个方面的权重；对省定重点县则应该在四个方面平均发力。如果某一贫困县同时具备两种不同的贫困县类型，则按照生态脆弱地区贫困县、片区县和国定重点县、省定重点县的优先次序选择权重进行考核。

8.4 贫困县扶贫开发考核指标体系的构建

1.贫困县扶贫开发考核指标体系的框架结构

贫困县扶贫开发考核指标体系设置框架包括：第一、指标体系分为客观指标和主观指标考核两大部分。客观考核是核心和基础，主观考核是补充和修正，增加主观评价考核目的是进行原因分析，增加重点调研和访谈内容，做到定量与定性相结合，但定量分析是主要的内容。第二、贫困县考核指标体系分为五大类，即五大一级指标：1、组织领导；2、减贫增收；3、基础设施；4、民生事业；5、附加项。第三、根据一级指标确定二级指标。组织领导项包括领导重视（加分项）、组织机构、精准扶贫三项；减贫增收项包括贫困人口减少、收入实际增长、收入差距缩小三项；基础设施项包括农村交通、安全饮水、住房改造、通讯信息、用电改造五项；民生事业项包括教育事业、医疗卫生、社会保障、就业培训、环境质量、文化体育六项；附加项包括加分项和减分项，其中包含了贫困户对扶贫工作的满意度调查等内容(具体的指标体系见表8-3)。

2.贫困县扶贫开发考核指标体系指标权重确定和最终得分的计算

经过多轮讨论，我们对五个一级指标归为客观数据类和调查类两个大类。除“组织领导”项下的“领导重视”及“附加项”属于直接加分项和减分项之外，其他指标均为客观指标，而且均属于相对指标，提高指标体系的可比性。

表8–3　贫困县扶贫开发考核指标体系

一级指标	二级指标	三级明细指标	一级指标权重	三级指标权重
组织领导	领导重视（加分项）	落实党政一把手负总责的扶贫开发工作责任制	主观打分项（在客观得分的基础上直接进行加减计算最终得分）	
		建立健全县级扶贫开发领导小组		
		县级扶贫机构单列，落实人员编制		
	组织机构	建立扶贫机构的贫困乡（镇）比重	12%	4%
	精准扶贫	有帮扶责任人的贫困户比率		4%
		得到项目扶持的贫困户比重		4%
减贫增收	贫困人口减少	贫困发生率下降幅度	30%	10%
	收入实际增长	农村居民人均可支配收入增长率		10%
	收入差距缩小	农村居民人均可支持收入/城镇居民人均可支配收入		10%
基础设施	农村交通	农村行政村通沥青（水泥）路比重	20%	2.5%
		农村自然村通公路比重		2.5%
		农村行政村通客运班车比重		2.5%
	安全饮水	农村饮水安全达标率		2.5%
	住房改造	农村危房改造户数占比		2.5%
	通讯信息	农村行政村通宽带比重		2.5%
		已通电自然村通电话比重		2.5%
	用电改造	农村电网改造用电户比重		2.5%
民生事业	教育事业	九年义务教育巩固率	38%	2.375%
		高中阶段毛入学率		2.375%
		中等职业教育占比		2.375%
	医疗卫生	千人拥有执业（助理）医师数		2.375%
		千人拥有卫生机构床位数		2.375%
		新农合覆盖率		2.375%
		有卫生室的行政村比例		2.375%

续表

一级指标	二级指标	三级明细指标	一级指标权重	三级指标权重
	社会保障	基本社会保险覆盖率		2.375%
		农村五保供养率		2.375%
		享受农村低保的家庭占低保户比重		2.375%
	就业培训	贫困人口技能培训率		2.375%
	环境质量	森林覆盖率		2.375%
		城乡生活垃圾无害化处理率		2.375%
		城镇污水处理率		2.375%
	文化体育	有文化（图书）室的行政村比例		2.375%
		有体育活动广场的行政村比例		2.375%
附加项	加分项	扶贫工作方法和管理措施有重大创新	主观打分项（在客观得分的基础上直接进行加减计算最终得分）	
		贫困户对扶贫工作满意度高		
	减分项	重大违规违纪（挪用扶贫资金等）		
		发生重大环境污染及生态破坏事件		
		发生群体性事件（征地等）		

（1）在考核指标的权重设置上，重点需要考虑的是要根据贫困县的不同类型进行差别化处理。权重的设置包括两个方面，一是指标体系中各个指标的权重设置，二是不同类型的贫困县使用不同的权重。

一方面，在30项三级客观指标的权重设置上可以适当的向“减贫增收”一级指标进行侧重，保证以结果为导向。

另一方面，由于不同类型的贫困县，其经济发展基础和资源条件，以及享受的政策不同，指标体系中涉及的各项工作，其阶段目标值（或者说上级政府对其的期望值和要求）是不同的，为了体现这种区别，就需要对计算结果根据不同类型的县进行加权。这种加权的思路类似于根据贫困县的不同类型，给指标实现情况设置不同的难度系数。难度系数的设置原则是经济基础和资源条件越差的贫困县，难度系数越高，经济基础和资源条件越好的贫困县，难度系数越低。即难度系数从高到低的贫困县应该是限制开发的贫困县、国定重点县（其中又可分为片区外的国定重点县和片区内的国定重点县）、省定重点县（其中又可分为片区外的省定重点县和片区内的省定重点县）。可以将限制开发的贫困县难度系数设置为1，其他类型贫困县的难度系数依次降低，如果一个贫困县可以同时划进不同类型的贫困县，则以难度系数高的类型进行计算（见表8-4）。

表8-4　不同类型贫困县扶贫开发难度系数表

	限制开发的贫困县	国定重点县		省定重点县	
		片区内	片区外	片区内	片区外
扶贫开发难度系数	1	0.9	0.8	0.7	0.6

（2）在最终得分的计算上，需要在省级层面进行。计算贫困县扶贫开发工作考核最终得分并进行比较的步骤：

第一步，为了消除指标单位和量纲的影响，将30项三级客观指标标准化，标准化公式为 $b_{ij}=\frac{a_{ij}-\min\limits_{i}a_{ij}}{\max\limits_{i}a_{ij}-\min\limits_{i}a_{ij}}$ ，其中 a_{ij} 表示第i个县的第j项三级客观指标，j=1，2…30，i的取值以省为单位确定，即一个省里已经确定进行贫困县考核的县个数；

第二步，按照指标体系的权重设置，计算30项三级客观指标的得分，计算公式为 $c_i=\sum\limits_{j=1}^{30}b_{ij}\times\theta_j$ ，其中 θ_j 表示第j项三级客观指标的权重；

第三步，根据不同类型贫困县的难度系数计算客观指标的最终得分，计算公式为 $d_i=c_i\times\gamma_k$ ，其中 γ_k 表示不同类型贫困县的难度系数，k表示不同

类型;

第四步，根据“组织领导”项下的“领导重视”及“附加项”的加分情况和减分情况对客观指标的得分进行加减分，计算最终得分，计算公式为 $e_i = c_i + \text{加分} - \text{减分}$ 。

第五篇　调研与评估：基于目标群体的考核机制效果评估

第9章　贫困县考核机制评估的背景

有效地帮助贫困地区、贫困村加快发展，支持贫困农户增收脱贫、提高发展能力，是“三农”工作的重点、难点，也是全面建成小康社会的短板。完成这个奋斗目标过程，贫困县考核机制有着重大意义。

9.1　贫困县考核机制评估调研样本的确定

此次评估，我们主要以贵州、甘肃两省的贫困县考核机制创新实践为个案，对我国贫困县考核机制实践创新进行总体性的评估。之所以选择这两个省份，是出于以下考虑：贵州省扶贫开发被称为中国扶贫攻坚的省级样板，扶贫开发工作和政策实施具有较强的代表性和示范性，国务院扶贫办专门下文《关于转发〈贵州省贫困县党政领导班子和领导干部经济社会发展实绩考核办法〉的通知》要求各地学习、借鉴其贫困县考核机制。贵州省近几年通过调整考核指标体系，贵州省基本实现了把贫困地区干部的主要精力引导到扶贫开发上来。对贫困县的考核，与同步小康创建指标相衔接，由主要考核GDP增长转为主要考核扶贫成效，对重点县率先实行扶贫导向考核机制。通过选择综合排序在全省后13位的贫困县作为试点，明确评价方式，扶贫开发取得重大进展、实现“减贫摘帽”或率先达到小康县标准的，其党政主要负责人优先提拔使用。深入推进“减贫摘帽”，实行“摘帽”绩效与政绩考核挂钩，对“摘帽”县乡实行项目资金奖励。

甘肃省则是全国较早进行贫困县考核机制创新的省份之一。早在2013年，甘肃省就出台了《甘肃省扶贫攻坚工作业绩考核评价办法》(甘办发〔2013〕99号)，根据贫困程度、扶贫难度，对58个集中连片特困县市区和17个插花型贫困县市区按同一考核指标赋予不同权重的方式制定指标体系。并且建立了平时考核和年度考核相结合的动态考核机制。对考核结果的运用做出了具体规定，突出了“三个挂钩”。一是把扶贫攻坚工作业绩与领导班子调整配备和干部选拔任用相挂钩；二是把扶贫攻坚工作业绩与财政扶贫资金分配相挂钩；三是把扶贫攻坚工作业绩考核与县市区党政正职的政绩相挂钩，将扶贫攻坚工作业绩直接计入县市区党政正职科学发展业绩考核得分。2014年10月，甘肃省又专门出台了《甘肃省扶贫开发工作重点县工作考核办法》，对先前的办法进行了修订，主要是修订了考核的内容、分值和权重。2015年7月，甘肃省委组织部、省扶贫办深入领会中央和省委关于精准扶贫的新精神新要求，在原《甘肃省扶贫攻坚工作业绩考核评价办法》(甘办发〔2013〕99号)基础上，形成了《关于全省贫困县党政领导班子和领导干部经济社会发展实绩的考核办法》。《考核办法》围绕精准扶贫这一新的战略目标，对考核机制进行了完善，主要目的在于希望通过发挥考核“指挥棒”作用，引导贫困县党政领导班子和领导干部把心思和精力用在精准扶贫、精准脱贫上，以更加精准的思路、方式和机制深化扶贫攻坚，加快脱贫致富步伐。

因此，基于贵州、甘肃两省的扶贫考核机制创新实践进行评估，更具现实意义。一方面，两省的扶贫考核机制创新在推行了一个时期后，实施的效果如何？是否真正落到实处？目标群体是否真正受益？取得了哪些成绩，又存在着哪些问题？最初的顶层设计是否合理？扶贫考核机制创新的效果究竟如何？目前还没有开展有效的系统性评估以在了解政策实施对贫困群体的影响和减贫效果基础上，回应上述问题并提出完善建议。另一方面，传统的评估方式是从政策制定者的视角调研了解政策实施效果，如果换一种新视角——目标群体视角，可以倾听更多的声音，了解更客观的、更贴近地气的信息。从政策执行角度看，目标群体（即贫困群体）是扶贫开发机制创新政策的落脚点和直接受益者，目标群体对机制创新政策执行状况的感受和评价，是衡量扶贫开发机制创新效果的重要标准，也是进一步完善扶贫开发机制创新的重要依据。这里的目标群体应定义为贫困户和贫困村、贫困村的村干部、村的各种组织以及驻村的工作队。因此，基于目标群体的视角，从一个更客观、更中立的视角、开展扶贫开发机制创新效果评估，通过规范地收集和梳理调研资料，评估出扶贫开发机制创新在实践中的真实现状和存在的问题，提出相应建议，既可以实现目标贫困群体发声、充分地表达其诉求和权益，还可以为政策设计者、政策落实者、相关领域的研究者为完善中国顶层扶贫政策设计、制定2020后中国扶贫战略提供重要的参考依据。

9.2 贫困县考核机制创新的重大意义

首先，贫困县考核机制创新实践是新阶段党中央扶贫攻坚战的最新战略指示，也是2020年如期脱贫的重要保障和推手。2015年6月18日，习近平总书记在贵州召开部分省区市党委主要负责同志座谈会时，强调各级党委和政府要确保贫困人口到2020年如期脱贫。十八届五中全会也再一次强调，要实现全体人民共同迈入全面小康社会。而2020年如期脱贫，全体人民共同迈入全面小康社会的一个重要推手就是贫困县考核机制创新。2015年11月27日，在中央扶贫开发工作会议上，习近平总书记又再次强调，越是进行脱贫攻坚战，越是要加强和改善党的领导。脱贫攻坚任务重的地区，党委和政府要把脱贫攻坚作为“十三五”期间头等大事和第一民生工程来抓，坚持以脱贫攻坚统揽经济社会发展全局。并且就有关考核机制创新，提出了明确要求：要层层签订脱贫攻坚责任书、立下军令状。要建立年度脱贫攻坚报告和督察制度，加强督察问责。要把脱贫攻坚实绩作为选拔任用干部的重要依据，在脱贫攻坚第一线考察识别干部，激励各级干部到脱贫攻坚战场上大显身手。要把夯实农村基层党组织同脱贫攻坚有机结合起来，选好一把手、配强领导班子。

其次，有利于为全国进行考核机制改革提供试点和参考。考核机制改革是我国当前和未来面临的重要内容，也是一个难点和重点。建设生态文明，实现社会经济发展方式的转变，提升经济增长质量，促进经济结构的升级和优化，构建中国经济发展的升级版，全国县域考核机制创新迫在眉睫。但是，在全国同时实施，显然成本高，影响面广，问题和矛盾也比较多，全国区域差异性较大，面临的阻力也较大，我们知道考核机制和考核体系改革，是一次重大系统工程，预示着战略思想和指导思想上的重大改变，预示着经济管理体制、管理方式调整，预示着社会经济关系和资源配置也将会发生新转变，涉及面广，影响力大。而从贫困县进行考核机制创新和考核体系改革，将会为全国进行考核机制改革积累经验和教训，提供试点和参考。

第三，为精准扶贫机制等其他扶贫机制创新提供有力的保障和重要推动力。贫困县考核机制既是建立精准扶贫、健全干部驻村帮扶、改革财政专项扶贫资金管理、完善金融服务和创新社会参与等五大机制的制度管理保障措施，也是促进建立精准扶贫、健全干部驻村帮扶、改革财政专项扶贫资金管理、完善金融服务和创新社会参与等五大机制监督措施，精准扶贫、干部驻村帮扶、财政专项扶贫资金管理、金融服务和创新社会参与等五大机制是贫困县考核机制的主要内容，也是贫困县考核指标体系重要组成部分，考核机制统领着五大机制的整体推动，又是检验五大机制效果的抓手。

第四，贫困县考核机制的完善能为贫困县退出机制提供坚实基础。扶贫的最终目的是为了提高贫困人口的生活水平，减少绝对贫困人口数量，这是未来十年我国扶贫开发的主要工作。随着时间的推移和扶贫开发工作的深入，贫困格局将会出现新的变化，尤其是贫困人口分布的空间布局可能会随着贫困人口识别标准的改变而变化。这样就要求国家在原有贫困县的基础上建立完善的退出机制和扶贫开发效果评估体系，促进扶贫工作进一步适应新阶段我国扶贫开发新战略及部署。而在现有的扶贫开发过程中，由于戴上贫困县的帽子能够给当地带来更多的转移支付和优惠政策。各地普遍存在着争取戴贫困县帽子的实事，这就造成地区县之间的恶性竞争和道德风险。通过引进贫困县的新考核机制，强化贫困县考核结果运用，督促戴上贫困县帽子的落实其扶贫开发目标，奖励扶贫效果好的县，促进贫困县早日脱贫摘帽。

从而，也就为研究和探索建立重点县退出机制，建立扶贫开发效果评估体系提供了重要的理论参考和实践指导。

最后，有利于丰富和发展新时期中国扶贫开发的理论。中国扶贫开发理论是在我国扶贫开发多年实践的总结和积累，贫困县考核机制创新研究，不仅是对我国考核管理理论研究的有益探索，同时，也是贫困与反贫困理论的有益探索和发展，通过研究和分析贫困县考核指标体系，将深入探讨贫困县作为我国一个基层重要组织在社会经济发展的管理体制、机制以及在扶贫开发过程中贫困瞄准识别，扶贫资金运作管理，社会扶贫参与模式以及具有中国特色的驻村机制等理论的总结，为世界各国扶贫开发提供借鉴和理论上指导。

9.3 对贫困县考核机制的评估方法

基于以上三个方面的考虑，在国务院扶贫办国际扶贫中心直接指导下，北京师范大学中国扶贫研究中心等单位成立了课题组，在前期准备的基础上，完成了立项、开题等工作，8月12日至17日，中国国际扶贫中心牵头组织了“基于目标群体视角的扶贫开发机制创新评估调研”，在贵州威宁县，课题组实地调研了金钟镇大营村、炉山镇乐溪村、迤那镇五星村，搜集了大量一手资料，完成了部分调研问卷，并且根据实际情况对问卷进行了再次修订。威宁调研结束后，课题组赴遵义市习水县，对三岔河乡顺江村、二里乡二里村、寨坝镇友谊村进行了为期四天的调研。9月2日至10日，调研组在甘肃省定西市陇西县菜子镇牟河村、渭阳乡、柯寨乡柯寨村，渭源县北寨镇张家堡村、五竹镇渭河源村、田家河乡元古堆村又进行了补充调研。现就此次评估调研、撰写的具体方法介绍如下：

1.评估的范围：

重点是评估对贫困县的考核，同时，评估基于贫困县考核形成的对贫困乡、贫困村的考核，以及由此构成的贫困县考核体系。鉴于贵州、甘肃两省已经通过驻村帮扶机制形成了大扶贫的格局，且驻村帮扶机制不但成为了扶贫体系的重要一部分，而且驻村帮扶考核体系本身也成为了贫困县考核机制中最重要的机制创新之一，因此，也评估驻村工作队、驻村干部考核体系的相关内容。

2.评估的内容：

（1）贫困县考核机制及其实施过程评价。在实地调研的基础上，分析贫困县考核机制创新中政策制度设计、考核内容、考核指标体系、考核管理和应用等实施过程，凝练贫困县考核工作机制基本经验，指出当前建立贫困县考核工作机制中存在的问题与不足。

（2）贫困县考核机制的减贫效果评估。从贫困县贫困村发展、贫困户脱贫能力和脱贫效果角度对贫困县考核机制创新减贫效果展开科学评估。一方面，分析评估贫困县考核机制创新产生减贫效果；另一方面，分析评估贫困县考核机制创新对于贫困县扶贫新格局影响、对贫困县扶贫脱贫能力提升和贫困县扶贫脱贫治理体系和治理能力提升的评价。

3.评估的方法：

（1）问卷调查法。根据研究目标和研究内容设计调查问卷，在贵州、甘肃省选取有代表性的贫困县份，运用抽样调查方法实施问卷调查，收集目标群体对考核机制创新效果的相关数据资料。

（2）座谈法。根据研究目标和研究内容，设计访谈提纲。对选取县（区）的扶贫办、相关单位、目标群体等进行座谈。

（3）文献法。收集有关考核机制创新的政策文件、学术界调研资料和研究成果。通过实地调查，收集扶贫办及相关部门有关扶贫考核实践创新的政策文件、汇报材料、工作总结、统计数据等相关数据资料。

（4）定性分析。定性资料主要通过访谈获取的整体性资料和个案资料。定性分析包括了对资料的比较、分类、叙述分析，案例分析等。

（5）历史-逻辑法。以文献资料和实地调研为基础，按照历史与逻辑相统一的方法，在客观考察贫困县考核机制体系历史变迁的基础上，立足扶贫工作实际，分析贫困县考核机制创新对贫困村和目标群体的影响过程、内在机制。

（四）评估的技术路线

贫困县考核机制的主体是政府各级有关部门，考核的客体既有各级政府组织也有各级政府官员，同时，考核机制的目标群体、受益群体主要又是贫困人口。立项之初，拟打算完全从受益群体——贫困人口本身的视角出发，对贫困县考核机制进行第三方评估。然而，在调研的过程中，我们发现两个问题：第一，贫困人口虽然是贫困县考核机制的核心群体，但是在考核机制具体的运作中，却处于考核链条的最末端，考核机制并不直接作用于贫困人口，贫困人口也几乎难以参与到考核机制中来。同时，贫困人口对考核机制本身也缺乏最基本的认知和感受。第二，从贫困人口整体来看，其贫困状况的改变是精准扶贫机制、干部驻村帮扶机制、财政专项扶贫资金管理机制、金融服务机制和社会参与机制多项机制的合力，很难厘清某一项机制的具体贡献，因此，只能做宏观的影响评价，不做具体的效果、效益评价。

因此，基于这两个方面考虑，对于此次评估，我们拟就对贫困县考核机制进行两个方面的评估：一方面，以第三方的视角重点评估贫困县考核机制其政策本身，重点考察贫困县考核机制的变迁，着重其考核内容、指标体系的变化、考核体系特点；另一方面，基于目标群体受益状况，评价贫困县考核机制的效果，这个以两个视角，一个视角以乡镇干部的视角评估考核机制的变化对于扶贫攻坚工作本身的影响，另一视角，以贫困人口的视角重点评估贫困户脱贫效果、对于贫困县扶贫新格局影响、对贫困县扶贫脱贫能力提升和贫困县扶贫脱贫治理体系改变等评价。具体情况见下图：

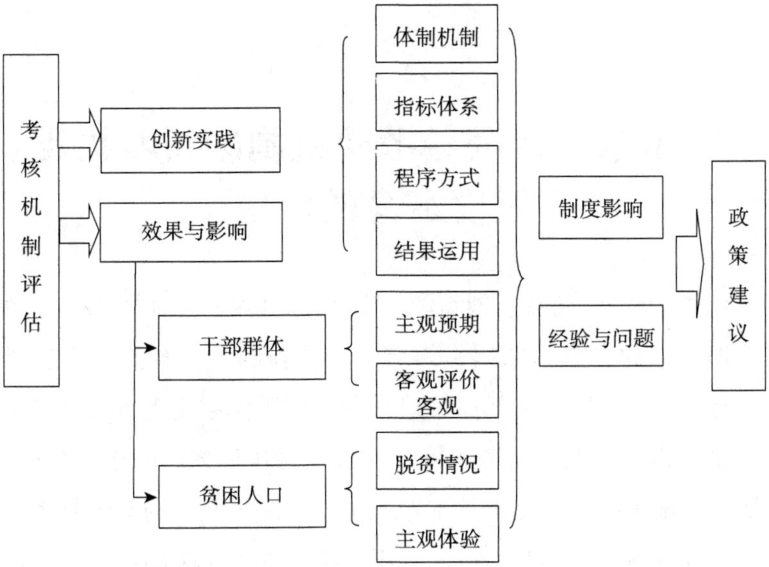

评估的具体方法以定性评估为主，定量评估为辅。以定性的方式评估考核机制本身，以定量的方式（主要是对问卷的统计分析）评估贫困户脱贫效果。

第10章　贫困县考核机制创新现状及制度本身的评估

2014年中央下发《关于创新机制扎实推进农村扶贫开发工作的意见》以后，各地都以此意见为依据，修订了或重新制定了有关贫困县考核的办法。总体上来看，各地基本都通过建立考核层级体系实现了对各级部门纵向的考核，通过建立职能部门考核体系实现了对各级部门的横向考核。同时，以驻村帮扶考核制度为补充，基本形成了“三级多元”的贫困县考核机制工作体系：三级是指在县、乡、村三级组织都建立了相关的考核制度；多元是指考核的客体多元，既考核各级组织，也考核各级干部，既考核驻村工作队也考核驻村队员、第一书记，既考核各级部门、干部的职能工作，也考核驻村帮扶工作。

10.1　贫困县考核机制创新实践现状

各地通过近一两年的探索和制度建设，基本形成了比较完备的贫困县考核机制。首先，在省级政府层面，出台了导向作用较强的考核办法。尽管各地考核办法内容有所差别，但在省级层面，基本都明确了弱化GDP的比重、对贫困县的经济、社会发展进行综合考核，通过导向作用，把各县市的工作重心引导到扶贫开发工作上来。其次，加强了对各级领导干部的考核。基本都出台了针对各贫困县党委、政府领导班子和主要领导的业绩考核，加强对领导干部的考核，切实推动扶贫工作的展开。第三，建立起比较完备的层级考核体系，省对县、县对乡、乡对村都有相应的考核办法，职能部门和行业部门也加入了扶贫考核的内容，形成了完备的考核层级体系。第四，通过驻村帮扶体制，利用对驻村工作队员的考核，把大部分干部都纳入到了扶贫考核体系中来。

10.1.1　层级考核体系

通过调研来看，各地基本建立了以考核贫困县、乡为主，以考核贫困村为辅的三级层级考核体系。

1.贫困县考核体系

省级层面的考核办法，其作用在于导向作用，重点在于强化分类考核与弱化GDP考核两个导向。大规模、专门的针对贫困县的考核创新实践，基本始于2013年。2013年，贵州省出台了《贵州省市县经济发展综合测评办法》黔府办发〔2013〕56号，甘肃省则出台了《甘肃省扶贫攻坚工作业绩考核评价办法》(甘办发〔2013〕99号)，这些考核办法对促进各市(州)、县经济社会发展、实现增比进位都起到了积极作用。

2014年，各地根据扶贫攻坚发展的新状况，对之前的考核办法进行了调整，出台了新的考核办法。就省级出台的考核办法来看，其主要的作用是起到了导向作用，尽管各地具体指标还存在较大差异，但是较为一致的是突出了两个导向：一是强化了分类考核，根据贫困县的不同情况设定了差异化的指标体系。甘肃省在2014年《甘肃省扶贫攻坚工作业绩考核评价办法》中，按照贫困程度、扶贫难度，将全省贫困县分为集中连片特困县市区和插花型贫困县市区。对58个集中连片特困县市区和17个插花型贫困县市区按同一考核指标赋予不同权重的方式制定指标体系。《贵州省市县经济发展综合测评办法》对市级、经济强县、非经济强县、10个国家扶贫开发工作重点县均采用综合指数法计分测评。其一计算单项指标分值。首先采用改进的功效系数法对各指标数据进行标准化处理，消除指标量纲影响，再加权计算该项指标分值；其二计算综合测评分值。运用综合加权法，将加权的单项指标分值汇总得到综合测评分值；其三排位。分别运用单项指标分值和综合测评分值，由高至低进行单项指标排位和综合排位。二是弱化了贫困县的GDP考核，增加了有关贫困地区持续发展的相关指标。贵州省对10个国家扶贫开发工作重点县取消了GDP有关指标的考核。甘肃省对58个集中连片特困县市区重点考核农民人均纯收入、贫困人口减幅、基础设施建设和富民产业培育等情况，对17个插花型贫困县市区主要考核农民人均纯收入、贫困人口减幅、基础设施建设、富民产业培育和公共服务保障等情况，GDP有关指标所占权重大幅下降。

以贵州省为例：贵州省市县经济发展综合测评的测评对象为贵州省9个市(州)及88个县(市、区、特区)，为了进一步增强测评办法的科学性，区别对待不同条件的县，同时，为了进一步巩固近年来各地创先争优、增比进位、赶超跨越的发展态势，积极引导地处重点生态功能区、不具备新型工业化发展条件的国家扶贫开发工作重点县走特色发展路子，提高市县经济发展综合测评的科学性、合理性和公平性，贵州省将全省88个县分类由二类调整为三类，增加关岭等10个国家扶贫开发重点县为第三类，对列入第三类的县，取消GDP考核指标，相应增加现代高效农业推进、旅游产业发展、生态环境保护的指标和权重。

其中，重点对居民收入增长、现代高效农业推进、旅游产业发展、生态环境保护等方面发展状况进行测评，综合测评指标体系包括农业发展、旅游产业发展、财政与金融、投资与消费、科技与人才、就业与收入、生态环境、群众满意度8个类别，共33项指标。其中，农业发展类指标4项，旅游产业发展类指标3项，财政与金融类指标4项，投资与消费类指标6项，科技与人才类指标2项，就业与收入类指标7项，生态环境类指标6项，群众满意度类指标1项。具体对比见下表10-1：

表10-1　贵州省市县经济发展综合测评指标体系

<table>
<tr><th rowspan="2">类别</th><th colspan="3">权重（%）</th><th rowspan="2">指标</th><th rowspan="2">单位</th><th colspan="3">权重（%）</th></tr>
<tr><th>市</th><th>经济强县</th><th>非经济强县</th><th>市</th><th>经济强县</th><th>非经济强县</th></tr>
<tr><td rowspan="3">经济总量</td><td rowspan="3">12</td><td rowspan="3">13</td><td rowspan="3">14</td><td>1.地区生产总值</td><td>亿元</td><td>4</td><td>4</td><td>4</td></tr>
<tr><td>2.地区生产总值增长速度</td><td>%</td><td>5</td><td>6</td><td>7</td></tr>
<tr><td>3.人均GDP</td><td>元</td><td>3</td><td>3</td><td>3</td></tr>
</table>

续表

类别	权重（%）			指标	单位	权重（%）		
	市	经济强县	非经济强县			市	经济强县	非经济强县
投资规模	11	12	12	4.固定资产投资	亿元	3	4	4
				5.固定资产投资增长速度	%	4	5	6
				6.产业投资占固定资产投资比重	%	2	2	1
				7.招商引资项目到位资金	亿元	2	1	1
产业发展	24	20	19	8.非粮农业增加值占第一产业增加值比重	%	2	1	1
				9.工业增加值	亿元	4	4	3
				10.工业增加值增长速度	%	4	4	5
				12.工业用电量增长速度与工业增加值增长速度之差的绝对值	百分点	2	1	1
				12.社会消费品零售总额	亿元	2	2	1
				13.社会消费品零售总额增长速度	%	1	1	1
				14.旅游总收入	亿元	2	1	1
				15.旅游总收入增长速度	%	2	1	1
				16.金融机构人民币各项存款余额增长速度	%	2	2	2
				17.金融机构人民币各项贷款余额增长速度	%	3	3	3
科技进步与就业	9	9	7	18.综合科技进步水平指数	%	3	3	2
				19.每万人人才资源数	人	2	2	1
				20.城镇新增就业人数	万人	2	2	2
				21.城镇新增就业人数增长速度	%	2	2	2
财政税收	14	14	15	22.人均公共财政预算收入	元	4	4	4
				23.地方税收收入占公共财政预算收入比重	%	2	2	2
				24.税收收入	亿元	4	4	4
				25.税收收入增长速度	%	4	4	5

续表

类别	权重（%）			指标	单位	权重（%）		
	市	经济强县	非经济强县			市	经济强县	非经济强县
居民收入	17	19	20	26.农村居民人均可支配收入	元	4	4	4
				27.农村居民人均可支配收入增长速度	%	4	5	6
				28.城镇居民人均可支配收入	元	4	4	3
				29.城镇居民人均可支配收入增长速度	%	4	5	5
				30.贫困乡镇发生率	%	1	1	2
生态环境	10	10	10	31.集中式饮用水源地水质达标率	%	2	2	2
				32.城镇污水处理率	%	3	3	3
				33.城市（县城）环境空气质量达标率	%	2	2	2
				34.城乡生活垃圾无害化处理率	%	3	3	3
群众满意度	3	3	3	35.经济发展群众满意度	—	3	3	3

资料来源：贵州省人民政府办公厅，《省政府办公厅下发关于调整贵州省市县经济发展综合测评办法的通知》

表 10-2 贵州省 10 个国家扶贫开发工作重点县经济发展综合测评指标体系

类别	权重（%）	指标	单位	权重（%）
农业发展	16	1.省级现代高效农业示范园区总产值	万元	4
		2.省级现代高效农业示范园区总产值增长速度	%	4
		3.非粮产业增加值占第一产业增加值比重	%	4
		4.耕地产出率	元/亩	4
旅游产业发展	7	5.旅游总收入	亿元	2
		6.旅游总收入增长速度	%	2
		7.过夜游客人数占游客总人数比重	%	3

续表

类别	权重（%）	指标	单位	权重（%）
财政与金融	12	8.人均公共财政预算收入	元	2
		9.地方税收收入占公共财政预算收入比重	%	4
		10.金融机构人民币各项存款余额增长速度	%	3
		11.金融机构人民币各项贷款余额增长速度	%	3
投资与消费	14	12.人均固定资产投资	元	2
		13.固定资产投资增长速度	%	3
		14.生态产业投资占固定资产投资比重	%	3
		15.招商引资项目到位资金指数	—	2
		16.社会消费品零售总额	亿元	2
		17.社会消费品零售总额增长速度	%	2
科技与人才	4	18.综合科技进步水平指数	%	2
		19.每万人人才资源数	人	2
就业与收入	24	20.城镇新增就业人数	万人	2
		21.城镇新增就业人数增长速度	%	2
		22.农村常住居民人均可支配收入	元	4
		23.农村常住居民人均可支配收入增长速度	%	5
		24.城镇常住居民人均可支配收入	元	4
		25.城镇常住居民人均可支配收入增长速度	%	4
		26.贫困乡镇发生率	%	3
生态环境	20	27.集中式饮用水源地水质达标率	%	3
		28.城镇污水处理率	%	4
		29.城市（县城）环境空气质量达标率	%	3
		30.城乡生活垃圾无害化处理率	%	4
		31.营造林任务保存率	%	4
		32.森林覆盖率	%	2
群众满意度	3	33.经济发展群众满意度	—	3

资料来源：贵州省人民政府办公厅，《省政府办公厅下发关于调整贵州省市县经济发展综合测评办法的通知》

2.贫困乡、贫困村考核体系

县乡两级出台的相关考核办法，其重点更在于对考核方式、程序和结果运用的明确规定。相对省级办法更为详细，其内容更强调实操层面，更注重考核的过程、程序和结果运用。调研发现，各地基本根据省级考核办法，制定了县、乡两级的考核办法，对乡、村两级进行考核。贵州省习水县制定了《习水县乡镇扶贫开发绩效考评暂行办法》，甘肃省渭源县制定了《渭源县乡镇党政领导班子和领导干部精准扶贫业绩考核办法》，甘肃省陇西县制定了《陇西县乡镇扶贫业绩考核办法》。

在考核方法方面，对乡镇的考核更注重年度考核和日常考核的相结合。调研的三个县，不约而同的规定了对乡镇的考核“采取年终综合考评与日常工作考评相结合的办法进行”，并且其所占权重也一致：年终综合考评占总分的80%，日常工作考评占20%。年终综合考评的内容各地略有不同，有的规定较为详尽，有的规定较为宽泛。比如甘肃省渭源县较为明确地规定了年终考核的具体内容包括：饮水安全、动力农电、道路建设、农村危房改造、易地搬迁、生态环境建设、扶贫产业培育、电子商务、教育、卫生、文化、社会保障、财政金融、劳动力培训、干部人才、企业帮扶等，还包括双联扶贫单位重点考核双联行动“六大任务”落实情况和双联行动助推精准扶贫工作情况。对于日常工作考评，各地规定较为一致，基本都是按时、保质保量地报送和完成各类统计报表、有关文字材料及信息录入等；按时完成上级安排的有关事项，落实工作任务，按时按要求参加扶贫开发的有关会议及培训检查活动等；及时上报扶贫工作信息及在相关报刊上发表扶贫开发有关文章等。而贵州省习水县的规定则较为笼统：对乡镇的年终考核主要包括党政领导重视情况、扶贫目标任务完成和扶贫项目实施管理情况以及扶贫资金管理使用情况。

在考核程序方面，基本都包括了平时考核、单位自评、群众评议、年度考核等几个环节。以甘肃省陇西县为例：对乡镇一年的考核基本包括以下几个环节：（1）平时考核。采取工作调研、专项督查、跟踪了解等方式进行，多渠道收集各单位开展精准扶贫和双联工作的情况，定期向县委农工部（县扶贫办）报送工作进展信息材料及工作宣传报道情况，形成量化评价分值。（2）单位自评。对照各单位年度任务完成情况，列出任务清单并形成自评报告，报送县委农工部（县扶贫办）审核。（3）群众评议。由贫困村贫困户、村“两委”成员、驻村帮扶工作队干部对承担精准扶贫重点任务单位和双联扶贫单位工作开展情况进行满意度测评，并量化为分值。（4）年度考核。在于次年1月上旬进行，由县委农工部（县扶贫办）负责，采取深入各单位和联系村听取汇报、查阅资料、实地核查、入户走访等方式进行，结合精准扶贫工作台账写实情况进行综合量化评分。（5）根据加减分项调整最后分值。

在结果运用方面，对乡镇集体以荣誉和现金奖惩为主。例如，贵州省习水县规定排名前3位的重点乡镇和排名第1位的非重点乡镇（区），进行通报表彰；每年以县扶贫开发领导小组名义表彰30名扶贫开发先进工作者。对于考核分值靠前的乡镇（区），先进个人名额给予倾斜；各乡镇（区）的考评成绩作为增加财政扶贫资金主要依据之一，同时将考核分值计入年度综合考核；对排名最后3位的重点乡镇和最后1位的非重点乡镇，在次年全县扶贫开发工作会议上作检讨发言。

对乡镇领导班子和领导干部精准扶贫业绩考核结果直接与政绩评定相挂钩。例如甘肃省陇西县规定：（1）对连续两年精准扶贫业绩考核结果为好或获得一、二、三等奖的乡镇领导班子直接确定为好班子，主要领导和分管领导年度考核直接确定为优秀等次，单位优秀比例增加10%，增加指标优先向扶贫一线成绩突出的干部倾斜，乡镇党委书记优先向市委推荐提拔任职，乡镇长优先调整到重要岗位任职，分管领导优先提拔或调整到重要岗位任职，一般干部优先推荐提拔到副科级岗位任职。对基础条件差、扶贫任务重但工作努力、成效显著、考核名次进步明显的乡镇党政正职和分管领导，择优推荐予以重用。（2）对考核结果评定为一般等次的，乡镇领导班子年度考核直接确定为一般等次，单位优秀比例缩减10%，主要领导和分管领导年度考核直接确定为基本称职等次，进行诫勉谈话，一年内不得提拔或平职交流到重要岗位任职。连续两年考核为一般的领导班子，对班子进行组织调整，按照干部管理权限，对党政正职、分管领导采取降职、降级或改任非领导职务等方式进行处理，其他领导干部一年内不得提拔使用或平级交流到重要岗位任职。(3) 对考核结果评定为较差等次的，乡镇领导班子年度考核直接确定为较差等次，取消单位和个人年终考核评先选优资格，党政主要领导和分管领导年度考核直接确定为不称职等次，对领导班子进行组织调整，党政主要领导、分管领导采取直接降职、降级、免职或改任非领导职务等方式进行处理，其他领导干部二年内不得推荐提拔或平职交流到重要岗位任职。

有的乡对村也制定了相应的考核办法，相对省级和县级的考核办法来看，这种考核办法相对来说较为简单，结果运用上，基本是荣誉上的奖惩，有的会对村的负责给予少量的现金奖励。

10.1.2 对职能部门的考核

对职能部门的考核一方面是对其承担的扶贫任务进行了详细的任务分解，一方面将扶贫任务量化、转化为年度综合业绩考评。从调研的情况来看，甘肃、贵州两省对贫困县的考核不仅仅限于各级政府班子，也对各个县直部门制定了相应的考核办法。2015年，甘肃省出台了《关于扎实推进精准扶贫工作的意见》及17个专项方案，形成“1+17”的精准扶贫工作方案，其中对行业部门和职能部门的考核作了明确规定。在此基础上，各县也出台相关的方案，加强了对职能部门的考核，以甘肃省渭源县为例，渭源县根据实际情况，出台了“1+22+6”的扶贫攻坚方案。其中专门出台了《渭源县县直部门精准扶贫业绩考核评价办法》，对承担精准扶贫重点任务的县水务局、县发改局、县交运局、县住建局、县农牧林业局、县畜牧兽医中心、县林业发展中心、县商务局、县教体局、县卫计局、县文广局、县民政局、县财政局、县人社局、县委组织部、县工信局、县扶贫办、县科技局、县金融办、县水保局等20个单位和全县148个县直及省、市驻渭双联扶贫单位进行扶贫业绩考核。

在考核内容方面，根据各职能部门承担精准扶贫重点任务的不同，有较为详细的任务分解。虽然职能部门承担扶贫任务有差异，也没有针对各部门具体指标体系，但对各部门均进行了较为详细的任务分解。例如渭源县水务局2015年考核内容为解决42个贫困村的饮水安全问题，其考核总分为100分，按比例得分。且签订了《渭源县精准扶贫精准脱贫（2015—2017年）责任书》，明确了各年度任务：2015年，实施规划外农村饮水安全工程，灾后重建安置点人饮项目建设，完成92个贫困村自来水管线到村、到社覆盖率达到100%。2016年，全面完成县级农村饮水安全工程水质检测中心建设并投入使用，保障供水安全。实施小型集中供水工程，完成剩余2个贫困村（簸箕湾、菜子坡）自来水管线到村、到社覆盖率达到100%。全县自来水通水率稳定达到96%以上。2017年，通过争取实施农村饮水安全巩固提升工程，推进小型集中供水置换水源工程，全县农村供水工程实现稳定供水，县级农村饮水安全工程水质检测中心正常运行并发挥效益，全县供水工程水质达标率100%。

对职能部门除了业务工作的考核一般还考核其驻村帮扶的工作，例如甘肃省各县的相关办法基本都规定了对县直部门还要考核“双联行动‘六大任务’落实情况和双联行动助推精准扶贫工作情况”。

在考核程序和方式方面，对职能部门的考核程序和方式，与对各级政府考核的程序和方式大体相同，包括平时考核、单位自评、群众评议、年度考核等几个环节。

在结果运用方面，职能部门的扶贫工作业绩一般会计入年度政绩考核结果。以甘肃省陇西县、渭源县均规定：承担精准扶贫重点任务的部门按80%的比重，双联扶贫单位按70%的比重将精准扶贫业绩考核成绩计入单位年度政绩考核结果，直接作为领导班子奖优罚劣、调整配备和干部选拔任用的重要依据。一般会对职能部门进行相应的荣誉奖惩，甘肃省则明确规定县直部门精准扶贫业绩考核直接与政绩评定相挂钩。

10.1.3 领导干部扶贫业绩考核

表10–3 甘肃省全省贫困县党政领导班子和领导干部经济社会发展实绩考核指标体系

考核项目	序号	考核指标	评价要素	权重(%)	备注
主要目标(两增加一减少)权重40	1	贫困人口收入	贫困人口人均可支配收入增长率	20	
	2	农村居民收入	农村居民人均可支配收入增长率	5	
	3	贫困人口减少	贫困人口减幅;建档立卡残疾人当年脱贫率不低于25%完成情况	15	
基本保障(三基本)权重20	4	基本生产生活条件保障	贫困户中饮水安全户比例变化;行政村通沥青(水泥)路当年任务完成情况;贫困村动力电覆盖率;贫困户年度计划危房改造任务完成情况;易地扶贫搬迁任务完成情况	10	
	5	基本公共服务条件保障	学前教育三年毛入园率;九年义务教育巩固率;有标准化卫生室的贫困村比例变化;贫困村乡村舞台建设及运行情况;行政村通宽带率	6	
	6	基本社会保障	新农合参合率;贫困村居民最低生活保障政策执行情况;贫困县养老院福利机构建设情况	4	
产业培育(四支撑)权重20	7	富民产业支撑	特色种养业覆盖贫困村比例变化;文化旅游业、现代服务业、农产品加工龙头企业、电子商务业、产业合作社发展情况;推进土地承包经营权入股等形式的改革进展及效果等情况	10	
	8	财政投入支撑	各行业部门项目资金支出用于贫困村的比例;财政支出中用于当年特困片带、整村推进村及脱贫人口的比例;用于扶贫的财政资金及管理情况	3	
	9	金融资金支撑	涉农贷款增量不低于上年、增速不低于各项贷款平均增速实现情况;村级扶贫资金互助组织覆盖贫困村的比例;贫困村获得金融机构贷款的比例;贫困户获得金融机构贷款的比例;农业保险对贫困户的覆盖比例;金融服务组织覆盖贫困村的比例	3	
	10	能力素质支撑	贫困户“两后生”和青壮年劳动力劳动技能培训情况;贫困户中劳动力获得职业资格证书人数;贫困户劳务输出情况;贫困户劳动力实用技术培训情况;科技扶贫示范村、示范户建设情况	4	

续表

考核项目	序号	考核指标	评价要素	权重（%）	备注
相关工作权重10	11	精准管理	减贫人口、返贫人口动态管理情况；精准扶贫到村到户实施计划等情况	4	
	12	环境保护	生态环境保护，农村环境连片整治，美丽乡村建设等情况	3	
	13	机制创新	扶贫工作机制创新情况及成效	3	
党的建设权重10	14	领导班子重视程度	党政主要领导落实扶贫开发工作第一责任人责任情况；党政领导班子推动扶贫开发任务落实情况；县乡扶贫机构设置情况	2	
	15	干部队伍作风状况	践行党的群众路线，密切党群干群关系情况；贫困群众对干部队伍的满意程度	2	
	16	基层党组织建设情况	基层党组织、干部队伍和党员队伍建设情况；村党支部第一书记队伍建设情况	2	
	17	驻村帮扶工作队运转和作用发挥情况	推动联村联户与扶贫攻坚深度融合；驻村帮扶工作队管理、运转、作用发挥和工作任务完成情况	2	
	18	党风廉政建设责任制落实情况	围绕资金使用、土地征用、矿产资源开发、重大工程项目等，落实主体责任、严格党风廉政建设责任制情况	2	

1.贵州省重点考察六大方面内容：（1）扶贫成效，主要是增强贫困地区发展内生动力和活力，带动贫困群众持续稳定增收的情况。（2）经济发展，主要是围绕培育和壮大特色优势产业，引导贫困县立足资源禀赋和产业基础，同时，对于地处重点生态功能区，不具备新型工业化发展条件的10个贫困县取消GDP考核指标，提高特色优势产业增收指标权重；对其余40个贫困县弱化GDP指标分值。（3）基本生产生活条件和公共服务。（4）投入和管理。主要是考核县级财政扶贫投入机制建设和加大扶贫资源整合力度。（5）党的建设。一方面是党风廉政建设，另一方面是农村基层组织建设。（6）组织领导。包括扶贫队伍、"减贫摘帽"工作、精准扶贫信息平台建设、驻村帮扶工作。具体考核指标见下表：

表10–4 《贵州省贫困县党政领导班子和领导干部经济社会发展实绩考核办法》指标体系

序号	指标	子项	权重（%）
合计		44个子项	100
一	扶贫成效	2个子项	20
1	贫困人口	农村贫困人口减少	10
2	农民收入	农村居民人均可支配收入增长率（%）	10
二	经济发展	5个子项	15
3	地区生产总值	人均GDP	4
4	特色优势产业发展	县级特色优势主导产业覆盖建档立卡贫困户比例（%）	3
5		省级现代高效农业示范园区带动农民增收	2
6		建档立卡贫困户参加农民合作社比例（%）	3
7	村级经济	村级集体经济增长比例（%）	3
三	基本生产生活条件、公共服务和生态环境保护	25个子项	34
8	农村基础设施建设	通畅行政村（建制村）的比例变化（百分点）	2
9		通客运班车行政村（建制村）的比例变化（百分点）	1
10		建档立卡贫困户中饮水安全户比例（%）	1
11		建档立卡贫困户通电比例（%）	1
12		建档立卡贫困自然村通生产用电比例（%）	1
13		建档立卡贫困户中无房户或住危房的比例变化（百分点））	1
14	教育培训	学前三年教育毛入园率（%）	1
15		义务教育巩固率（%）	1
16		高中阶段教育毛入学率（%）	1
17		中等职业教育占比（%）	1
18		建档立卡贫困户新成长劳动力参加职业教育培训的比例（%）	2

续表

序号	指标	子项	权重（%）
19	卫生和计生	有达标卫生院乡镇和有合格卫生室建档立卡贫困村的比例（%）	2
20		建档立卡贫困村有乡村医生或执业（助理）医师的村比例（%）	1
21		符合政策生育率（%）	1
22	文化	建档立卡贫困村有文化活动室的村比例（%）	1
23		建档立卡贫困户通广播电视的比例（%）	1
24	通讯	建档立卡贫困自然村互联网覆盖率（%）	1
25	保障	基本社会保险覆盖率（%）	2
26		农村五保集中供养率（%）	1
27		农村居民最低生活保障应保尽保率（%）	1
28	扶贫生态移民	年度扶贫生态移民工程执行情况	1
29	环境质量	森林覆盖率（%）	2
30		年度造林合格率（%）	3
31		城乡生活垃圾无害化处理率（%）	2
32		城镇污水处理率（%）	2
四	投入和管理	5个子项	13
33	定点帮扶和对口帮扶	落实省领导集团帮扶、社会扶贫、定点扶贫和对口帮扶工作情况	2
34	资金投入	贷款余额增长率（%）	2
35		建档立卡贫困户获得扶贫小额贷款的比例（%）	2
36	涉农资金整合	整合并用于建档立卡贫困村和贫困户的资金占当年省下达到县财政专项扶贫资金的比例（%）	3
37	扶贫资金和项目管理	财政专项扶贫资金绩效评价结果、财政专项扶贫资金项目管理情况	4
五	党的建设	2个子项	6
38	党风廉政	党风廉政建设责任制落实情况	3
39	基层党组织	“三支队伍”建设情况	3
六	组织领导	5个子项	12
40	领导重视	落实党政一把手负总责的扶贫开发工作责任制	2

续表

序号	指标	子项	权重（%）
41	机构设置	县级扶贫机构单列，落实人员编制，建立健全贫困乡（镇）扶贫机构	2
42	工作计划	制定明确的工作计划，落实目标责任制	2
43	精准扶贫	建立完善并落实贫困户识别、进退机制	3
44		同步小康驻村工作组实现对贫困村和贫困户全覆盖，参与扶贫项目管理	3

资料来源：贵州省委办公厅，《关于印发<贵州省贫困县党政领导班子和领导干部经济社会发展实绩考核办>的通知》，黔党办发[2015]6号，2015年3月9日。

2.在考核程序方面，两省对于考核方式和程序规定的均较为笼统，但基本提出了动态考核的原则要求。贵州省没有明确的规定考核的方式和程序，只规定了时间节点：考核年限为2015年–2020年，一年考核一次。并且规定在次年1月底前，由省级相关单位提供贫困县本年度扶贫开发考核指标数据。省委组织部、省扶贫办牵头组成考核工作小组适时对扶贫开发工作考核指标数据进行调查核实。

甘肃省也只是原则性的规定了“实行动态考核，以年度集中考核为主，平时考核和重点工作督查相结合”，但其规定：考核工作按照制定评价标准、县级自评、集中考核等程序进行。（1）制定评价标准。省直相关部门根据贫困县党政领导班子和领导干部经济社会发展实绩考核指标体系，研究制定当年评分标准，并负责提供相关基础数据。（2）县级自评。贫困县(市、区)党委、政府对照承担的扶贫开发任务，形成自评报告。（3）集中考核。考核组采取听取汇报、查阅资料、实地查看和民意调查等方式进行集中考核，研究提出量化评价意见。

3.在结果运用方面，两省的考核办法突出了考核的结果应用，将扶贫业绩与干部的使用结合了起来。贵州省明确指出将扶贫开发工作成效作为评价贫困县党委、政府领导班子和主要领导干部实绩的重要内容，作为干部选拔任用、年度考核等次确定和奖惩的重要依据。扶贫开发工作成效显著的，可优先提拔使用。对贫困县扶贫开发工作考核结果优良的，按不同等次给予项目资金奖励。扶贫开发工作成效不明显，连续两年群众满意度不高的贫困县，由市（州）党委、政府约谈其党委、政府主要领导，督促整改落实。对整改落实不力的，按干部管理权限进行组织调整。甘肃省更是在其考核办法中对结果的运用做了非常详尽的规定。

10.1.4　驻村帮扶考核

2014年两办出台《关于创新机制扎实推进农村扶贫开发工作的意见》，明确指出，要在各省（区、市）普遍建立干部驻村工作制度，做到每个贫困村都有驻村帮扶工作队，每个贫困户都有帮扶责任人，并建立驻村帮扶工作队、贫困户帮扶责任人数据库。并且规定2014年6月底前派驻到位。就调研的情况来看，各省已经通过驻村工作队，把各级干部纳入到扶贫工作中，形成了社会大扶贫的局面。并且，驻村工作队在扶贫攻坚中的作用越来越重要，成为理解中国扶贫攻坚工作的重要一环。因此，有关驻村帮扶工作的考核制度，也成了贫困县考核机制创新的重要一部分。

在考核对象方面，既考核驻村工作队，又考核驻村队员。驻村帮扶考核体系包含两部分内容，一是对驻村工作组的考核，一个是对驻村干部进行考核。驻村工作队方面，贵州省主要考核全县的同步小康驻村工作组。驻村干部考核对象则包括省、市、县、乡下派驻村干部（含选派的大学毕业生和农村知识青年）和到村任职干部。到村任职干部纳入驻村干部考核。甘肃省主要考核全县驻村帮扶工作队及成员。驻村干部考核对象包括：（1）按照干部管理权限，由市、县委组织部直接配备的驻村帮扶工作队队长（其中是党员的兼任村党组织第一书记）；（2）从省、市、县、乡镇机关和事业单位、国有企业干部中选派的队员。

在考核内容方面，根据考核对象的不同实现了分类考核。驻村工作组主要考核全组履行帮扶职责、脱贫成效、帮助推动经济发展、帮助改善民生办实事、帮助维护社会和谐稳定、帮助加强农村基层组织建设等职责任务和落实驻村工作计划等情况。驻村干部主要考核其宣传党的方针政策、促进经济

发展、做好群众工作、推进农村党建、提高自身素质、遵守工作纪律和管理规定等方面的有关情况。具体指标见下表:

表10–5 渭源县驻村帮扶工作队个人精准扶贫工作考核指标体系及评分标准

指标项目	序号	考核内容	分值	评分标准
学习(20分)	1	对精准扶贫、精准脱贫政策知识了解情况	20	主要采取随机提问的方式进行,不能回答1次扣2分
工作纪律(50分)	2	每年开展帮扶工作220个工作日以上,其中驻村时间达160天以上	15	按实际驻村天数计分,缺1天扣2分
	3	每月按时认真填写驻村帮扶工作日志,并由所驻村村党支部、乡镇党委确认	5	每缺一次扣1分
	4	按时参加驻村工作培训,年培训累计时间不少于5天	15	每缺1天扣3分
	5	每次驻村期间,一律吃住在农家,并向群众付清伙食费	5	以定期不定期走访,电话抽查为准,每出现1次违反规定情况扣1分
	6	严格按照有关程序履行请销假制度	5	以请假条为准,无故不请假的,每次扣1分
	7	严格落实“三严三实”、“三个防止、八个不准”纪律要求	5	以各类通报为准,每出现1次违反纪律情况扣1分
工作手册填写(30分)	8	准确填写扶贫手册和贫困村、贫困户登记表	8	出现1处错误扣1分
	9	准确记录到村、到户扶贫攻坚重点任务完成情况	12	漏记1项扣2分
	10	分年度准确填列帮扶措施及成效	10	采取帮扶措施记3分,反之,不得分;成效明显计7分,反之,不得分。

资料来源:渭源县中共渭源县委办公室、渭源县人民政府办公室,《关于印发<渭源县精准扶贫业绩考核评价的意见>的通知》渭办发〔2015〕98号。

表10–6　渭源县驻村帮扶工作队精准扶贫工作考核指标体系及评分标准

指标项目		序号	考核内容	分值	评分标准
履行帮扶职责（25分）	帮扶对象精准聚焦（12分）	1	摸清底数，开展建档立卡工作	5	程序规范得2分，反之，不得分；建档立卡准确率在95%以上得3分，按比例计分
		2	深入分析致贫原因，列出项目需求清单，制定到村到户帮扶措施	7	有项目需求清单且准确率在96%以上得3分，每低1个百分点，扣0.1分；有帮扶措施且有较强针对性得4分，反之，酌情扣分
	目标任务精准对接（5分）	3	对接准，制定切实可行的到户减贫计划	5	有切实可行减贫计划得分，反之，不得分
	夯实基础强化治理（6分）	4	指导贫困村党组织落实“三会一课”制度，严肃党内生活，帮助村级班子完善提高	3	以村“两委”会议记录为准计分
		5	落实“四议两公开”，引导村民参与村级事务管理，促进和谐社会建设	3	以相关会议记录、影像资料和公开资料为准计分
	培育典型示范引领（2分）	6	及时总结贫困村、贫困户精准扶贫、精准脱贫的好经验、好做法	2	及时总结经验并在县级及以上新闻媒体和报刊杂志发表为依据计分
完成年度减贫任务（75分）	两增一减（35分）	7	贫困村贫困人口人均可支配收入高于当年贫困线，增幅高于全省农村居民人均可支配收入平均水平	20	每低1个百分点扣3分
		8	农村居民人均可支配收入达到全县精准扶贫意见要求	5	每低百元扣1分
		9	贫困村贫困发生率下降到8%以下	10	高于减贫线1个百分点扣2分
	产业增育（8分）	10	当年脱贫村有增收主导产业1项以上、有农村合作经济组织1个以上	4	各占2分，反之，不得分
		11	贫困村有互助协会1个以上	4	按落实情况计分

续表

指标项目		序号	考核内容	分值	评分标准
完成年度减贫任务（75分）	素质提升（2分）	12	贫困村有意愿贫困家庭“两后生”培训率达到100%	2	按完成比例计分
	农村道路（5分）	13	有通乡镇的硬化路、村民小组有通村部的硬化路或砂化路	5	各占2.5分，反之，不得分
	自来水入户（2分）	14	自来水入户率达到96%以上	2	按完成比例计分
	动力电覆盖（3分）	15	贫困村通动力电	3	通动力电得分，反之，不得分
	农村危房改造（3分）	16	贫困户有安全稳固住房的农户比重达到100%，且人均住房面积大于30平方米以上	3	按达到人均住房面积30平方米以上农户比例计分
	通讯普及（2分）	17	通讯普及率达到95%以上	2	按完成比例计分
	卫生文化支持（8分）	18	贫困村有标准化卫生室，有执业医师，有文化活动室，贫困村卫生厕所比例分别达到80%以上	8	有村卫生室、有文化活动室、执业医师各占2分，反之，不得分；卫生厕所占2分，按完成比例计分
	社会保障支持（3分）	19	贫困村新农合参合率、新农保参保率均达到95%以上	3	按完成比例计分
	教育支持（4分）	20	贫困村义务教育巩固率达到95%以上	4	按完成比例计分

资料来源：渭源县中共渭源县委办公室、渭源县人民政府办公室，《关于印发<渭源县精准扶贫业绩考核评价的意见>的通知》渭办发〔2015〕98号。

在考核程序方面，驻村工作队的考核主要采取驻村帮扶队（个人）自评、平时考核、年度考核、乡村评议等方式进行。以甘肃省渭源县为例：驻村帮扶工作队精准扶贫业绩综合得分按自评占5%、平时考核占20%、年度考核占60%、乡村评议占15%计算；队员精准扶贫业绩综合得分按自评占5%、平时考核占20%、驻村帮扶工作队业绩占30%、年度考核占40%、乡村评议占5%计算。具体的程序如下：

（1）驻村帮扶工作队（个人）自评。对照承担的精准扶贫工作任务落实情况，形成自评报告，分别报县委组织部和县委农工部（县扶贫办）审核。（2）平时考核。结合精准扶贫重点工作任务落实情况和《渭源县双联融合精准扶贫精准脱贫工作考核手册》平时写实，采取随机抽查、随时提问考答精准扶贫相关知识等方式进行量化评分。督查考核每两个月至少1次，考核结果送派出单位备案，年终一次性汇总。（3）年度考核。在次年的1月上旬进行，采取查阅资料、实地查看、驻村帮扶工作队（个人）述职、民主测评等方式进行，结合《渭源县双联融合精准扶贫精准脱贫工作考核手册》年度写实情况，由考核组形成综合量化分值。（4）乡村评议。通过暗访、随机走访相结合的方式，采取村"两委"评定、乡镇党委鉴定和"两代表一委员"、扶贫对象满意度测评，形成量化分值。

在考核结果运用方面，驻村帮扶工作队成员精准扶贫业绩考核结果直接与评先选优，职级晋升相挂钩。如甘肃省渭源县规定：（1）对考核结果评定为优秀等次的驻村帮扶工作队成员年度考核直接确定为优秀等次，精准扶贫工作业绩特别突出的，按照干部管理权限，优先推荐提拔任职。（2）对考核结果评定为基本称职等次的驻村帮扶工作队成员，年度考核确定为基本称职等次，一年内不得提拔或平职交流到重要岗位。（3）对考核结果评定为不称职等次的驻村帮扶工作队成员，年度考核直接确定为不称职等次，并按干部管理权限，由组织人社部门采取降职、降级、免职或改任非领导职务等方式进行处理，干部两年内不得推荐提拔或平职交流到重要岗位，并建议人事主管部门对帮扶人员进行调整，由派出单位重新选派干部接任，属后备干部的取消后备干部资格。（4）驻村期满考核结果作为干部使用的重要依据，对圆满完成"减贫摘帽"任务、实绩特别突出的，不唯资历、不唯票数，直接推荐提拔使用。

10.1.5　四种考核体系的对比

我们将四种考核体系进行比较，具体对比见下表10–7：

表 10–7　四种考核体系对比

	省份	贫困县考核体系	乡、村考核体系	贫困县领导干部考核体系	驻村工作队考核体系
组织实施	贵州	省统计局会同省委组织部等相关部门	乡考核：县级组织部门； 村考核：乡政府	组织部、省扶贫办牵头组成考核工作小组	县委组织部门、扶贫部门会同实施
	甘肃	省委、组织部		省市组建联合考核组：省委组织部、省扶贫办和市(州)党委、政府牵头，省直有关部门及市(州)有关单位参加	队长：市委组织部会同市委农工部（市扶贫办）和县委组织部共同组织实施； 队员：县委组织部会同县委农工部（县扶贫办）、县人社局等部门组织实施
考核对象	贵州	分类实施：贵州省88个县。分类实施：经济强县、一般县、10个重点扶贫县	各乡镇、村分类实施，一般根据扶贫攻坚难度分为重点乡、村和一般乡村	分类实施：50个国家扶贫开发工作重点县党委、政府领导班子和主要领导。分为40个一般县和10个重点县	分类实施：驻村工作队和驻村队员分别考核
	甘肃	分类实施：58个集中连片特困县市区和17个插花型贫困县市区，不同县市区权重不同	无明确规定	所有贫困县，统一标准	
考核方式	贵州	目标考核	过程考核和目标考核	目标考核	过程考核、目标考核
	甘肃			动态考核、目标考核与过程考核	

续表

	省份	贫困县考核体系	乡、村考核体系	贫困县领导干部考核体系	驻村工作队考核体系
考核内容	贵州	经济强县侧重经济发展、巩固提高;一般县弱化GDP权重;10个扶贫重点县取消GDP考核指标,相应增加现代高效农业推进、旅游产业发展、生态环境保护的指标和权重	党政领导重视情况、扶贫目标任务完成和扶贫项目实施管理情况、扶贫资金管理使用情况、日常工作情况	六大方面:扶贫成效、经济发展、基本生产生活条件和公共服务、扶贫资金投入和管理、党的建设、组织领导	工作队:政策宣传,帮扶发展计划、方案,化解矛盾纠纷,基层组织建设,农业农村工作,计划生育工作,安全工作,驻村工作纪律和要求。 驻村队员:政策宣传,帮扶发展计划、方案,化解矛盾纠纷,驻村工作纪律和要求
	甘肃	不详	考核"两增一减"、精准扶贫重点措施落实情况、党建、扶贫日常管理、驻村帮扶情况	五大方面:(一)两增加一减少。(二)三个基本保障。(三)四个支撑。(四)相关工作。(五)党的建设	工作队:整体脱贫情况;政策宣传情况;日常工作情况;干部群众评价情况。 驻村队员:日常管理情况;帮扶工作情况;日常工作情况;干部群众评价情况
结果运用	贵州	无明文规定	对于组织通报表彰、对于个人评优定级;扶贫项目倾斜;荣誉奖惩	优先提拔使用、项目资金奖励	与干部评优、使用结合
	甘肃	与干部的使用结合起来	组织荣誉、现金奖励;个人荣誉,提拔	荣誉奖励、评优优先、提拔重用	

资料来源:根据相关资料整理。

总的来说,由于考核对象的不同,考核的组织实施、考核方式、考核内容和结果运用几方面的侧重均有所不同。具体情况详述如下:

在组织实施方面,各地、各考核制度略有不同,但基本是组织部门牵头、扶贫办或统计局等相关部门共同实施。

从考核对象来看，因为不同的考核制度对应的对象本身就有所差异，因此差异较大。但基本都根据扶贫攻坚难度的不同分类实施，经济社会发展考核体系，贵州88个县分为经济强县、一般县、10个重点扶贫县三个类别；甘肃则分为58个集中连片特困县市区和17个插花型贫困县市区，不同县市区权重不同。各乡、村的考核制度也基本分为了重点乡、村和一般乡村；驻村工作考核体系则明确将对象区分为驻村工作队和驻村队员。

从考核方式上看，对贫困县的考核多是目标考核，过程考核所占比重不大。对领导干部和一般干部的考核多是目标考核和过程考核相结合；对于乡、村考核，以都加入了过程考核的内容；对于驻村工作队，目标考核和过程考核均比较侧重，甚至更侧重过程考核。对于日常工作尤其是工作进度，都有明确而详实考核内容。

从考核内容上来看，虽然都是扶贫攻坚工作，但根据对象不同侧重略有不同。贫困县考核中，贵州的经济强县侧重经济发展、巩固提高；一般县弱化GDP权重；10个扶贫重点县取消GDP考核指标，相应增加现代高效农业推进、旅游产业发展、生态环境保护的指标和权重。贫困乡村则侧重党政领导重视情况、扶贫目标任务完成和扶贫项目实施管理情况、扶贫资金管理使用情况、日常工作情况。领导干部考核虽然各地分类不同，但基本则侧重扶贫重点指标（两增加一减少）、经济发展、基本生产生活条件和公共服务（三个基本保障）、扶贫资金投入和管理、党的建设、组织领导等几个方面。驻村帮扶考核则侧重政策宣传，帮扶发展计划、方案，化解矛盾纠纷，基层组织建设，农业农村工作，计划生育工作，安全工作，驻村工作纪律和要求。

从结果运用来说，基本是三类方式：第一，通过荣誉奖惩；第二，考核结果与干部任用相挂钩；第三，经济激励，对于各级组织，可能是扶贫项目和资金的倾斜，对于个人有的会以现金方式发放。

10.2　基于制度设计的贫困县考核机制创新评估

2013年，两办印发的《关于创新机制扎实推进农村扶贫开发工作的意见》对贫困县考核机制创新提出以下要求：由主要考核地区生产总值向主要考核扶贫开发工作成效转变，对限制开发区域和生态脆弱的国家扶贫开发工作重点县取消地区生产总值考核，把提高贫困人口生活水平和减少贫困人口数量作为主要指标，引导贫困地区党政领导班子和领导干部把工作重点放在扶贫开发上。研究建立重点县退出机制，建立扶贫开发效果评估体系。2014年，中组部、国务院扶贫办在《关于改进贫困县党政领导班子和领导干部经济社会发展实绩考核工作的意见》中，对改进贫困县考核工作提出了10点意见：1.从贫困县实际出发考核发展实绩；2.突出发展导向；3.合理设置经济发展的考核指标；4.把扶贫开发作为社会经济发展实绩考核的主要导向；5.注重对减贫脱贫紧密关联的民生改善、社会事业发展情况的考核；6.强化生态环境保护情况的考核；7.把党的建设纳入实绩考核；8.改进考核评价方法；9.强化考核结果运用。

我们对贵州、甘肃两省贫困县考核机制的制度设计进行了分析，同时结合调研情况，我们认为《关于改进贫困县党政领导班子和领导干部经济社会发展实绩考核工作的意见》中的9点意见基本科学、全面的指明了贫困县考核机制创新发展的方向。因此，我们立足25号文件的总体精神，以9点意见为评估依据和准则，从制度设计的角度，对两省贫困县考核机制作了评估。由于各级考核体系在考核内容方面，基本与省级考核体系的大体内容相同，因此，基于考核指标体系的评估，我们以省级指标体系为重点；基于考核方法、程序的评估，我们则兼顾各类考核制度。我们认为，两省的贫困县考核机制实现了以下几个目标：

10.2.1　实现了从贫困县实际出发考核发展实绩

总体来看两省的贫困县考核机制创新，能够立足自省实际，根据突出自省发展的特殊性和主体功能定位。贵州、甘肃两省地处偏远地区，基础设施薄弱，经济发展水平较低，社会事业发展滞后，发展条件、发展方式和发展要求有自身特点。两省能够从贫困县实际出发考核发展实绩：一方面，能够对贫困县进行专门考核，没有把其他市县的指标简单套用到对贫困县的考核。同时也弱化了或取消了GDP指标的有关考核，从制度设计上避免了把省、市经济增长速度的目标简单倒推为贫困县考核目标的情况发生。

两省都立足本省实际，专门的构建了贫困县考核体系。贵州省对50个贫困县分为两类，对10个发展能力较弱的重点县彻底取消了GDP内容的考核，其他40个县，则弱化了GDP内容的考核，将原有追求总量的GDP指标变为人均GDP指标。而在甘肃省有关的指标体系中，由于甘肃省经济发展能力相对较弱，因此全部取消了GDP的考核指标。

同时，根据各省实际，也凸显了本省的特殊性和主体功能定位。以贵州为例，贵州坚持绿色发展导向，按照贵州省“绿色发展战略”，按照《贵州省生态文明建设促进条例》相关规定，在其考核体系中仅环境保护就占到10%的比重。

10.2.2　以发展为导向，把发展作为解决扶贫的根本出路

两省的实绩考核凸显了加快发展、科学发展的要求，能够把发展作为解决贫困的根本出路，把尽快实现脱贫致富作为首要任务，主要通过考核转变发展方式，解决制约发展的突出情况。两省的考核指标中，有相当比重的指标都是立足解决发展问题，一方面立足解决发展问题的基础保障，诸如基础设施建设、贫困人口能力提升等方面。另一方面立足直接解决脱贫致富的产业发展方面。

甘肃省的指标体系中，一级指标共有5个，其中有基本保障（三基本）、产业培育（四支撑）两项与发展问题密切相关，占到40%的权重。其中基本保障中，基本生产生活条件保障、基本公共服务保障、基本社会保障，都是直接解决发展问题的基础建设，包含了贫困户中饮水安全户比例变化；行政村通沥青(水泥)路当年任务完成情况；贫困村动力电覆盖率；贫困

户年度计划危房改造任务完成情况；易地扶贫搬迁任务完成情况；学前教育三年毛入园率；九年义务教育巩固率；有标准化卫生室的贫困村比例变化；贫困村乡村舞台建设及运行情况；行政村通宽带率等等一系列情况。而在其产业培育一级指标下，包含了富民产业支撑、财政投入支撑、金融资金支撑、能力素质支撑等直接与脱贫致富有关的内容。

10.2.3　设置了较为合理的经济发展考核指标

两省立足贫困县实际，都大幅增加了特色优势产业的指标和权重，弱化了长久以来对贫困县地区生产总值、工业增加值、固定资产投资等指标的考核。基本实现了引导贫困县立足资源禀赋和产业基础，做好特色文章，实现了差异竞争和错位发展，同时，凸显了考核与其主体功能定位相适应，与当地资源环境可承载的产业发展相适应。

从两省的考核指标来看，传统的有关工业经济发展的指标已经大幅减弱乃至完全剔除（仅贵州对40个县保留了人均GDP指标，其权重也较低）。考核指标中，有关特色产业增收的比重大幅提升。

甘肃省有关特色产业增收的考核指标包括：特色种养业覆盖贫困村比例变化；文化旅游业、现代服务业、农产品加工龙头企业、电子商务业、产业合作社发展情况；推进土地承包经营权入股等形式的改革进展及效果等情况。占到了指标体系10%的权重，且有关支撑制度的考核比重也大幅提升，支持特色产业发展的财政、金融、农民能力提升等相关指标也占据了10%比重，也就是有关特色产业发展的内容占据了整个指标体系的20%权重。贵州有关指标情况大体也是如此，其专门设置了特色优势产业发展一级指标，共占据10%权重，主要包括：县级特色优势主导产业覆盖建档立卡贫困户比例、省级现代高效农业示范园区带动农民增收、建档立卡贫困户参加农民合作社比例等几个指标。而在《贵州省10个国家扶贫开发工作重点县经济发展综合测评指标体系》中，有关农业发展和旅游产业发展的，占据了23%的比重，也占据了相当的部分。

10.2.4 基本实现了以扶贫开发业绩作为贫困县考核的主要内容

从制度设计来看，两省能够以扶贫开发作为经济社会发展实绩考核的主要内容。两省基本实现了把扶贫开发工作实绩作为评价贫困县党政领导班子和领导干部工作的重要内容，由主要考核地区经济发展向主要考核扶贫开发工作成效转变，引导贫困地区党政领导班子和领导干部把工作重点放在扶贫开发上。在两省的指标体系中，提高贫困人口生活水平、减少贫困人口数量和改善贫困地区生活生产条件已经成了两省考核评价扶贫开发成效的主要指标。

甘肃省《全省贫困县党政领导班子和领导干部经济社会发展实绩考核指标》仅贫困人口收入、农村居民收入、贫困人口减少三项指标就占据了整个评价体系的40%，分别占据20%、5%、15%的权重。从贵州省贫困县考核各类指标体系中三级指标的分值分布情况看，对贫困人口的减少、贫困人口收入的提高等指标提高了其分值，这两项分别占据10%的权重；在贵州省市县经济发展综合测评指标体系中，“减贫增收”项下的“农村贫困人口减少数量”“贫困发生率下降幅度”“农村居民人均可支配收入”三个三级指标的分值最高，分别为10分、5分和10分。而在《贵州省贫困县党政领导班子和领导干部经济社会发展实绩考核办法》指标体系中，贫困人口减少和农民人均可支配收入增长率两项就占到了所有指标权重的20%。

10.2.5 更加注重对减贫脱贫紧密关联的民生改善、社会事业发展情况的考核

两省的考核体系，基本均着重围绕改善贫困地区群众生活生产条件，提高脱贫致富能力，重点考核基础设施建设、教育、医疗卫生、住房、养老保障、公共文化服务体系建设等情况，起到了引导贫困县着力消除群众因缺少教育和社会保障而致贫返贫的根源。

甘肃省指标体系中，有24%的权重考核有关基础设施、能力提升的改善。其中20%的权重考核有关民生的基础保障：贫困户中饮水安全户比例变

化；行政村通沥青(水泥)路当年任务完成情况；贫困村动力电覆盖率；贫困户年度计划危房改造任务完成情况；易地扶贫搬迁任务完成情况；学前教育三年毛入园率；九年义务教育巩固率；有标准化卫生室的贫困村比例变化；贫困村乡村舞台建设及运行情况；行政村通宽带率；新农合参合率；贫困村居民最低生活保障政策执行情况；贫困县养老院福利机构建设情况。有4%的指标考核贫困人口能力素质提升：贫困户“两后生”和青壮年劳动力劳动技能培训情况；贫困户中劳动力获得职业资格证书人数；贫困户劳务输出情况；贫困户劳动力实用技术培训情况；科技扶贫示范村、示范户建设情况。

从贵州省贫困县考核各类指标体系中三级指标的分值分布情况看，也很注重贫困地区基本生活条件和公共服务状况的改善。注重农村基础设施的改善，尤其是和群众日常生活密切相关的水、电、路、气、网等基础设施的建设。同时，也在教育、卫生计生、文化事业、社会保障等方面设立了大量的考核目标。比如，在《贵州省贫困县党政领导班子和领导干部经济社会发展实绩考核指标体系》中，基本生产生活条件、公共服务和生态环境保护一级指标下，设农村基础设施建设、教育培训、卫生计生、文化、通讯、保障等6个二级指标，共21个三级指标，占据24%的权重。

10.2.6　开始注重生态环境保护情况的考核

针对贫困地区多属水系源头区、生态涵养保护区的实际，加大了生态文明建设的考核力度，提高了生态效益、资源消耗、环境损害等指标的权重，通过考核起到了引导贫困县正确处理经济发展、资源开发与环境保护的关系，促进了经济社会发展与人口资源环境相协调。

贵州省对贫困县生态环境保护情况方面较为突出，2014年以来贵州省贫困县考核指标体系的几次修订，一个重要的背景是2014年7月1日颁布实施的《贵州省生态文明建设促进条例》，时任省委书记赵克志也多次强调要通过调整综合测评体系，引导干部坚守发展和生态两条底线，牢固树立正确政绩观，追求实实在在、没有水分的生产总值，追求遵循经济规律的科学发展、遵循自然规律的可持续发展和遵循社会规律的包容性发展。因此，从贵州省贫困县考核指标体系来看，更加凸显生态环境保护方面考核指标体系中的权重。在贵州省贫困县党政领导班子和领导干部经济社会发展实绩考核指标体系中，设置了扶贫生态移民、年度扶贫生态移民工程执行情况、环境质量、森林覆盖率、年度造林合格率、城乡生活垃圾无害化处理率、城镇污水处理率等诸多三级指标，占到所有指标的10%。在注重农村经济发展的同时，通过考核指标体系的变化，实现了农村社会经济发展与生态环境保护相结合。但甘肃省各级考核指标体系中，相关内容较少，仅在《全省贫困县党政领导班子和领导干部经济社会发展实绩考核指标体系》中，对生态环境保护，农村环境连片整治，美丽乡村建设等情况设定了3%的权重。

10.2.7 把党的建设纳入到了贫困县的实绩考核中

两省各级的考核制度和指标体系中，均把党的建设作为重要内容，设置了相应的比重。围绕扶贫开发重点工作，就主体责任、严格党风廉政建设情况、联系群众制度、加强服务党组织建设、发挥基层党组织推动发展等情况设置了考核目标。

甘肃省在党的建设一级指标下共设5项考核内容，总体权重占到10%，分别是:（1）领导班子重视程度，重点考核党政主要领导落实扶贫开发工作第一责任人责任情况；党政领导班子推动扶贫开发任务落实情况；县乡扶贫机构设置情况。（2）干部队伍作风状况，重点考核践行党的群众路线，密切党群干群关系情况；贫困群众对干部队伍的满意程度。（3）基层党组织建设情况，重点考核基层党组织、干部队伍和党员队伍建设情况；村党支部第一书记队伍建设情况。（4）驻村帮扶工作队运转和作用发挥情况，重点考核推动联村联户与扶贫攻坚深度融合；驻村帮扶工作队管理、运转、作用发挥和工作任务完成情况。（5）党风廉政建设，重点考核责任制落实情况，围绕资金使用、土地征用、矿产资源开发、重大工程项目等，落实主体责任、严格党风廉政建设责任制情况。贵州省在党的建设下设两个一级指标，分别是:党风廉政，考察党风廉政建设责任制落实情况；基层党组织，考察“三支队伍”建设情况。权重分别是3%、3%。

10.2.8　大幅改进了考核评价方法

总体来看，两省在考核方式、方法、程序方面的机制创新有非常大的突破。两省实现了统一标准和分类考核相结合，实现了目标考核与过程考核相结合，实现了上评与下评、自评与互评相结合，实现了定期考核与督察暗访相结合。

1.从考核方法上看，实现了统一标准和分类考核相结合。两省的贫困县考核体系，能够立足贫困县实际，考核贵州贫困地区发展实绩，体现贫困地区发展的特殊性和主题功能定位。两省基本都设定了统一的考核指标；同时，针对扶贫攻坚难度差异，也在考核的不同环节设定了不同的分类考核，有的考核体系是根据不同考核对象设置不同的考核体系，有的则根据不同的考核对象调整了各个指标的权重。

比如，贵州省市县经济发展综合测评的考评指标体系中，对市级、经济强县、非经济强县测评指标设置一致，包括经济总量、投资规模、产业发展、科技进步与就业、财政税收、居民收入、生态环境、群众满意度等8个方面，共35项指标。其中，经济总量指标3项，投资规模指标4项，产业发展指标10项，科技进步与就业指标4项，财政税收指标4项，居民收入指标5项，生态环境指标4项，群众满意度指标1项；对10个国家扶贫开发工作重点县取消GDP测评相关指标，重点对居民收入增长、现代高效农业推进、旅游产业发展、生态环境保护等方面发展状况进行测评，综合测评指标体系包括农业发展、旅游产业发展、财政与金融、投资与消费、科技与人才、就业与收入、生态环境、群众满意度8个类别，共33项指标。其中，农业发展类指标4项，旅游产业发展类指标3项，财政与金融类指标4项，投资与消费类指标6项，科技与人才类指标2项，就业与收入类指标7项，生态环境类指标6项，群众满意度类指标1项。再如，在贵州省贫困县党政领导班子和领导干部经济社会发展实绩考核指标体系中，对40个贫困县和10个重点贫困县设定了不同的指标权重，比如在县级特色优势主导产业覆盖建档立卡贫困户比例和建档立卡贫困户参加农民合作社比例两个三级指标中，40个贫困县的考核满分3分、而10个重点贫困县的考核满分则是5分。

2.从考核实施来看，实现了目标考核与过程考核相结合。两省的考核机制创新，坚持辩证的分析评价实绩，即看发展成效，又看客观条件、主观努力情况，既考量力而行，又考尽力而为，能够对贫困县党政领导班子和领导干部的努力程度和作风状况做到客观公正的评价。以往的贫困县考核机制关注扶贫攻坚结果的绩效考核，注重扶贫攻坚工作的最终业绩，以工作结果为导向，评估内容主要集中在扶贫工作的实际产出，比如贫困人口下降的具体指标。实际上由于各个贫困县的具体情况不同，最终的扶贫攻坚结果并不一定代表其扶贫攻坚的努力程度。这种情况下由于过于看重最终的结果，可能忽略了过程，导致过于注重短期利益，地方政府在扶贫攻坚的过程中会出现一些短期行为。两省通过机制创新，初步实现了客观考核领导干部在扶贫开发工作中做出的实绩，用准用好考核结果，把贫困县领导干部的主要精力引导到扶贫开发上来的效果。实现了目标考核与过程考核的相结合。

两省省级层面的考核办法虽然没有强调目标考核与过程考核的结合，但县级考核办法实际上对目标考核和过程考核都做较为明确的规定。例如，甘肃省陇西县明确规定，对乡镇领导班子和领导干部的扶贫业绩考核采取平时考核与年度考核相结合的方式进行。平时考核按照《陇西县县管领导班子和领导干部平时考核评价办法》，由县委组织部和相关单位分别组织实施。年度考核则重点考核扶贫攻坚业绩考核、双联行动助推精准扶贫考核、综合目标责任书考核、民主测评和民意调查等等。

3.从民主程度上来看，实现了上评与下评、自评与互评相结合。

以外的贫困县考核机制往往都是自上而下的考核，也就是上级考核下级，一方面忽略了群众的感受和满意度评价；另一方面也忽略了通过同事互评、下级评议上级带来的民主进步。两省的机制创新，均注重群众公认，把群众的切身感受和满意度作为考核评价的重要依据。两省贫困县考核体系中，不仅增加了扶贫工作的群众满意度部分，实现了上评与下评的结合；也在考核的过程中增加了自评与互评的环节，实现了自评与互评的结合，提高了考核机制的民主程度。

以甘肃省陇西县为例，《干部职工精准扶贫业绩考核办法》明确规定考核要采取总结自评、联系户评价、领导评价、民主测评等多种方式，并对以上四种方式都设计了明确的评价表。在《干部职工精准扶贫业绩自我评价登记表》中，设定了遵守纪律、宣传政策、反映民意、促进发展四个一级指标，按照具体二级指标自我打分。同时，对帮办实事情况，存在的问题和努力方向进行自我评价。在《干部职工精准扶贫业绩联系户评价登记表》《干部职工精准扶贫业绩领导评价登记表》《干部职工精准扶贫业绩民主评测》中，分别由联系户、主管领导、同事对干部深入联系户开展驻村帮扶工作、政策宣讲、联系帮助惠农贷款、积极开展民事代办、重大节日慰问、重病住院、子女辍学、意外灾害开展资助、提供致富信息、帮助发展富农产业、调解纠纷矛盾、组织开展技能培训等十个方面进行评价。

再以贵州省习水县驻村干部考核为例，习水县出台了《习水县同步小康驻村干部年终考核民主评议表》，通过同事和群众评价驻村干部的贫困户发展规划，深入群众调研，维护社会和谐稳定、化解基层各种矛盾纠纷，帮助基层加快产业结构调整，深入宣传党在农村的方针政策，全面推进新农村建设，指导基层党组织党员联系服务群众情况，发挥农村党员干部现代远程教育的作用，勤政廉政情况和出勤在岗情况。同时，根据个人述职，展开个人自评。驻村干部要对一年来的驻村工作进行述职。述职内容包括个人驻村期间思想政治表现、工作思路、工作成效、廉洁自律等方面情况。

4.从考核周期来看，实现了定期考核与督察暗访相结合

两省的考核机制创新实践中，基本实现了定期考核与督察、暗访相结合的考核方式。把平时考核与年度考核相结合，将平时考核作为年度考核的补充。对平时考核制定了相关制度和考核手册以及考核工作台账，对工作完成情况、完成工作量的大小及质量的高低做平时工作情况的记载，使平时考核有理有据，作为年终考核的有效补充。

以习水县各乡镇考核为例，习水县对各乡镇考核实行月督查、季考核和年兑现相结合的办法，月督查和季考核的结果作为年度综合目标考核评价的

依据。第一季度占总成绩的20%、第二季度占总成绩的25%、第三季度占总成绩的25%、第四季度占总成绩的30%。实行“月督查”“季考核”和“年兑现”。月督查就是对县委、县政府重大决策、效能建设和重点工作进行联合督查，督查时间不得少于4天，督查结果向全县通报，严格执行“第一次通报、第二次约谈、第三次问责”责任追究制，并作为年度综合目标考核的依据。“季考核”是指对各乡镇和单位进行实地考核、现场验收、资料检查评分汇总，考核结果作为年度综合目标考核的依据。“年兑现”是指汇总结果经综合目标考核小组组长审核，报县委常委会审定后，兑现奖惩。

专栏10-1：贵州省以乡（镇）为单位创建精准扶贫建档立卡示范点工作量化考核机制

为进一步改进贵州省精准扶贫建档立卡工作方式，贵州省扶贫办确定以乡(镇)为单位，在全省开展精准扶贫建档立卡示范点创建工作，并建立了相关的工作量化考核机制。

按照“扶持对象精准、项目安排精准、资金使用精准、措施到户精准、因村派人(第一书记)精准、脱贫成效精准”的要求，贵州省扶贫办提出，在全省推广威宁自治县迤那镇五星村、江口县凯德办事处黑岩村、遵义县枫香镇花茂村等地建档立卡经验，进一步改进精准扶贫建档立卡工作方式。创建工作第一阶段为样板示范点创建，在全省选择9个市(州)、仁怀市、威宁自治县等11个县的23个乡(镇)，由各市(州)组织，集中力量开展工作，使各示范点在本市(州)率先实现精准扶贫建档立卡工作规范化、标准化和常态化，树立真实具体、可学可比的标准化参照样板。在总结示范点经验的基础上，以点带面、全面推进精准扶贫建档立卡工作，使建档立卡数据质量普遍提高、纸质档案进一步规范。

为了加强对建档立卡示范工作的考核，贵州省出台了《贵州省以乡（镇）为单位创建精准扶贫建档立卡示范点工作量化考核》，考核内容分为信息平台建设和日常工作两个内容，两个内容分别量化评分，建立任务分解指标。

信息平台共设基础信息登记、帮扶信息登记、脱贫信息登记3个一级指标，一级指标下又有28个二级指标。基础信息登记一级指标下辖：贫困县基础信息数据质量、贫困乡镇基础信息数据质量、贫困村基础信息数据登记质量、贫困户基础信息数据质量、民政部门低保长期保障重点保障户、上级扶贫部门分解到本地的低保贫困户、县扶贫部门分解到乡镇的一般贫困户等7个二级指标；帮扶信息登记下辖：贫困县简介、帮扶计划、急需解决问题，贫困乡简介、帮扶计划、急需解决问题，贫困村简介、帮扶计划、急需解决问题，贫困村驻村情况，结对帮扶情况，年度财政专项扶贫资金备案率，年度项目实施进度等16个二级指标；脱贫信息情况下辖年度计划脱贫人口标注，年度脱贫人数标识，年度贫困村出列标注比例，已脱贫人口中是否有五保户、低保户等5个二级指标。

日常工作共有组织领导、精准识别档案、精准帮扶档案、精准脱贫档案、乡镇档案5个一级指标20个二级指标。组织领导下辖：地州市扶贫办创建精准扶贫建档立卡示范点工作方案，县扶贫办创建精准扶贫建档立卡示范点工作方案，省扶贫办蹲点指导情况，工作报告情况，是否按时完成工作等5个二级指标。精准识别档案包括贫困户识别档案是否齐全、贫困户两公示一公告时间是否矛盾，贫困村识别档案是否齐全等5个二级指标；精准帮扶档案下辖是否有贫困乡镇简介等、贫困乡村简介帮扶计划、年度帮扶项目清单等5个二级指标、精准脱贫包括档案是否齐全、纸质数据与信息平台数据是否匹配4个二级指标；乡镇档案下辖精准识别、精准帮扶、精准脱贫档案等1个二级指标。

10.2.9　开始探索多种考核结果运用方式

两省在不同的考核办法中，均把考核结果与干部的年度考核、综合考核评价挂钩，作为确定年度考核等次、形成综合评价意见的重要依据，作为干部选拔任用的重要依据。同时，把考核结果作为了激励约束的重要依据，在评先评优、表彰奖励时，能够优先考虑成绩突出的领导班子和领导干部。并且把各类财政扶贫资金和社会帮扶的资金和考核结果结合了起来。同时，开始探索把考核结果与贫困退出机制相结合。

甘肃省明确规定：贫困县党政领导班子和领导干部经济社会发展实绩考核结果，作为贫困县领导班子调整配备、干部选拔任用的重要依据。同时，对具体的情况也作了相关规定：对“减贫摘帽”的县(市、区)，原有扶持政策不变，并给予奖励，党政正职予以提拔重用。对基础条件差、扶贫任务重但工作努力、成效显著、考核名次进步明显的县(市、区)的党政正职，择优予以重用。对连续两年考核结果为好且排名靠前的县(市、区)，党政正职符合干部任用条例的，优先提拔重用。提拔重用的干部，可视情在本市(州)安排，也可在省直部门或其他市(州)统筹安排。考核结果为一般的领导班子，对党政正职进行诫勉谈话；考核结果为较差的领导班子，对领导班子进行组织调整，党政主要领导、分管领导降职或改任非领导职务，其他领导干部一年内不得提拔使用或平职交流到重要岗位任职。考核结果为基本称职的领导干部，对其进行诫勉谈话，一年内不得提拔使用或平职交流到重要岗位任职。考核结果为不称职的领导干部，采取降职、免职等组织调整措施。

《贵州省贫困县党政领导班子和领导干部经济社会发展实绩考核办法》明确指出，扶贫开发工作成效显著的，可优先提拔使用。对贫困县扶贫开发工作考核结果优良的，按不同等次给予项目资金奖励。扶贫开发工作成效不明显，连续两年群众满意度不高的贫困县，由市（州）党委、政府约谈其党委、政府主要领导，督促整改落实。对整改落实不力的，按干部管理权限进行组织调整。

各地也在积极的探索贫困县考核机制与退出机制相结合的办法，基本的做法都是根据脱贫任务制定相关的时序任务安排。

10.2.10 存在的不足

总体来看，还存在以下几点不足：考核指标体系的科学性还有提高的空间。（1）部分考核指标的标准化程度还较低。尽管制订了考核指标体系，但在执行过程中仍存在着标准化程度较低的问题，同一个指标在实际考核中往往会出现不同的标准。(2）绿色发展的导向性还不够强。只有贵州省级的指标体系中有关绿色发展、生态文明、环境保护等内容，其权重为10%。甘肃省级考核指标体系中，还没有明确有关绿色发展的相关考核指标。另外，两省各县、乡的考核指标体系中，有关环境保护、绿色发展的指标还较低。(3）考核指标的动态调整还没有明确地纳入到考核体系中来。不断增多的突发性自然灾害、不断增多的大病侵袭、不断增多的交通事故、不断增多的社会治安伤害等导致了脱贫脆弱性和返贫易发性。两省的考核指标中对于返贫相关内容的考核还比较少。

考核过程还存在一定程度的形式主义。第一，在考核过程中有些本该实地考核的项目却只是听汇报、开座谈，简单地以“说”代“做”，存在“做得好”不如“说得好”，“做得好”不如“得票高”的问题。第二，考核的参与性还不够强。从制度设计上来看，两省的考核办法都设计了广泛参与的环节。但从实际情况来看，仍然存在很多问题，考核参与性仍然不是很广泛，尤其是上下级之间的考核和评估，群众对于政府、干部工作的评估，第三方考核评估的引入等，目前还比较缺乏。

考核结果的运用还有待提高。从当前情况来看，贫困县考核制度的作用非常明显，奖励也较为优厚。例如，贵州、甘肃两省对于脱贫乡镇都有一定程度的奖励。对个人，在干部任用方面也有所倾斜。但整体来看，考核结果的运用程度与干部的预期仍然还有一定的距离。尤其对于广大一般干部，其相对迫切的荣誉和物质奖励还都较少。

第11章　基于目标群体的考核机制创新评估

贫困县考核机制的主体是政府各级有关部门，考核的客体既有各级政府组织也有各级政府官员，同时，考核机制的目标群体、受益群体主要又是贫困人口。研究之初，我们拟打算完全从受益群体——贫困人口本身的视角出发，对贫困县考核机制进行第三方评估。然而，在调研的过程中，我们发现两个问题：第一，贫困人口虽然是贫困县考核机制的核心群体，但是在考核机制具体的运作中，却处于考核链条的最末端，考核机制并不直接作用于贫困人口，贫困人口也几乎难以参与到考核机制中来。同时，贫困人口对考核机制本身也缺乏最基本的认知和感受。第二，从贫困人口整体来看，其贫困状况的改变是精准扶贫机制、干部驻村帮扶机制、财政专项扶贫资金管理机制、金融服务机制和社会参与机制多项机制的合力，很难厘清某一项机制的具体贡献，只能做宏观的效果、影响评价，不做具体的收益产出评价。

基于这个考虑，对评价贫困县考核机制的效果以两个视角做出评估，一个视角以乡镇干部的视角评估考核机制的变化对于扶贫攻坚工作本身的影响，另一视角，以贫困人口的视角重点评估贫困户脱贫效果、贫困人口脱贫能力提升和贫困县扶贫脱贫治理体系改变等评价。

11.1　基于乡镇干部视角的贫困县考核机制创新效果评估

扶贫考核机制创新本身首先带来的影响是对扶贫工作本身的影响，因此，在调研的过程中，我们针对扶贫工作的具体参与者——县、乡干部设计了一份问卷，希望通过以问卷的方式测量乡镇干部对考核机制的看法、评价和意见。问卷基本有三部分内容，一部分是问卷和基层干部对考核机制预期的匹配程度，一部分是基层干部对考核制度的评价，还有一部分是基层干部感受到的考核机制创新带来的影响。

11.1.1　问卷总体情况

对乡镇干部的问卷调研，采取两种方式，一部分问卷直接发放至乡镇干部，由其自行填写然后调研组成员收回，一部分由调研组成员采取问答的形式直接填写。调研组在毕节市威宁县金钟镇、炉山镇、迤那镇，遵义市习水县三岔河乡、二里乡、寨坝镇，甘肃省定西市陇西县菜子镇、渭阳乡、柯寨乡，渭源县北寨镇、五竹镇、田家河乡，共12个乡镇进行了问卷调研，一共收回问卷155份。

其中，在县直部门工作36人，占样本总量的23.23%；在乡镇工作共有62人，占样本总量的40%；村里干部57人，占样本总量的36.77%，其中有3人分别来自于甘肃省财政厅、陇西市司法局、酒钢集团，常驻村庄帮扶，因问卷设计原因，一并以村干部计算。来自男性132人，女性22人。年龄最大60岁，最小20岁，平均年龄38.96周岁。样本具体情况见下表：

表11–1　乡镇问卷总体情况

	乡镇	年龄			性别		工作部门		
		最小	最大	平均	男	女	县级	乡镇	村干部
威宁县	炉山镇	23	45	38.59	7	2	0	5	4
	迤那镇	33	51	39.7	8	1	1	4	4
习水县	县政府	24	51	38.14	12	2	14	0	0
	二里乡	25	52	34.45	14	2	1	6	9
	三岔河	27	52	38.42	12	4	0	9	7
	寨坝乡	28	47	44.24	13	1	1	8	5
陇西县	县政府	31	42	37.83	7	0	6	1	
	菜子镇	27	50	37	7	2	0	4	5
	柯寨乡	23	60	35.92	10	1	2	3	6
	渭阳乡	26	40	31.8	7	3	0	5	5

续表

	乡镇	年龄			性别		工作部门		
		最小	最大	平均	男	女	县级	乡镇	村干部
渭源县	县政府	32	49	39.92	10	1	11	0	0
	北寨镇	28	54	38.14	11	1	0	7	5
	五竹镇	24	50	35.78	7	1	0	5	3
	田家河	27	41	32.6	8	1	0	5	4
合计		23	60	38.96	133	22	36	62	57

资料来源：根据调研问卷整理

11.1.2 考核机制预期评价

本部分问题主要考察扶贫考核制度是否符合基层干部预期，我们设计了几个问题重点考察基层干部对考核制度的预期，这也是评价考核制度科学性的因素之一。以乡镇干部的预期视角来看，甘肃、贵州两省考核机制考核体系设置科学合理，考核方式行之有效，考核结果运用适度、得当。具体情况如下：

1.从总体评价来看，两省基层干部对于所在县的贫困县考核机制较为认可。我们设计了直接针对贫困县考核机制合理与否的问题。总体来看，93.55%的基层干部均认为两省的贫困县考核机制合理，其中贵州有93.58%的干部认为贵州省的考核机制较为合理，甘肃省有92.21%的干部认为考核机制较为合理，两省也未出现明显的分化。具体情况见下表：

表11-2 基层干部对贫困考核机制的认可度

	题目	您认为，您所在的县，贫困考核机制合理吗：()		
	选项	合理	不合理	还没有考核机制
贵州（N=78）	选择	73	2	3
	占比	93.58%	2.56%	3.85%
甘肃（N=77）	选择	71	5	1
	占比	92.21%	6.49%	1.41%

续表

	题目	您认为，您所在的县，贫困考核机制合理吗：()		
总体（N=155）	选择	145	7	4
	占比	93.55%	4.52%	2.58%

2.从扶贫考核的内容来看，指标设计合理恰当，符合干部预期。两省考核机制的侧重点都在扶贫成效、基本生产条件和公共服务的改善上，与基层干部的预期相差不大。

我们设计两个问题，一个是考核的具体内容，一个是考试是否应该有差异化的标准。有88.39%的基层干部选择了应该将扶贫成效作为扶贫工作的侧重点；有61.29%的基层干部选择了将基本生产生活条件和公共服务作为侧重点；有70.97%的基层干部选择了经济发展；选择扶贫资金投入和管理的有40.65%，可以看出各个扶贫考核制度符合基层干部预期，基本也是将扶贫成效作为扶贫工作最主要的考核内容。另外，基本生产生活条件和公共服务的选择也接近扶贫成效，从一个侧面也反映该内容的重要性。

从考核设计的干部心理预期来看，两省的差异不大，在侧重点的预期上，两省略有差异，在基本生产生活条件和公共服务改善上，贵州省的预期更为强烈，有83.33%的干部认为扶贫考核的重点应该放在基本生产生活条件和公共服务改善上，甘肃只有58.44%。而在经济发展方面，甘肃省有67.53%的干部认为应该将考核重点放在经济发展上，而贵州只有55.12%。

有关考核标准的差异化，有超过87%的基层干部认为应该针对不同县的不同实际，设定不同的标准。两省差异不大。

	题目	政府扶贫工作进行年度考核，您认为侧重点应该放在：()			
	选项	扶贫成效	经济发展	基本生产生活条件和公共服务	扶贫资金投入和管理
贵州（N=78）	选择	72	43	65	35
	占比	92.30%	55.12%	83.33%	44.87%

续表

	选项	扶贫成效	经济发展	基本生产生活条件和公共服务	扶贫资金投入和管理
甘肃（N=77）	选择	65	52	45	28
	占比	84.42%	67.53%	58.44%	36.36%
总体（N=155）	选择	137	95	110	63
	占比	88.39%	61.29%	70.97%	40.65%
	题目	您认为，不同的贫困县，是否应该根据各县不同的实际，设定不同的考核标准			
	选项	应该	不应该	无所谓	
贵州（N=78）	选择	64	14		
	占比	82.05%	17.95%		
甘肃（N=77）	选择	71	5		
	占比	92.21%	6.49%		
总体（N=155）	选择	135	19		
	占比	87.10%	12.26%		

资料来源：根据调研问卷整理

3.从考核的方式来看，考核组织和实施行之有效。两省的考核机制创新中基本实现了多主体参与，在考核方式上结合了上评与下评、自评和互评，同时也一定程度上参考了贫困户的意见。这些机制创新，与基层干部的预期高度一致。

我们设计两个问题。一个是考核如何实施，一个是考核是否应该听取贫困户的意见。对于考核应该如何组织，我们设定四个选项上级主管部门根据数据情况考核、同事和下属评价、群众满意度评价、结合以上三项进行评价，有接近67.74%的基层干部选择了结合以上三者进行评价，可以看出基层干部认为考核的方式需要多方参与，从这一点来看，甘肃、贵州两省的扶贫考核创新实践也基本符合基层干部预期。省际差距也不大。

在给政府扶贫工作打分，是否要去问问贫困户的满意度，有86.45%的干部选择了需要，也凸显了目标群体在考核工作中的重要性，在这方面两省扶贫考核创新实践也基本符合基层干部预期。不过，甘肃省仍然有23.38%

的干部认为政府的扶贫业绩考核，不需要贫困户的满意度调查。

	题目	您认为对政府进行考核应该如何进行组织？()			
	选项	上级主管部门根据数据情况考核	同事和下属评价	群众满意度评价	结合以上三项进行评价
贵州（N=78）	选择	12	2	18	46
	占比	15.38%	3.56%	23.08%	58.97%
甘肃（N=77）	选择	10	1	7	59
	占比	12.99%	1.30%	9.09%	76.62%
总体（N=155）	选择	22	3	25	105
	占比	14.19%	1.94%	16.13%	67.74%
	题目	您觉得给政府扶贫工作打分，是否要去问问贫困户的满意度			
	选项	需要	.不需要	无所谓	
贵州（N=78）	选择	75	3		
	占比	96.15%	3.85%		
甘肃（N=77）	选择	59	18		
	占比	76.62%	23.38%		
总体（N=155）	选择	134	21		
	占比	86.45%	13.55%		

资料来源：根据调研问卷整理

4.从考核结果运用方面，结果运用适度、得当。总体来看，两省的考核结果运用基本都和干部的任用结合了起来，也在初步探索考核结果与退出机制的结合，与干部的预期较为一致；但较为缺乏有关荣誉和物质激励手段，有相当比例的基层干部认为考核结果也应当和荣誉、物质奖励挂钩。对此，我们设计四个问题，了解基层干部有关考核的结果运用的预期。具体情况如下：

（1）总体来看，两省有相当比例的干部认为考核制度应该与干部的任用结合起来，共有72.26%的干部认为贫困县考核应该和干部的升迁挂钩。

	题目	您认为贫困县考核应该和干部的升迁挂钩吗		
	选项	应该	不应该	无所谓
贵州（N=78）	选择	52	26	0
	占比	66.67%	33.33%	0%
甘肃（N=77）	选择	60	17	0
	占比	77.92%	22.08%	0%
总体（N=155）	选择	112	43	0
	占比	72.26%	27.74%	0%

资料来源：根据调研问卷整理

（2）但在奖励和惩戒两方面，干部出现了不同的预期。有关考核机制中激励机制部分的预期，在给予荣誉、提拔重用、现金奖励三个选项并没有显著的差异，分别是70.32%、77.42%、65.81%，省际预期差异不大，但相对来说贵州基层干部相较甘肃基层干部更希望激励机制与物质奖励、职务晋升结合起来。

有关考核机制中惩罚机制的预期，总体来看，基层干部基本认为考核的惩罚机制应该和荣誉惩戒、职务晋升结合起来，分别是64.52%和43.87%，只有3.87%的干部认为应当和物质惩戒（扣发工资）结合起来。在这方面，出现了较为强烈的省际差异，贵州省对于通报批评和不予提拔的预期差异不大，而甘肃省则有64.52%的基层干部认为惩戒机制主要应当是通报批评，而只有43.87%的干部认为应当不予提拔。具体情况见下表：

	题目	您认为，对于考核结果优秀的，应该以以下什么方式进行奖励			
	选项	给予荣誉	发放奖金	提拔重用	不应奖励
贵州（N=78）	选择	58	64	59	3
	占比	74.36%	82.05%	75.64%	3.85%
甘肃（N=77）	选择	51	56	43	1
	占比	66.23%	72.73%	55.84%	1.30%

续表

总体（N=155）	选择	109	120	102	4
	占比	70.32%	77.42%	65.81%	2.58%
	题目	您认为，对于考核结果不合格的，应该以以下什么方式进行惩罚			
	选项	通报批评	扣发工资	不予提拔	不应惩罚
贵州（N=78）	选择	42	2	43	2
	占比	53.85%	2.56%	55.13%	2.56%
甘肃（N=77）	选择	58	4	25	0
	占比	75.32%	5.19%	32.47%	0.00%
总体（N=155）	选择	100	6	68	2
	占比	64.52%	3.87%	43.87%	1.29%

资料来源：根据调研问卷整理

（3）有相当比例的干部认为，贫困县考核机制应该与退出机制结合起来，共有80.65%的基层干部认为贫困县的考核应该和贫困县“摘帽”挂钩。具体情况见下表：

	题目	您认为，贫困县的考核应该和贫困县“摘帽”挂钩吗		
	选项	应该	不应该	无所谓
贵州（N=78）	选择	70	8	0
	占比	89.74%	10.26%	0%
甘肃（N=77）	选择	55	22	1
	占比	71.43%	28.57%	1.30%
总体（N=155）	选择	125	30	1
	占比	80.65%	19.35%	0.65%

资料来源：根据调研问卷整理

11.1.3　主观感受评价

本部分内容主要考察基层干部对贫困县考核机制的科学性、作用，以及影响等几个方面进行测量。从调研问卷的结果来看，两省的贫困县考核体系指标设置合理、实施以来对扶贫工作有很积极的影响，同时，增强了扶贫脱贫责任、调动了扶贫脱贫积极性，加快了脱贫速度。

	题目	您所在的部门，在贫困考核任务分解中，所占的权重合理吗？			
	选项	合理	不合理	无所谓	没有纳入目标考核
贵州（N=78）	选择	66	8	2	2
	占比	84.62%	10.26%	2.56%	2.56%
甘肃（N=77）	选择	71	5	1	0
	占比	92.21%	6.49%	1.30%	0.00%
总体（N=155）	选择	137	13	3	2
	占比	88.39%	8.39%	1.94%	1.29%
	题目	扶贫工作考核机制实施以来，对扶贫工作推进作用是			
	选项	很大作用	一定作用	没作用	消极作用
贵州（N=78）	选择	38	35	3	2
	占比	48.72%	44.87%	38.46%	2.56%
甘肃（N=77）	选择	36	38	2	1
	占比	46.75%	49.35%	2.60%	1.30%
总体（N=155）	选择	74	73	5	3
	占比	47.74%	47.10%	3.23%	1.94%

资料来源：根据调研问卷整理

从这两个问题来看，绝大多数基层干部认为其所在部门的扶贫目标任务分解比较合理，对扶贫工作推进明显。但仍有8.39%的干部认为其部门任务分解不合理，我们进一步分析数据发现这13名基层干部大多出于乡镇，也反映出扶贫目标任务对乡镇干部工作压力过大。

绝大多数人认为扶贫工作考核机制实施以来，对扶贫工作推进作用明显，超过90%的基层干部认为扶贫考核机制实施以来，对扶贫工作起了很大作用或一定作用，其中47.74%的干部认为扶贫考核机制对扶贫工作推进作用很大，有47.1%的干部认为有一定作用。至于具体给扶贫工作带来哪些影响，详见下图：

考核机制创新给扶贫工作带来哪些影响

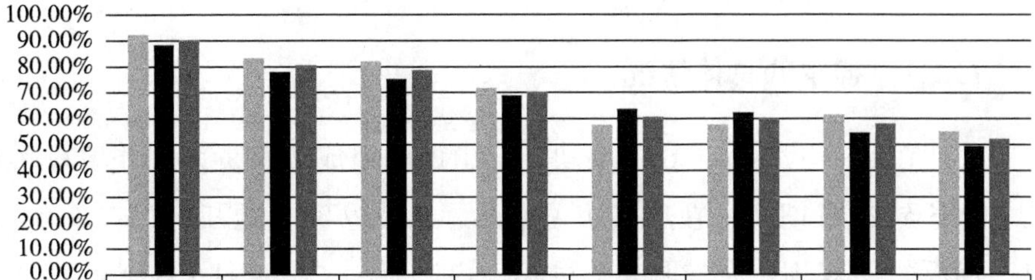

	调动扶贫脱贫积极性	增强扶贫脱贫责任	完善了扶贫治理体系	提升贫困户脱贫能力	加快了扶贫脱贫速度	实现目标转向	提升贫困县脱贫能力	指挥棒作用
贵州省	92.31%	83.33%	82.05%	71.79%	57.69%	57.69%	61.54%	55.13%
甘肃省	88.31%	77.92%	75.32%	68.83%	63.64%	62.34%	54.55%	49.35%
总体	90.32%	80.65%	78.71%	70.32%	60.65%	60.00%	58.06%	52.26%

■贵州省 ■甘肃省 ■总体

资料来源：根据调研问卷整理

有90.32%的基层干部认为贫困县考核机制调动了扶贫脱贫的积极性，这也是反应最强烈的变化；有80.65%的干部认为增强了扶贫脱贫的责任；有78.71%的基层干部认为从制度上完善了扶贫治理体系；有70.32%的干部认为提升了贫困户的脱贫能力；有60.05%的干部认为加快了脱贫速度；有60%的干部认为实现了发展目标的转向；还有58.06%和52.26%的干部分别认为提升了贫困县的脱贫能力和起到了指挥棒作用。

11.2　基于目标群体的贫困县考核机制创新效果评估

贫困人口是考核机制创新的目标群体，其不是考核机制约束的直接对象，其几乎不参与到考核机制中来，对考核机制相关的感知也很少。因此，我们希望通过问卷，对其贫困状况进行考察，以此来反映考核机制给贫困人口带来的变化。我们以问卷分析为主结合访谈和个案，就三个方面进行效果评估：第一，家庭收入和支出情况，希望通过这些问题考察考核机制创新实践前后家庭收入变化是否显著；第二，扶贫帮扶情况，考核机制创新前后到底扶贫帮扶情况变化是否显著；第三，目标群体对扶贫工作的评价。

11.2.1 样本的总体情况

我们在问卷里设计了相关模块，并由课题组成员负责询问并填写问卷。8月12日至20日期间，在遵义市习水县，对三岔河乡顺江村、二里乡二里村、雨溪村、寨坝镇友谊村4个村共入户调研51户，9月2日至9月10日，调研组在甘肃省定西市陇西县菜子镇牟河村、柯寨乡柯寨村，渭源县北寨镇张家堡村、五竹镇渭河源村、田家河乡元古堆村入户调研59户，有效样本共110份。

表11-3 入户问卷总体情况

			户均人口（人）	户均劳动力（人）	外出打工户均（人）	2014年人均收入(元)	人均耕地面积（亩）
习水县	寨坝乡	友谊村	4.67	2.45	1.22	6294.82	0.96
	二里乡	二里村	4.83	2.51	1.31	6391.03	0.89
	二里乡	玉溪村	4.33	2.34	1.29	4590.16	1.01
	三岔河乡	顺江村	4.42	2.62	1.36	2114.19	0.94
贵州小计			4.80	2.61	1.23	5678.44	0.94
陇西县	柯寨镇	柯寨村	4.14	2.12	1.15	6688.74	4.11
	菜子镇	牟河村	4.7	2.56	1.24	6611.74	4.07
渭源县	五竹乡	渭河源村	4.58	2.36	1.32	4768.87	3.85
	北寨镇	张家堡村	4.77	2.49	1.22	5732.23	4.23
甘肃小计			4.56	2.31	1.17	6124.58	4.02.
总计			4.66	2.47	1.28	5706.82	1.96

资料来源：根据调研问卷整理

调查家庭平均人数4.66人，户主年龄平均53.61岁，劳动力人数户均2.47人，外出打工人数户均1.28人，外出务工人员占户均人口的比重达27.47%，家庭主要劳动力为初中或高中文化程度。主要经济来源以种植业和打工收入为主，占比达64.3%，其他经济来源依次为养殖业、社会保障(低保)等。从家庭结构和生产情况来看，两省之间差异不大，甘肃人均耕地面积有4.02亩，远远超过贵州的0.94亩，其他数据差异并不显著。

11.2.2　贫困人口增收效益评价

我们设计了有关家庭收入和支出变化情况的模块，主要考察考核机制实践创新以来，家庭收入和支出的变化。值得说明的是，由于涉及跨年度的数据采集问题，农户很难较为精确回忆具体数据，因此，大部分数额都是估算，2014年户均收入出现了较大幅度的提高。总体来看，2014年户均收入大幅增加，但其增幅的主要贡献来自于扶贫项目，占到71.05%。具体统计情况见下表：

	贵州		甘肃		总体	
2014户均增收增幅项目	数额（元）	占比	数额（元）	占比	数额（元）	占比
粮食收入	122.61	1.90%	459.8	8.85%	302.11	5.32%
经济作物	323.07	5.02%	366.1	7.05%	345.16	6.08%
打工收入	414.32	6.43%	645.73	12.43%	567.58	10.00%
扶贫项目	4928.16	76.51%	3892.89	74.96%	4031.45	71.05%
低保、退休金	650.37	10.01%	−171.55	−3.30%	428.15	7.55%
其他	3	0.05%	0	0.00%	0	0
合计	6441.53		5192.97		5674.45	

资料来源：根据调研问卷整理

从入户调研的整体情况来看，2014年收入比2013年收入均有大幅提高，户均增收5674.45元，平均增幅达到28.13%。增幅的主要来源是扶贫项目增收，户均达到4031.45元，占户均增幅的71.05%；其次是打工收入，户均增加567.58元，增幅达到10%；其次是社会保障项目和经济作物收入。值得说明的是，从调研情况来看，贫困人口增收的主要来源还是各省差异化的扶贫项目、政策。由于贵州省普遍存在的贫困户退出奖励机制，在当年退出计划中的贫困户，会有5000元的养殖母牛奖励，按照当地市场情况，每头母牛每年带来的收益在5000元到8000元左右，实际上会大幅增加户均增收总额。在甘肃省调研的几个村，农户大规模地获得了小额扶贫贷款（3万元至5万元，但出现几个极值，有两户贷款都超过了20万元），又通过合作社形式入股分红，仅此一项每年户均收入就增收达4000元以上。另外，甘肃省也有养殖扶贫的相关补助，扶贫羊的养殖项目，如果农户能够有达到标准的羊圈，就会补贴5只母羊，也是增收的主要来源。具体增收情况见下图：

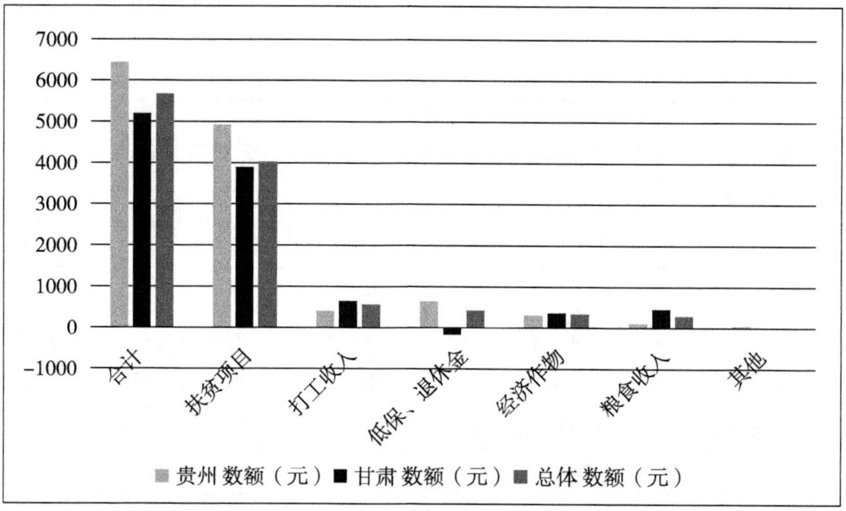

资料来源：根据调研问卷整理

在家庭支出方面，2013年和2014年支出变化并不大，2014年户均支出比2013年减少了51.2元，下降为1.36%。在支出方面，我们设计了生产性支出、生活性支出、上学支出、医疗支出、人情支出等几个方面，并未出现显著的趋势变化，有关支出的情况，在访谈中，农户一致的回答都是变化不大，或者差不多。

11.2.3　驻村帮扶效益评价

根据我们对问卷调研的分析，在考核机制的推动下，驻村帮扶工作落实有力，对农户脱贫致富贡献较大。几乎所有的农户都知道自己的帮扶人姓名或者工作单位之一，有超过80%的农户二者都知道。说明通过对驻村帮扶工作的考核，驻村工作展开的更有力了。超过80%的农户（92户）得到了驻村帮扶责任人带来的扶贫项目。有70%的农户认为帮扶责任人对脱贫致富的作用非常大，有15.45%的认为作用比较大，总体来看，超过85%的农户认为脱贫责任人对其帮助很大。

		帮扶责任人对您脱贫致富的作用程度如何				
		非常大	有作用	一般	作用小	没什么作用
贵州省（N=51）	频次	35	8	3	4	1
	频率	68.63%	15.69%	5.88%	7.84%	1.96%
甘肃省（N=59）	频次	42	9	6	2	0
	频率	71.19%	15.25%	10.17%	3.39%	0.00%
总体（N=110）	频次	77	17	9	6	1
	频率	70.00%	15.45%	8.18%	5.45%	0.91%

资料来源：根据调研问卷整理

通过对帮扶受益项目的分类汇总，我们发现考核机制创新实践以来，建档立卡贫困户的普惠帮扶政策和特惠帮扶政策落实情况较好。贵州省针对贫困户的扶贫项目大概有养殖母羊、脱贫户养殖母牛、危房改造、生态移民搬迁和小额贷款等。其中对贫困户增收帮助最大的是脱贫户养殖母牛和养殖母羊，基本可以实现持续稳定增收，每户的直接贡献都在3000元以上。几乎所有的建档立卡贫困户都有数目不等的项目扶持。

11.2.4 目标群体主观感受评价

我们设计了本部分用于考察贫困户对扶贫工作的主观感受，基本涵盖了农村生活的主要方面，试图通过本部分内容来直观的评价考核机制创新实践以来贫困户直接受益的综合状况。从问卷分析的结果来看，创新机制考核实践以来，建档立卡贫困户生活改善状况较大，增收明显，对扶贫工作的满意度不断上升。具体情况见下表：

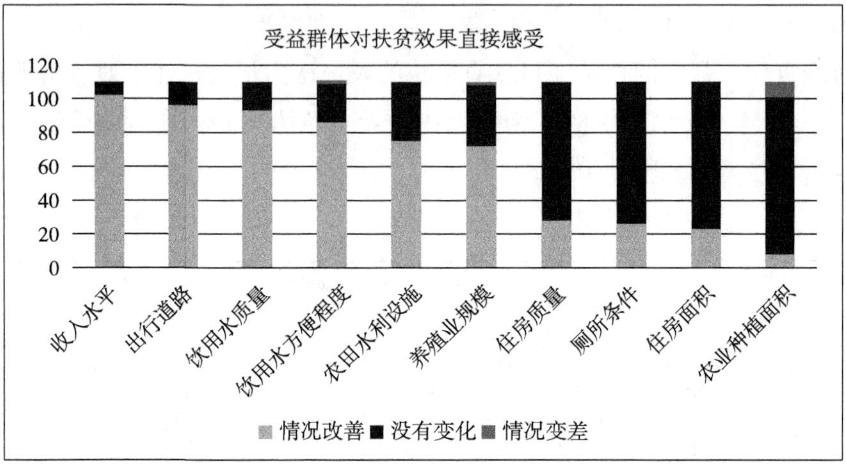

资料来源：根据调研问卷整理

从问卷情况来看，大部分贫困户的生活生产条件在考核机制创新实践以后得到了巨大改善，尤其是在收入水平、出行道路、饮用水方便程度、饮用水质量、养殖规模、农田水利设施几方面，群众评价都较高，认为这几方面的状况改善明显。住房质量、住房面积、厕所条件、农业种植面积几个方面有所改善，其中有些农户的改善不大，这些和住房、耕地等实际情况有关，住房面积、质量和农业种植面积的变化可能在短时间内改善难度较大。

11.3 评估结论、存在不足与政策建议

基于对贵州省贫困县考核机制制度分析和对调查问卷的分析，结合访谈

和座谈的资料，我们对贵州省贫困县考核创新实践情况进行了总体评估，同时对其制度本身及其影响效果也进行了评估，同时我们提出了相应的政策建议。

11.3.1　评估结论

基于对两省考核制度的调研和分析，总体来看，贫困县考核机制创新在实践中取得了重大突破：1.从制度设计上来看，建立了较为科学、合理、可行的贫困县考核制度；2.从制度实施上来看，贫困县考核制度运转良好，基本实现了预期目标；3.从制度后果来看，对贫困人口脱贫致富、贫困地区转型发展都起到了非常大的效果。

1.贫困县考核制度设计基本科学合理

（1）贫困县考核机制创新已经初步探索出相对完善考核制度体系。一方面，通过构建贫困县、贫困乡镇和贫困村的层级考核制度体系，以及对职能部门、行业部门考核的条块考核制度体系，基本明确了各级政府在扶贫开发中的具体责任。另一方面，通过构建各级干部、驻村工作队和驻村工作队员的考核制度体系，将与扶贫攻坚有关的各方面都纳入到了考核体系中来。通过构建相对完善的考核制度体系，为贫困县考核制度的实施奠定了制度保障基础。

（2）制定的考核指标体系较为科学实际。首先，基本能够根据贫困县与普通县的差异、贫困县与贫困县之间的差异，进行分类考核，立足贫困县实际情况，制定相应的考核指标体系。其次，突出了加快发展、科学发展的要求。把贫困人口和贫困人群收入增加作为指标体系中的重要内容，明确了脱贫致富是贫困地区首要任务的发展责任。第三，指标导向科学、发展目标合理。通过把扶贫开发作为经济社会发展实绩的主要内容，明确了通过增强贫困地区发展内生动力和活力，实现群众稳定增收的发展道路。根据贫困地区实际情况，弱化了贫困地区长期以来GDP导向、工业增加值和固定资产投资等指标考核，立足资源禀赋和环境优势，增加了特色优势产业指标和权重。第四，能够坚持以人为本。着重围绕改善生活条件、提高致富能力，加大了民生改善、社会事业发展情况的有关考核指标所占的比重。第五，强化了生态环境的保护。贫困地区特殊的自然环境，提高了有关生态文明建设的考核权重，注重“绿色发展”的新路子。

（3）初步建立并形成了科学、有效的约束机制。贫困县考核机制以考核领导干部和领导班子为核心，将贫困地区的扶贫脱贫作为主要考核对象，以考核结果作为领导干部培养和任用重要参考和依据，形成了很强的约束机制，并且起到了有效的指挥棒作用。

2.考核机制运转实施良好，实现了预期目标

（1）贫困县考核机制运转良好。一方面，制度建设较为完备。各级政府组织领导、协调统筹有力、制度建设完备。从调研的情况看，各级党委、政府、扶贫部门已经在积极出台或已经出台了各类考核办法、指标体系。另一方面，组织建设完备。各地积极抓实施、促落实，基本均通过组织部门设立了专门的考核办公室，负责贫困县考核工作，并建立起多部门共同参与的考核体制。

（2）创新了考核方式。在考核方式上，各地也在法律、政策允许的范围内积极创新，从各地的实践创新情况来看：在考核方法上，实现了分类考核与统一指标相结合；在考核实施上，实现了目标考核与过程考核相结合；在扩大参与上，实现了上评与下评、自评与互评的结合，并且一定程度上吸纳了群众意见；在考核周期上，实现了定期考核与日常督查的结合。

（3）强化了考核结果的运用。基本做到从扶贫开发工作一线考验干部，把干部扶贫开发工作中的实绩作为选拔使用干部的重要依据。同时，奖惩措施科学、适度、合理，基本实现了贫困县考核体系的预期目标。

3.有效地促进了扶贫攻坚进程

（1）对扶贫攻坚工作的导向作用明显。总体来看，贫困县考核机制导向作用非常明显。考核机制使贫困县的工作重心迅速导向扶贫脱贫，也形成了贫困县以扶贫脱贫为重点的社会氛围和环境。同时，通过这种导向作用，扶贫脱贫责任意识明显增强。考核机制明确了贫困县、乡镇村扶贫脱贫的具体

任务，并且将扶贫脱贫目标任务落实到驻村帮扶干部个人身上，从增强了对贫困户帮扶措施、就业培训、产业发展等责任，提升了扶贫脱贫能力的水平，加快了扶贫脱贫的效率和速度。

（2）对贫困人口脱贫致富作用明显。a.大幅增加农民收入。从调研的情况来看，考核机制创新实践从三方面大幅增加了农民的收入。第一，通过考核指标的调整，把农民收入作为各级政府的中心工作之一，从制度上提供了农民大幅增收的可能；第二，通过考核的实施，把驻村帮扶、结对帮扶工作落到实处，大幅的增加了扶贫帮扶的力度，从机制上为农民大幅增收提供了保障；第三，通过对扶贫项目、资金使用等方面的过程管理，使得扶贫资金、项目运行效率大幅提高，直接推动了农民收入增加。b.大幅改善了农民生产、生活条件。通过考核机制的约束作用，贫困县基本确立了以产业扶贫为主攻方向，以改善农民生产生活条件、增加农民收入、提高公共服务水平为重点任务的扶贫攻坚任务目标。引导扶贫项目资金向有利于农民生产、生活条件改善的项目倾斜。同时，也能通过规划引领、分类指导，开展相关的基础设施建设。c.大幅提升了农民脱贫意愿，调动了扶贫脱贫积极性。随着扶贫力度的不断加大，各项优惠政策不断落地，贫困地区发展脱贫的基础逐渐好转。考核机制创新对口帮扶、重点扶持、结对子、合作互助等方式，改善了贫困地区社会氛围，提高贫困人口思想认识，增强了农民的脱贫意愿。

（3）对扶贫治理体系优化作用明显。a.完善了扶贫治理体系。我国逐渐摸索出了符合中国实际的扶贫开发工作经验和做法，在扶贫治理体系方面取得了长足进步。但在新形势下，我国扶贫治理体系建设还存在着很多不足之处，贫困县考核机制一直是扶贫治理体系建设的短板之一。贫困县考核创新是新时期国家扶贫治理体系重要内容和任务。各地通过改进和完善贫困县考核机制，引导贫困地区把工作重点放在扶贫开发治理上，使扶贫治理力度得以强化，是对我国扶贫治理体系的重要补充。b.形成了大扶贫的扶贫格局。通过考核机制创新，促进了扶贫攻坚事业的整体发展。在六项创新机制中，通过考核创新机制，健全干部驻村帮扶机制，实现了驻村帮扶长期化、制度化，各级政府工作人员同贫困户直接而紧密地联系起来，几乎动员了全社会的力量参与到了扶贫体系中。同时，通过对社会参与机制及考核，更加能够广泛动员社会各方面力量参与扶贫开发制度，形成“大扶贫”的扶贫攻坚格局。c.改善了贫困地区乡村治理情况。考核机制有力推动了在新时期新条件下贫困地区乡村治理新体系形成，贫困村两委、驻村干部和帮扶工作队以及村第一书记和村民形成了贫困村新时期乡村治理新体系。同时，考核机制密切了干群关系，形成了乡镇与贫困村贫困户之间形成了日益密切共同体，减少和缓解了干群之间矛盾冲突。

（4）对2020年如期脱贫保障作用明显。a.提升了贫困县扶贫脱贫能力。一方面，考核机制通过“指挥棒”作用把贫困县的中心工作重新拉回到基础设施建设、特色产业发展等方面来，通过发展导向的变化，立足贫困县具体实际情况，强化贫困县脱贫的内生能力和动力，通过强基固本长久实现贫困县的脱贫能力。b.推动、促进了其他有关机制创新的改革。贫困县考核机制也促进了财政专项扶贫资金管理机制、金融服务机制的改革，同过强化贫困县扶贫体制，理顺县域扶贫关系实现贫困县扶贫脱贫能力的提升。例如，财政专项扶贫资金管理机制把资金分配与工作考核、资金使用绩效评价结果相结合，从而提升扶贫资金的效果。完善金融服务机制，可以充分发挥政策性金融导向作用，支持贫困地区基础设施建设和主导产业发展。c.倒逼了贫困县退出机制的建立和完善。各地根据不同自然社会经济条件，对贫困县、乡、村、户均制定了脱贫目标计划，并以此进行考核完成程度和水平，从而为2020年如期脱贫提供了制度上的保障作用。同时，各地也以贫困县考核机制创新为契机，一方面促进考核机制与退出机制相结合，一方面也倒逼了贫困县退出机制的建立和完善。

11.3.2 存在的不足

尽管两省的扶贫考核创新取得了的很大的成就，构建了完备的体系，形成了自己的特色，但我们通过对指标体系的分析，通过与基层干部和农民的访谈，还是发现贵州省贫困县考核创新实践存在以下几点不足：

1.乡镇面临的考核压力过大。乡镇是扶贫攻坚工作的具体执行者，很多操作的环节都需要乡镇干部去执行，然而，有些政策的制定没有考虑到基层实际，导致基层很难完成，比如小额信用贷款，需要户主本人签字，然而有的户主长期在外打工，上级却一味要求完成贷款比例，这种任务就无法完成。同时，有的工作也明显超出了乡镇的工作能力，比如，在有的地区对脱贫户人均居住面积有硬性的规定，不仅不符合农村实际情况，而且大大增加了乡镇的工作难度。

2.考核工作进度差异明显。贫困县考核机制实施推进速度和效果存在着区域差异性。总体来看，贫困县考核机制推进顺利，但地域之间还是存在明显的进度差异。省、县、乡之间在制度建设和实施推进方面还存在着很多差异性。第一，推进速度有快有慢，有的已经实施了多次考核，有些还处于完善信息和信息收集过程中。第二，考核制度实施的重视程度差异很大，有的地区一把手亲自挂帅，推进速度就很快。第三，重点县乡镇村户和非重点县乡镇村户、示范县乡镇村与非示范县县乡镇村户之间存在很大差异，示范点各项工作明显好于非示范点。

3.存在一定程度的形式主义。通过访谈，我们发现考核过程中存在形式主义的问题。主要体现在以下几个方面：第一，考核方式流于形式。在考核过程中有些本该实地考核的项目却只是听汇报、开座谈，简单地以“说”代“做”，存在“做得好”不如“说得好”，“做得好”不如“得票高”的问题，这样一来，让本该严谨的考核越来越趋于形式化、表面化扶贫考核；第二，民主测评流于形式。虽然各地有关扶贫考核制度大部分建立了民主测评的环节，但是却存在拉票跑票暗箱操作等形式；第三，考核结果运用流于形式，尤其是在与干部提拔任用等方面的结合还不够紧密。

4.部分考核指标的标准化程度还较低。尽管制订了考核指标体系，但在执行过程中仍存在着标准化程度较低的问题，同一个指标在实际考核中往往会出现不同的标准。例如，要求驻村干部每月驻村时间不低于20天，但究竟如何认定却是个问题，驻村干部到县镇开会、为村里联系业务等是否算驻村工作时间各地也都存在争议。

5.考核结果的运用还有待提高。从当前情况来看，贫困县考核制度的作用非常明显，奖励也较为优厚。例如，贵州、甘肃两省对于脱贫乡镇都有一定程度的奖励。对个人，在干部任用方面也有所倾斜。但整体来看，考核结果的运用程度与干部的预期仍然还有一定的距离。尤其对于广大一般干部，其相对迫切的荣誉和物质奖励还都较少。

6.考核机制的动态性和长期性还有待加强。扶贫和脱贫受到的非经济因素导致返贫影响力在不断提升，主要是不断增多的突发性自然灾害、不断增多的大病侵袭、不断增多的交通事故、不断增多的社会治安伤害等导致了脱贫脆弱性和返贫易发性。两省的考核指标中对于返贫相关内容的考核还比较少。

7.考核参与性还不够强。从制度设计上来看，两省的考核办法都设计了广泛参与的环节。但从实际情况来看，仍然存在很多问题，考核参与性仍然不是很广泛，尤其是上下级之间的考核和评估，群众对于政府、干部工作的评估，第三方考核评估的引入等，目前还比较缺乏。

8.绿色发展的导向性还不够强。通过对甘肃和贵州两省有关考核指标体系的分析，只有贵州省级的指标体系中有关绿色发展、生态文明、环境保护等内容的权重达到了10%。甘肃省级考核指标体系中，还没有明确有关绿色发展的相关考核指标。另外，两省各县、乡的考核指标体系中，除了对农村环境整治的指标之外，有关环境保护、绿色发展的指标还较低。

11.3.3 政策建议

贫困县考核机制创新实施顺利、效果明显，有力推动了我国扶贫攻坚工作。但从长期发展的角度来看，还需要进行完善，不断地创新新机制和新模式。从我们调研和访谈的情况，结合目前贫困县考核机制存在的问题，我们就贫困县考核机制的完善进行如下政策建议：

1.进一步强化和完善贫困县考核体制建设

首先，建议强化和理顺贫困县考核体制，建立专门的扶贫攻坚考核机构，明确考核机构职责和任务，充实力量和队伍建设。贫困县考核主要由组织、扶贫、统计等部门组成的临时机构组织实施，而扶贫攻坚牵扯面大，专业性强，现行的考核制度和内容有重复的部分，考核也有重复实施的内容，层级多，指标复杂。因此，建议建立统一的考核体系、成立专门的考核机构，强化和保证贫困县考核机制的顺利实施。第二，进一步把有关行业部门和职能部门的考核纳入到扶贫考核体系中来。从两省的实际来看，省级部门参与扶贫脱贫考核制度和考核指标体系及考核力度还都略显不足，强化省级和市县部分参与扶贫脱贫力度并制订参与扶贫脱贫目标考核指标，尤其是结合行业部分参与《片区区域发展和扶贫攻坚规划》政策、投资项目落实等进行考核机制的建立，将大大推动贫困地区扶贫脱贫进程速度和效果，也是对贫困县考核机制再完善。

2.进一步完善贫困县考核体系和考核指标

首先，进一步提升有关农民持续增收的相关指标权重。提高农民收入持续增长的产业体系培育指标的权重，没有可持续发展的产业支撑脱贫，最终有可能又会重新返贫。其次，提升绿色发展、生态环境保护等指标权重。不同功能区划分，产业结构的差异对资金、资源分配的要求区别较大，要通过增设生态保护指标，对生态涵养区的区域发展起到推动作用。整体来看，两省基本初步将绿色发展和生态环境保护的指标纳入到考核指标体系中来，但其所占比重还较低，因此建议进一步提升绿色发展、生态环境保护等指标权重。再次，在提高指标标准化程度的基础上，平衡定量与定性指标的分布。一方面，考核体系中部分考核指标缺乏合理性，很多指标已经超出了基层的能力范围，在指标设置的时候，要考虑基层的实际能力。另一方面，基层扶贫工作量大面宽，很多工作在量化考核中很难显现出来，建议增加这部分的考核内容。对一些确实难以量化的指标，应该在确定定性要求的基础上，比较详细具体地分解为若干考核要目，按“好”“较好”“一般”“较差”四个档次进行评价，然后再按一定的比例转化为定量得分。最后，完善贫困县考核指标体系和考核目标的动态调整。贫困本身就是动态发展的，要建立和完善考核机制中的目标动态调整机制，根据贫困的发展变化，适时调整各类考核指标。同时，从长远来看，对于2300元标准下的低水平扶贫脱贫，也要积极探索更高水平和标准的动态目标调整机制，增加指标体系的稳定性和长期性的重要手段。

3.进一步完善考核方法和程序

首先，进一步扩大考核的参与范围。在考核目标的制定上，扩大参与范围。上级的扶贫攻坚目标在扶贫工作中往往会逐级放大，一方面导致基层压力过重，损害基层的积极性；另一方面还有可能放大上级的决策失误。因此在目标考核的制定上，要扩参与程度，克服政绩考核的负面影响。其次，将上级组织对下级组织考核与下级对上级的考核紧密结合起来。也就是上评和下评相结合。当考核机制力度不断加大后，必然会对政府干部带来巨大的压力，出于政绩追求，基层很可能会出现一些短期行为，诸如编造数据和事实、注重形象工程、做表面文章，而忽视群众实际的实惠和效果。通过上评和下评的结合，一定程度上消除短期行为的弊端。第三，通过第三方评估提升贫困县考核机制和实施效果真实性和认知度。目前扶贫工作中的一些重点项目的过程和结果评估，已经超越了基层政府的能力，对此类项目工作的考核难免出现纰漏，引入第三方评估可以在技术上解决这个问题。同时，第三方一般来说拥有更好的技术优势、人才优势和渠道优势。另外，第三方评估处于一个超然状态，一定程度上可以更客观、公正的去考核。第三方评估的最大功效就在于客观性， 避免和减少了利益关系、工作关系带来的不公平不公正和其他一些非正常因素的偏差。最后，进一步提高过程考核的强度。考核不仅仅是对扶贫脱贫结果的考核，更重要的是对脱贫过程的考核。扶贫脱贫过程，可以形成扶贫脱贫新型关系的建立，促进了脱贫能力的提升。例如驻村帮扶干部与贫困家庭建立起新型的关系，改善了脱贫致富理念。与此同时，过程的考核也是提升扶贫脱贫效果，监督责任落实的重要手段，没有过程考核和监督，将会大大降低扶贫脱贫应有的潜力和效果。

4.进一步扩大考核结果的运用范围

一方面，进一步探索完善对普通干部考核结果的运用。贫困县考核机制结果的运用集中在党政领导干部考核，各地对于考核结果的运用，大多强调要把考核的结果与干部任用相结合，但与干部任用相结合，对于那些组织重点培养的干部来说，意义较大。但大多数干部承担的扶贫攻坚任务有限，其工作实绩也有限，所以目前考核结果运用的方式对一般干部来说影响并不大。一般干部迫切期望的荣誉和物质奖励也较少。因此，建议对于结果运用也分类实施，对于一般干部，把干部考核结果多于荣誉和物质奖励挂钩。另一方面，积极探索考核机制与退出机制相结合，扩大考核结果的运用范围。现有的扶贫开发过程中，由于戴上贫困县的帽子能够给当地带来更多的转移支付和优惠政策。各地普遍存在着争取戴贫困县帽子的实事，这就造成地区县之间的恶性竞争和道德风险。扶贫的最终目的是为了提高贫困人口的生活水平，减少绝对贫困人口数量，这是2020年前我国扶贫开发的主要工作。随着时间的推移和扶贫开发工作的深入，贫困格局将会出现新的变化，贫困县、村、户的退出机制不可避免地要登上历史的舞台。因此，建议积极探索考核机制与退出机制相结合，扩大考核结果的运用范围。

第六篇　脱贫与退出：我国贫困退出机制研究

第12章　到2020年我国脱贫的预测

为了确保我国贫困人口到2020年如期脱贫，为了实现我国2020年全面建成小康，贫困人口、贫困户、贫困村、贫困乡（镇）、贫困县在近五年的时间里实现逐步退出问题亟待解决。本部分研究将对我国贫困人口、贫困户、贫困乡（村）、贫困县逐步退出的总态势和规律进行研究。

12.1　2011年–2020年我国贫困人口动态变化预测

2015年10月29日，十八届五中全会公报提出，到2020年实现全面建成小康社会新的目标要求。针对扶贫，公报提出“我国现行标准下农村贫困人口实现脱贫，贫困县全部摘帽，解决区域性整体贫困”。这意味着，从2014年统计以来到2020年的六年时间，每年要减贫1170万，任务非常繁重艰巨。本部分研究将通过四种不同的方法对贫困人口脱贫进行预测①。

1.按照贫困人口增收预测

贫困人口的脱贫的核心指标就在于人均可支配收入，按照贫困人口人均

① 在具体分析之前，需要对贫困人口做一说明。目前在政策层面涉及的“消除贫困”“确保贫困人口到2020年如期脱贫”“我国现行标准下农村贫困人口实现脱贫”“确保到2020年所有贫困地区和贫困人口一道迈入全面小康社会”等等，这里的贫困应该指的是“绝对贫困”或者“绝对贫困人口”。绝对贫困又叫生存贫困，是指在一定的社会生产方式和生活下，人和家庭依靠其劳动所得和其他合法收入不能维持其基本的生存需要，这样的个人或家庭就称之为贫困人口或贫困户。按国际标准，每天收入低于1.9美元的人为绝对贫困，不同的国家因国情不同其标准略有差异，目前中国的标准为每人每年收入低于2300元为绝对贫困。而相对贫困则是指那些在物质和生活条件上相对于他人匮乏的状态。相对贫困具有动态性，扶贫标准会随着经济发展、居民收入水平以及社会环境的变化而变化。可以预见如果我国在全面消除绝对贫困之后在相当长的一段时间内会存在相关贫困，而相对贫困的比重如何把握也需要进一步的研究。

可支配收入的变化可以预测我国贫困人口减贫的时序。在具体深入推进精准扶贫工作的过程中，各省市在制订目标时，扶贫对象年均纯收入增幅一般高于全省平均水平2个百分点以上（以甘肃省为例）。以贫困地区贫困人口的人均可支配收入为主要参考标准，从全国逐级分配到各省、各市、各县，从而完成整个减贫脱贫任务。

本部分研究拟以全国贫困户建档立卡总数为基数，按照农民人均可支配收入和贫困人口人均可支配收入进行年度贫困人口分解安排。考虑到近两年来，我国相继出台了一系列惠民利民政策，尤其增加了对贫困地区的政策优惠与倾斜力度，面向贫困地区投入各类扶贫资金，坚持以人为本，充分尊重贫困农户的意愿，认真研究扶贫项目，并协助制定具体方案，指导帮助贫困村制订发展规划、选择主导产业、帮助贫困户落实致富项目，并努力在资金、技术、流通等环节做好服务。这些对贫困地区基础设施改善、村容村貌治理、特色产业发展等方面起到了推动作用，在改善了贫困地区农民的生活水平的同时，有效地提高贫困人口的人均可支配收入水平。

按照各地政府与行业的投资力度与农民的参与热度，可以预测贫困地区在未来五六年时间内收入水平会有稳步的提高。从目前的情况看，可以预测2015年-2017年这前三年我国对于扶贫脱贫投入较大，能够保证贫困地区贫困人口稳步增收，并且可以预见这种增长将成为推动我国新常态下经济发展的有效动力。通过对贵州、甘肃等地的调研，我们发现目前大部分贫困人口的收入水平已经达到国家贫困线标准，这对我们来说是个好消息，同时也能感受到贫困地区尤其是贫困人口对未来发展充满信心和希望。对于2018年-2020年后三年的发展，考虑到前期充分的投入优势的慢慢释放与带动，势必会乘势追击，完成消除贫困人口的任务。

表12-1　2003年-2015年我国农村人均可支配收入与贫困人口可支配收入比较

年份	农民人均可支配收入（元）	农民人均可支配收入增速（%）	贫困人口人均可支配收入（元）	贫困人口人均可支配收入增速（%）	贫困线（元）
2003	2622.2	4.3	1049.24	6	637

续表

年份	农民人均可支配收入（元）	农民人均可支配收入增速（%）	贫困人口人均可支配收入（元）	贫困人口人均可支配收入增速（%）	贫困线（元）
2004	2936.4	6.8	1112.19	7.6	668
2005	3254.93	6.2	1178.92	6.5	683
2006	3587.04	7.4	1249.66	10.1	693
2007	4140.36	9.5	1337.13	12.1	785
2008	4760.6	8	1457.48	7.6	1196
2009	5153.2	8.5	1574.07	9.2	1196
2010	5919	10.9	1715.74	11.2	2300
2011	6977	11.4	1887	11	2536
2012	7917	13.5	2064.6	11	2625
2013	8896	9.3	2243.3	11	2736
2014	9892	9.2	2579.6	11	2884
2015	11000	9.2	2863.8	11	3028

注：农民人均可支配收入根据国家统计局网站计算整理获得，贫困人口人均可支配收入根据扶贫办国家重点县农民人均纯收入扣除物价水平后整理计算而得。

2014年农民人均可支配收入增速达到9.2%（见表12-1），贫困人口人均可支配收入增速达到11%；预计2015年农民人均可支配收入增速达到9.2%，贫困人口人均可支配收入增速达到11%；2016年农民人均可支配收入增速达到9%，贫困人口人均可支配收入增速达到12%；2017年农民人均可支配收入增速达到9%，贫困人口人均可支配收入增速达到12%。按照这种速度，2015年我国贫困人口的人均可支配收入可以到达2864元；2016年我国贫困人口的人均可支配收入可以到达3207元；2017年左右我国贫困人口的人均可支配收入可以到达3592元（见图12-1）。

图12-1 2010年-2020年我国贫困人口收入变化预测图

进一步参考比较目前国家贫困线标准——以2010年不变价计算的2300元，按照物价指数调整，从2011年-2015年，分别为2536元、2625元、2736元、2884元和3028元，平均上涨6%。如果按照这个平均上涨幅度，预计到2020年2300元的贫困标准约4100元左右。从图12-1可以预测，2016年的贫困标准为3207元/人/年，届时我国贫困人口人均可支配收入将达到3236元/人，也就意味着在我国现行标准下农村贫困人口能够实现脱贫，可以顺利实现消除贫困的任务。

2.按照贫困发生率变化来预测

按照几何平均法（其基本公式为 $\overline{x_g}=\sqrt[n]{\frac{x_n}{x_0}}$ ），根据2009年-2014年数据，我们可以计算出2009年-2014年6年贫困发生率的贫困增速是-17.23%，如果以此增速预测，到2020年全国贫困发生率预测为2.32%（见图12-2），按照总人口为96362万人（固定点监测样本不变），可预测出2020年贫困人口为2236万人。

根据李实教授课题组《新时期缓解农村贫困的政策评估与减贫潜力预测》研究报告结论，未来贫困发生率存在三条可能性比较大的变化趋势：相对乐观——相对减少率15%；中观——相对减少率与2000年至2007年相同，保持10%左右；相对悲观——相对减少率5%。综合各种因素的影响，在2020年贫困发生率预期能够下降至2%至4%左右，能够减少4000万至6000万贫困人口。以此推算，到2020年，我国贫困人口的将在2000万至4000万人之间。

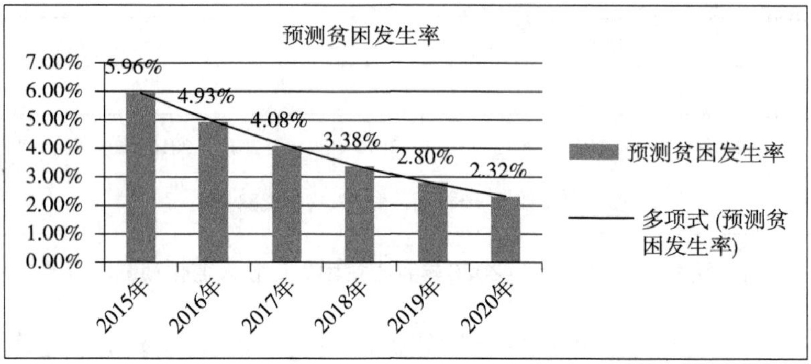

图12-2 2015年-2020年各年贫困发生率预测值

3.根据上一轮减贫区间幅度变化规律预测

2000年-2010年正好是我国扶贫新时期《中国农村扶贫开发纲要(2000—2010)》实施10年，以2011年为界限，新扶贫标准开始实施，对照上一轮的减贫变化规律，则可以粗略的推算出新阶段尤其是2015年-2020年减贫变化趋势和到2020年贫困人口规模。数据资料显示，2000年-2010年我国贫困人口减贫幅度变化见表12-1：

表12-2 2000年-2010年我国贫困人口及减贫幅度变化表

年份	标准（元/人）	规模（万人）	贫困人口减少幅度	发生率（%）
2000	865	9422		10.2
2001	872	9029	4.17%	9.8
2002	869	8645	4.14%	9.2
2003	882	8517	1.48%	9.1
2004	924	7587	10.91%	8.1
2005	944	6432	15.22%	6.8
2006	958	5698	11.41%	6.0

续表

年份	标准（元/人）	规模（万人）	贫困人口减少幅度	发生率（%）
2007	1067	4320	24.18%	4.6
2008	1196	4007	7.25%	4.2
2009	1196	3597	10.23%	3.8
2010	1274	2688	25.27%	2.8

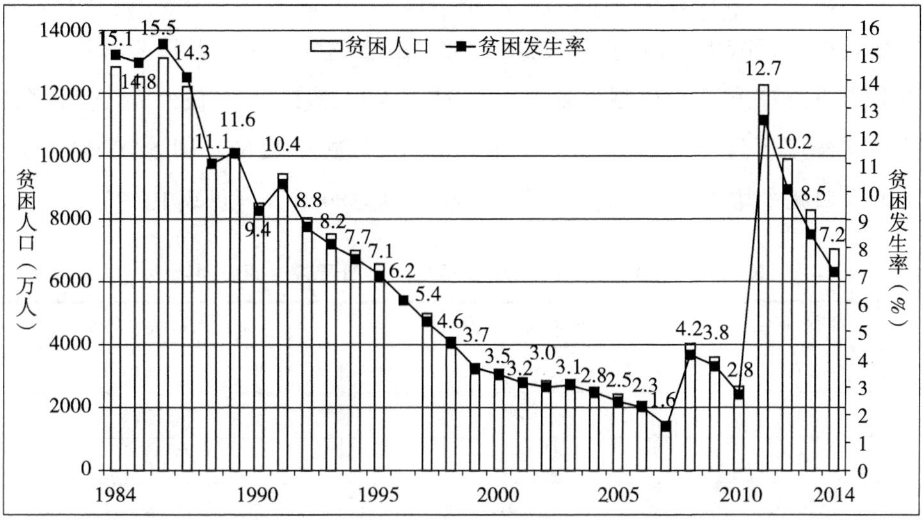

图 12-3　1984 年-2014 年不同标准下我国贫困人口及贫困发生率情况

30 多年来我国扶贫开发实践来看，每一轮减贫幅度都呈现出极其相似性的变动趋势和规律。从 2013 年底开始，全国各地再次动员，以实施精准扶贫为核心，全面开展贫困识别。经过多举措，2013 年减少贫困人口 1650 万，2014 年减少 1232 万人，连续两年都完成了减贫 1000 万人以上的目标任务（见图 12-3）。按照这一特点，就可推算 2015 年-2020 年区间的减贫规模。根据 2001 年-2010 年这一轮贫困人口减少幅度可以看出，在 2005 年-2010 年区段的贫困人口减少幅度（58.2%）比 2001 年-2005 年贫困人口减少幅度（31.7%）增加 26.4 个百分点。按此增幅推算，目前我国在 2011 年-2014 年的减贫幅度为 42.7%，那么，2011 年-2014 年贫困人口减少幅度将在

42.7%基础上，增加26.4个百分点，约为69%左右，即贫困人口约为2168万人。

4.根据2011年以来中国减贫速度预测

2011年我国贫困人口为12238万，2012年为9899万人，减少19.11%，2013年贫困人口8249万人，减少16.7%；2014年贫困人口7017万人，减少14.9%。以贫困人口为基础的家庭贫困户，主要以家庭人均可支配收入为主要衡量指标。2013年我国确定的贫困线为2300元，2011年-2014年贫困人口数量虽一直减少，但是减贫难度增加，减贫速度减少，若按照每年约1个百分点下降速度进行预测，到2020年贫困人口减少速度为8.9%。根据预测的减贫幅度可计算出2015年-2020年贫困人数减少数量，到2020年，预测贫困人口减少幅度为8.9%，贫困人口预测为3389万人（见表12-3）。

表12-3　2011年-2020年我国贫困人口及减少幅度预测表

年份（年）	贫困人口（万人）	贫困人口减少幅度
2011	12238	
2012	9899	19.11%
2013	8249	16.7%
2014	7017	14.9%
2015	6041	13.9%
2016	5261	12.9%
2017	4634	11.9%
2018	4129	10.9%
2019	3720	9.9%
2020	3389	8.9%

注：2015年-2020年为预测值。到2020年全面消除贫困人口，表中贫困人口包括无劳动能力或缺乏劳动能力人口。

综上所述，到2020年，我国贫困人口约为2600万人。如何看待这2600万贫困人口呢？这与消除绝对贫困是否矛盾？按照扶持对象精准、项目安排精准、资金使用精准、措施到户精准、因村派人精准、脱贫成效精准的要求，使建档立卡贫困人口中有5000万人左右通过产业扶持、转移就业、易地搬迁、教育支持、医疗救助等措施实现脱贫，其余完全或部分丧失劳动能力的贫困人口实行社保政策兜底脱贫。我们认为，对照上一轮扶贫开发在末期（2010年）贫困人口2688万人，仔细分析其贫困人口的结果发现，2688万人口中，基本上都是无（丧失）劳动能力的五保户、低保户等。与此相似，可以推断，2020年本轮扶贫开发末期的2600万贫困人口，同样主要是缺乏和丧失劳动能力的贫困人口、低保户和五保户人群（注：2014年建档立卡贫困人口中，约有3100万无劳动能力或缺乏劳动能力人口）。全面建成小康社会，这部分人群也应该脱贫，但通过正常的开发式扶贫手段，很难奏效，需要实施保障性扶贫，由国家社会保障政策进行兜底，可通过提高低保、养老保险等社会保障标准，实施多种保障性扶贫增加资产性收入（如光伏扶贫、股权收益）等手段，将这部分人的年收入提高到2300元以上（2010年不变价）。这样，绝对意义上的贫困也就基本上可以消除了。

12.2　2011年-2020年我国贫困村动态变化预测

根据《全国农村扶贫对象建档立卡工作方案》，贫困村的脱贫目标主要是贫困人口人均可支配收入和基础设施建设情况两项。目前全国各省、市按照自身的发展情况分别制订了贫困村出列计划。贫困人口人均可支配收入变化与上文贫困人口动态变化预测的相似，预计到2015年，乡一级农民人均可支配收入达到6088元以上，2016年达到6931元以上，2017年达到7865元以上；2017年，乡一级农村贫困人口人均可支配收入达到4250元以上。基础设施建设情况综合道路硬化、饮水安全、危房改造、农电保障、信息网络、易地搬迁、生态环境建设和村容村貌整治等方面，对于基础设施建设情况良好的优先考虑退出，基础设施情况较差或者建设进展较落后的推后退出。对于贫困村的退出，目前主要采取“整村推进”的政策，配合驻村干部与驻村工作队开展工作。

甘肃省开展以“单位联系贫困村，干部联系贫困户”为主要内容的双联性行动，落实贫困村退出计划。贵州省目前在50个贫困县、934个贫困乡（镇）中还有25个县和409个贫困乡镇未实现“减贫摘帽”。贵州省出台了《贵州省领导干部遍访贫困村贫困户试行办法》，要求省级干部带头示范，各级干部整体联动、整合力量，遍访全省9000多个贫困村和所有贫困户，促进精准扶贫，提高减贫实效，确保同步小康。湖南省扶贫办对各县市区扶贫开发领导小组审定批复的2015年-2020年贫困村进行备案汇总，全湖南省2015年-2020年贫困村共8000个。云南省计划减少贫困村4277个，确保2016年-2020年全省每年平均实现约860个贫困村脱贫出列，2020年实现全省4277个贫困村脱贫出列；减少贫困乡476个；确保2016年-2020年全省每年平均实现约95个贫困乡脱贫出列，2020年实现全省476个贫困乡脱贫出列。

按照目前贫困村、贫困乡（镇）出列的大体思路，在完成对贫困乡（镇）基本识别和认定的基础上，在预计时间内完成贫困村全部出列计划，目前各地分别制定了贫困乡镇分年度减贫名单、贫困村分年度减贫名单，具体到每一年每一个村。按照全国29982个贫困乡（镇）预算，从2014年开始到2020全部出列的任务，从全国来看每年平均需要实现约4283个贫困乡（镇）出列计划（云南省主要按平均数分配出列任务）；其余省市贫困乡镇出列计划来看，2014年-2017年安排出列比重较大，以贵州省为例，前三年（2015年-2017年）实现375个贫困乡（镇）退出，后三年（2018年-2020年）实现34个贫困乡（镇）退出，前三年占比91.68%，后三年占比9.32%，照此类推全国，预计到2017年可以实现27283个贫困乡（镇）退出，剩余2699个贫困乡（镇）在后三年依次安排退出。

全国12.8万个贫困村，从2015年开始到2020年全部出列的任务，从全国来看每年平均需要实现约2.13万个贫困村出列计划。从目前的部分省市贫困乡镇出列计划，2014年-2017年安排出列比重较大，以贵州省为例，前三年（2015年-2017年）实现5800个贫困村出列，后三年（2018年-2020年）实现3200个贫困村出列，前三年占比64.44%，后三年占比35.56%。照此类推全国，预计到2017年可以实现26.72万贫困村出列。若以甘肃省为例，甘肃省共6220个贫困村，2014年完成900个左右贫困村的出列，占省总贫困村的14.47%；2015年安排1000个贫困村出列，占省总贫困村的16.08%；按照甘肃省“前三年集中攻坚”的目标，预计2016年、2017年将分别完成2000个贫困村出列任务，占省总贫困村的32.15%。如果按此方法类推全国，2015年将实现1.92万个贫困村出列，2016年预计实现4.12万个贫困村出列，2017年预计实现4.12万个贫困村出列。总体来看，全国贫困村在前三年可以实现80%的出列，其余贫困村在后三年稳步推进可以实现预期目标。

12.3　2011年–2020年我国贫困县动态变化预测

所谓国家级贫困县，并不能从字面上直接理解为我国最贫穷的那部分县，而是指国务院扶贫办在一份名单中认可，从而能获得从国家到地方各类财政拨款和援助的贫困县区。我国在1986年确定了331个国家重点扶持的贫困县，后来经过3次调整，2011年贫困县的总数为592个。另外，按照2011年我国划定的贫困地区连片特困地区的办法，又相继进入了一些连片特困地区县，目前全国一共有680个连片特困地区县，其中包括440个国家扶贫工作的重点县，在片区县以外还有152个重点县。现在扶贫工作的主战场和扶持的主要对象是832个片区县和重点县。目前832个片区县和重点县仍然是我们国家经济发展程度最低、比较落后的欠发达县，这些县进入了重点县的序列，能够享受到国家资金、政策帮扶上的多种优惠和帮扶措施。

我国现阶段贫困县可以分为国家扶贫开发工作重点县和集中连片特殊困难地区县，本部分研究分别对其进行预测。2001年，配合《中国农村扶贫开发纲要（2001—2010年）》的出台，我国取消了沿海发达地区的所有国家级贫困县，增加了中西部地区的贫困县数量，但总数仍为592个，同时将国家级贫困县改为国家扶贫开发工作重点县，西藏作为集中连片贫困区域全部享受重点县待遇。2011年国务院印发《中国农村扶贫开发纲要(2011—2020年)》,纲要明确指出:国家将六盘山区、秦巴山区、武陵山区、乌蒙山区、滇桂黔石漠化区、滇西边境山区、大兴安岭南麓山区、燕山—太行山区、吕梁山区、大别山区、罗霄山区等区域的连片特困地区和已明确实施特殊政策的西藏、四川藏区、新疆南疆三地州,作为扶贫攻坚主战场。我国14个集中连片特困地区中,农民人均纯收入2676元,仅相当于全国平均水平的一半;在全国综合排名最低的600个县中,有521个在片区内,占86.8%。

2014年开始,《关于创新机制扎实推进农村扶贫开发工作的意见》提出贫困退出机制,未来贫困县将逐步退出和减少,到2020年,随着消除绝对贫困基本实现,贫困县也将全部退出。贫困县如何摘帽,关键还靠人均纯收入(现在国家考核指标应为人均可支配收入)的增加。为此,2014年中办、国办发布的《关于创新机制扎实推进农村扶贫开发工作的意见》明确,要把提高贫困人口生活水平和减少贫困人口数量作为重点县主要考核指标。事实上,到2020年时,我国重点县的贫困发生率预测为2%左右,明显低于3%。在这里我们主要根据2011年到2013年扶贫重点县贫困发生率以及上一轮(2002年-2010年)扶贫重点县贫困人口和贫困发生率变化趋势来进行预测的。基于2011年-2013年贫困发生率变化趋势预测,到2020年贫困发生率为1.53%。随着2011年以来我国贫困标准定为2300元,扶贫重点县的贫困发生率也逐年减小,从2011年的29.2%降低到2013年的20.2%,可算得2011年到2013年扶贫重点县贫困发生率的平均降低速度为30.82%,按照此降低速度预测到2020年扶贫重点县贫困发生率可降低到1.53%。按此比例,我国贫困县将会实现全部退出。

12.4 2011年-2020年我国贫困退出的演变趋势

1.伴随人均可支配收入提高,贫困县、贫困乡(镇)和贫困村退出成为必然趋势。从贫困退出的关键指标来看，贫困人口如期脱贫、贫困县全部摘帽，关键还靠人均可支配收入的增加。随着国家对扶贫开发重视程度加大、扶贫攻坚力度加强，无论是在财政投资还是全社会参与方面，已经逐渐形成了全社会扶贫大格局。在这种扶贫大格局中，在经济新常态的背景下，在国民经济保持稳步增长的前提下，贫困地区将成为支撑和推动我国经济发展的新的增长点，贫困地区也将实现人均可支配收入的稳步提高。贫困地区人均可支配收入的稳步提高，也就意味着贫困县、贫困乡（镇）、贫困村以及贫困户的逐步脱贫。

2.我国贫困地区的发展和退出将呈现全方位、多维度特点。从贫困地区的社会经济综合发展情况来看，伴随我国国民经济创新发展、协调发展、绿色发展、开放发展、共享发展的新态势，贫困地区的发展将会摆脱过去传统粗放型发展方式，摒弃“唯GDP”的发展观念，转变单一的发展模式。进一步退出的标准也将在此发展理念基础上发生变化，将主要考核地区生产总值向主要考核扶贫开发工作成效转变，对限制开发区域和生态脆弱的国家扶贫开发工作重点县取消GDP考核，把提高贫困人口生活水平和减少贫困人口数量作为主要指标。在新的发展格局中，在新的政策引导下，贫困地区将会取得经济社会文化全方位的健康发展，这也就促进贫困县、贫困乡（镇）、贫困村的全方位退出，在考核评价贫困退出时从多维视角综合考察贫困地区的发展情况，实现优化退出、高效退出。

3.贫困退出完成时间，将集中在2018年–2019年时间段，而后会经历一段时间（2019年–2020年）的稳定和巩固期。从贫困地区退出时间和节奏来看，在可预见的时间（2015年–2020年）内，前四年会出现集中退出局面，后两年将会是巩固退出成果阶段。由于政策的集中出台以及资金的集中投放，对于贫困程度浅、致贫原因弱的贫困对象会优先受益于政策红利，将会提前脱贫。考虑政策和建设任务的滞后性，预计四年后将会是集中退出阶段。但是需要认识到，“十三五”期间减贫难度边际不断递增，要想完成扶贫攻坚的任务需要付出越来越大的努力。特别是对于那些没有退出的贫困对象尤其是因病、因残、因灾致贫返贫群体应该予以重视，后三年的扶贫工作将会聚焦于这部分最难啃的“硬骨头”，此阶段应该采取相应的措施对脱贫成果进行巩固和提升。

4.贫困县乡镇和村户退出将呈现明显的区域性差异。从全国片区县和重点县退出的空间分布来看，14个集中连片特困地区和重点县的退出将会呈现区域性差异。由于地理环境特殊、地域差异明显，再加上贫困地区生存条件差异大、基础设施薄弱、自然灾害频发、经济社会发展滞后，在实施脱贫攻坚工程过程中，对于自然环境较好、气候条件较好以及基础设施建设成本较低的地区，将会率先退出、全域退出；而相对较差、较弱、施工成本较高的地区则会在较晚退出、零散退出。

第13章　贫困退出机制的构建

贫困退出机制是一项系统工程，本部分在总结借鉴现有的经验做法的基础上，提出构建全面建成小康社会贫困退出机制的基本框架与思路。

13.1　贫困退出机制构建的基本框架

“机制”一词最早源于希腊文，原指机器的构造和工作原理。机制是以一定的运作方式把事物的各个部分联系起来，使它们协调运行而发挥作用的。理解机制概念，最主要的是要把握两点：一是事物各个部分的存在是机制存在的前提，因为事物有各个部分的存在，就需要有一个如何协调各个部分之间的关系问题；二是协调各个部分之间的关系一定是某种具体的运行方式。

贫困退出机制不仅受贫困户自身素质、家庭条件和经济社会发展水平影响，而且受户籍、土地、保障等制度环境的综合作用。因此，贫困退出机制是在满足贫困退出基本条件下，涵盖贫困退出的动力、补偿、风险、激励与约束等一系列相互作用的各种经济社会关系、组织制度所构成的综合系统机制。此外，为了保证研究的整体性、客观性和公正性，贫困退出机制纳入了第三方评估机制（如下图13-1）。

由于影响贫困县、贫困乡镇、贫困村、贫困户退出的因素众多，各因素间相互作用关系复杂，不仅涉及个体、家庭和政府，还涉及城乡要素资源、土地制度、保障制度、户籍制度等相关制度的联动。贫困县的退出需要满足一定的条件，而满足退出条件，需要建立健全退出机制体系。贫困退出机制其内在逻辑关系为：动力机制是驱动贫困县退出的基本机制，根据退出条件需求，以动力机制为起点，分析退出的各种动力及其作用机理，找出经济等动力不足的原因和存在问题；建立贫困县退出的补偿机制，需要弄清补偿的依据、标准、方式和资金来源；补偿机制作为提高退出动力的有效激励机制之一，可能产生较强的吸引力，有效激励具备甚至不具备条件的贫困户、贫困乡镇和贫困县的退出；此外还需要进一步弄清贫困县退出可能存在的各种风险，并加以防范；同时，对盲目无序的贫困县退出要及时加以约束，进行精准识别、精准退出和有序退出，有效防范退出风险，实现消除贫困的目标。

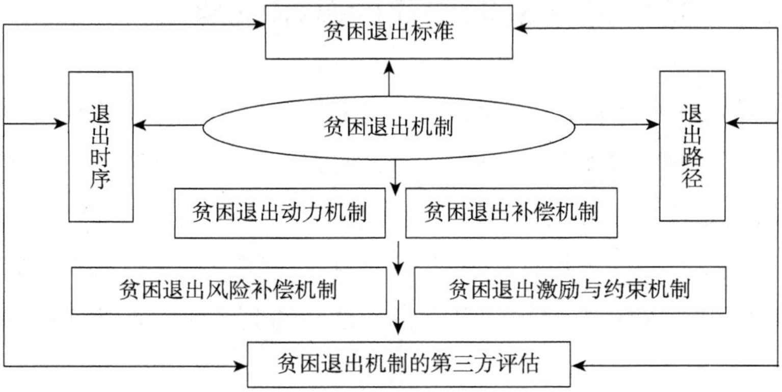

图 13-1　贫困退出机制框架图

13.2　贫困退出机制构建的指导思想

全面建成小康社会的贫困退出机制构建以全面建成小康社会为目标，以精准扶贫、精准脱贫为主要精神指导，以中国农村扶贫开发纲要（2011年—2020年）和中央25号文件为主要依据，在充分考虑贫困地区协调发展的背景下，结合我国新时期扶贫脱贫特点，以考察贫困户、贫困村、贫困县退出指标体系为出发点，以加强贫困退出动力机制、补偿机制、风险防范机制、激励与约束机制为着力点，以构建贫困退出的第三方评估为补充点，以全面建成小康社会为落脚点，对到2020年贫困地区、贫困村和贫困人口退出机制进行研究。

13.3　贫困退出机制构建的基本原则

贫困是一种综合性的社会经济现象，具有极其复杂的内涵和广泛的外延，经济落后只是其主要的表现方面，此外还包括人口素质的低下、社会发育的不成熟等诸多现象。很显然，任何一种状况的全貌，必须构建一整套科学的指标体系来综合描述和评价，而这套指标体系的设立应遵循以下原则：

1.全面性。必须能全面准确地反映出农村贫困的内涵及其基本特征，由于贫困是一种“综合症”，不仅仅是指物质生活水平的低下，还包括社区环境的恶劣、基础设施的落后、文化生活的匮乏以及身心健康不良等状况。考察一个地区贫困与否，不仅要看收入水平的高低，更要看生存环境和生活质量的好差，必须从更为广泛的社会、文化、环境范围内考察贫困问题。

2.针对性。我们在讨论贫困问题时，不仅要侧重于贫困农户的研究，还要研究贫困地域，只有当一个地区从总体上摆脱贫困的约束之后，其贫困农户的脱贫巩固率才会大大提高，因此，对农村区域实施贫困测量有利于考察贫困农户的扶贫效果；随着扶贫攻坚的不断深入，针对村级区域制定贫困标准及脱贫进程指标体系将更有利于综合衡量农村贫困的全部情况，有利于总结反贫困过程中出现的种种问题，对贫困农户分布的界定以及评价扶贫政策和项目开展的效果都具有重要的作用。

3.动态性。贫困是动态的，反映贫困状况的指标也应随着社会经济发展水平和人类文明的进步不断地调整，以保证指标体系的确立必须能够动态测量贫困变动的全过程。以往我们在研究农村贫困问题时，往往仅停留在对某一时点上贫困程度的判断，而对于农村贫困的变动进行动态测量却做得很少，但事实上从动态发展角度去研究农村贫困，对把握反贫困效果以及及时调整扶贫策略更具有实践意义。

4.可比性。系统评价是根据系统的整体属性和效用值的比较进行排序，可比性越强，评价结果的可信度越大。评价指标和评价标准的制定要客观实际，便于比较。要严格把握所选用指标的内涵与时限，协调评价指标与参数意义的一致性，确保评价时限与参数时限的吻合性。指标体系内容在一定的时间内保持相对稳定，以比较和分析农村贫困的发展过程并预测其发展趋势。

5.科学性。所建立的指标体系能反映农村贫困的真实状况，具有客观性；指标数据来源可靠、准确；处理方法具有科学依据，指标涵义清楚、定义准确、界定清晰，能够量化并能满足计算机对数据处理的要求；综合、全面反映农村贫困的各个方面，各指标之间具有层次性和不重复性。定量指标注意绝对量和相对量结合使用，绝对量反映总量和规模，相对量反映强度和密度；定性指标可作适当量化处理，两者结合便于建模综合评价。

6.可操作性。从资料获取和数据处理角度看，退出指标体系应力求简单、精练，准确把握系统相应方面的性质，以使理论思维和实际操作切中要害，易于处理。充分考虑数据取得和指标量化的难易程度，尽量利用和开发统计部门现有的公开资料，可以获得连续的官方统计数据，以利于指标体系的运用和掌握，指标计算方法明确、简单，计算所需数据比较容易获得和可靠。

13.4　贫困退出机制构建的总体思路

完善我国贫困退出机制的目的主要包括四个方面：一是更加明确贫困县发展目标是扶贫脱贫；二是引导贫困县将工作重点转移到以扶贫开发为核心的工作上来；三是不断提高扶贫脱贫效率和效果；四是实现全面建成小康社会，确保贫困人口到2020年如期脱贫。在贫困退出机制的构建过程中需要与精准扶贫相结合，与“五个一批”相结合，与考核机制相结合，切实考虑扶持对象精准、项目安排精准、资金使用精准、措施到户精准、因村派人

（第一书记）精准、脱贫成效精准“六个精准”的要求，同时通过扶持生产和就业发展一批，通过移民搬迁安置一批，通过低保政策兜底一批，通过医疗救助扶持一批，实现贫困人口精准脱贫。大体思路如下：

1.建立一套以收入和贫困程度指标为基础的、权重设置合理、数据来源可靠的指标体系，主要考核扶贫工作改革。

2.建立一套逐级分类分项退出考核指标，贫困县的摘帽或退出关系到县以下的乡镇、村级单位，考虑对相对应的贫困村、贫困户进行逐级指标的设定。

3.建立一套反映县域贫困状况、经济社会发展水平和扶贫开发成效的动态监测评估体系，通过动态调整重点县名单，保障国家扶贫资源投向最需要的地方。在制定明确和透明的退出条件和程序的基础上，利用动态监测评估体系对现有重点县排序，发展水平最高的先退出，同时通过改革，从机制上弱化重点县在扶贫资源分配中的作用，更多瞄准贫困村，从而减少退出阻力。

4.建立一套退出与激励有效结合的机制，实现贫困县退出的同时确保贫困户得到实惠。

第14章　贫困退出机制的指标体系、路径

上章为构建贫困退出机制指标指明了总体的思路和框架，接下来本部分主要研究探讨和构建退出机制的指标体系，从贫困退出的主要向度、基本指标及可行的实施路径。

14.1　贫困退出机制指标体系的向度

贫困退出机制指标体系是一个复杂的系统工程，对于复杂问题的决策，系统思维方式是有效的决策思维方式。层次分析法反映了具有递阶层次系统的决策特点，它把一个复杂问题表示为有序的递阶结构，最底层是方案层，运用它来构建指标体系就没有必要再对方案层进行分析，而每一个评价指标可以看成是一个个最底层的子目标。本部分指标体系的选取和设定主要借鉴和吸收联合国人类发展指数（Human Development Index，HDI）、经济合作与发展组织（OECD)）绿色增长测度指标体系、牛津大学贫困与人类发展研究中心（OPHI）多维贫困指数以及我国贫困户建档立卡的内容，并结合我国贫困地区的实际现状，构建了贫困退出的4个向度，每个向度下又分为3或4个子目标：

1.贫困基础向度：脱贫是指贫困人群在解决基本生存的基础上，生产生活资料做到自给有余。一般地，测量贫困最基本的指标是贫困人口人均纯收入和贫困发生率；掌握一门以上农村实用技术的农户数则主要是反映农民素质提高的状况。近年来，劳务输出由于在反贫困中的巨大作用，可用劳动力转移率来评价。贫困基础包括：贫困面（贫困发生率）、劳动力（劳动负担系数）、收入水平（家庭人均纯收入）。

2.经济发展向度：贫困既是发展的产物，也是发展不足的表现。贫困最原始的表现是经济发展水平低，乃至其收入不能维持人的基本生存需要。包括消费水平（恩格尔系数）、居住条件（住房条件）、健康状况（家庭成员营养状况）以及技能与产业发展（参与农村合作社比重）。

3.人文发展向度：社会是以共同的物质生产活动为基础而相互联系的人们的总和。评价一个区域社会发展状况时，人口、教育、文化、卫生这四个方面是必不可少的，包括健康状况（人口平均预期寿命）、文化教育（平均受教育年限）和社会保障（享有社会保障人口比重）。

4.生存环境向度：人类生存的基础最终在于环境资源。人类生存社会从农业社会“增长时代”到工业社会“发展时代”再到知识社会的“可持续发展时代”都离不开其生存的环境，适宜的生存环境是人类赖以生存和创造文明的必要条件。主要包括基础设施（通电率、通路率、通水率、通厕率）。

全面建成小康社会的贫困退出机制中涉及贫困退出标准和退出指标的研究，而指标属于一种社会指标体系，具有多重主体性。根据以上四个目标向度的分类与重组，可设立相互联系的14个子目标来全面描述和评价农村区域贫困状况及变动发展趋势（见图6-1），接下来的贫困户、贫困村、贫困县的退出指标体系也将以此为依据。

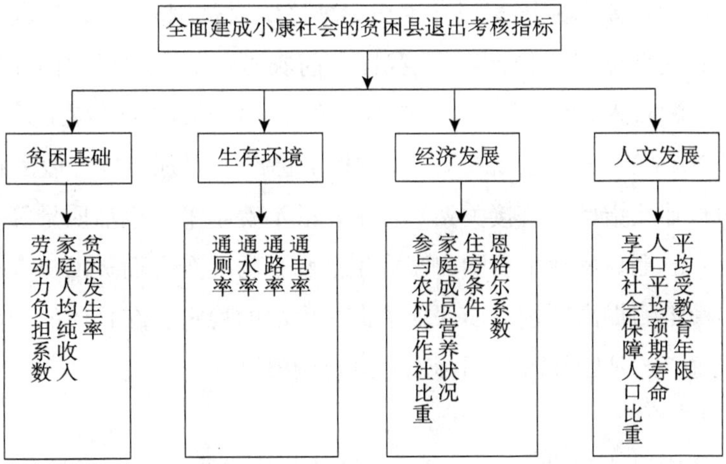

图14-1　全面建成小康社会的贫困退出机制目标向度分解图

14.2 贫困退出机制指标体系的内容

按照上文贫困退出机制构建的框架与思路，本部分主要从贫困户、贫困村、贫困县三个层面进行评价标准和评价体系的构建。

14.2.1 贫困户脱贫的基本条件和指标

贫困户是基于贫困人口之上的家庭整合，参照家庭、户口等集体单位标准确定下来的以户为单位的测量贫困的概念。个体的贫困体现在单个的贫困人口的测量上，而单个的贫困人口是生活、生存于每一个家庭之中的，又鉴于我国采用户籍政策确定每一个个体的归属，所以界定一个户口本为一个家庭户，家庭户为户口本在册的所有人员，从而实现对贫困户的监测和评价。

本部分指标体系的选取和设定主要借鉴和吸收联合国人类发展指数（Human Development Index，HDI）、经济合作与发展组织（OECD）绿色增长测度指标体系、牛津大学贫困与人类发展研究中心（OPHI）多维贫困指数以及我国贫困户建档立卡的内容，并结合了我国贫困地区的实际现状。

1.农户家庭人均收入连续三年稳定超过贫困标准线

收入指标主要参照国家级贫困户标准（绝对贫困人口），根据《全国农村扶贫对象建档立卡工作方案》，我国目前农村贫困户的识别标准是以农民年人均可支配收入2300元（2010年不变价，相当于2013年2736元，2014年2884元，2015年3028元）的国家农村扶贫标准为识别标准。收入标准是衡量贫困的基础性指标，直接关系到贫困户的消费水平、生活质量等，贫困户人均纯收入的提高反映了贫困户家庭生活水平的提升，而贫困户人均纯收入连续三年稳定的提高则进一步保证了家庭生活的稳定。在具体的测算过程中需要根据每年的贫困线（贫困标准）进行调整测算。

2.劳动力标准

农户家中是否有劳动力决定了家庭的收入水平，所以考虑加入此项指标。劳动力标准分为两类：一类为扶贫户，有劳动能力的农户，且人均纯收入在3500元/人以下2500元/人以上；另一类为扶贫低保户，就是有劳动能力的，人均纯收入在2500元/人以下的低保户。每户劳动力数量和每户户口本在册人数不同，对于特殊人员，如儿童、老人、残疾人等丧失劳动能力的人员需要特殊考虑。随着我国“贫困线”标准的逐步上调，“低保”和“扶贫”两项制度正在实现衔接，这也就要求我们在制定退出机制的同时充分考虑“低保户”“低保线”与“贫困户”“贫困线”的联系。当然在具体的测算过程中需要考虑各省的实际情况，标准因时因地会有所不同。

3.住房条件

居住环境作为生存的基本条件需要予以保证。参考联合国人类发展指数、牛津大学贫困与人类发展研究中心（OPHI）多维贫困指数，住房条件主要考察是否有自住房，或者住房是否为危房；

4.教育标准

参考牛津大学贫困与人类发展研究中心（OPHI）多维贫困指数，纳入教育指标。《国家中长期教育改革和发展规划纲要（2010–2020）》提出到2020年，“新增劳动力平均受教育年限从12.4年提高到13.5年；主要劳动年龄人口平均受教育年限从9.5年提高到11.2年”。根据国家统计局及有关科研单位和专家研究小康目标时都将受教育年限标准确定为大于等于10.5年。考虑到教育要先行，教育在贫困地区的重要性和艰巨性，因此，到2020年贫困地区劳动力人均受教育年限应与小康目标一致即要大于10年。

5.医疗保障

为了保障贫困户健康和养老，参考牛津大学贫困与人类发展研究中心（OPHI）多维贫困指数，纳入医疗保障指标。根据《中国农村扶贫开发纲要（2011—2020年）》和中央25号文提出“到2015年，新型农村合作医疗参合率稳定在90%以上；到2020年，贫困地区群众获得的公共卫生和基本医疗服务更加均等，服务水平进一步提高，低生育水平持续稳定，逐步实现人口均衡发展”，确定到2020年贫困户新农村合作医疗参与率和养老保险参与率达到98%的目标。

表14-1　全面建成小康社会的贫困户退出指标

向度	项目	退出评价值	数据来源
贫困基础	收入水平	家庭户人均可支配收入连续三年超过贫困线	A33-36
	劳动力	具有劳动能力的人数占户口本在册人数（%）至少有一个劳动力	A11-12
经济发展	住房	没有自住房，或者住房为危房	A28
人文发展	教育水平	平均受教育年限>10年	A9
	医疗水平	医疗保险参与率98%	A15
	养老水平	养老保险参与率98%	A16

注：目前2010年2300元不变价的贫困标准以下的人口，就是绝对贫困人口。按照物价指数调整，从2011年-2014年，分别为2536元、2625元、2736元和2800元，平均上涨6%。所涉及指标数据均可从国家统计局《中国农村贫困监测报告》和“扶贫办扶贫开发建档立卡指标体系”中的《贫困户登记表》获得，下同。

14.2.2　贫困村退出的基本条件和指标

贫困村是基于贫困县的贫困分解与细化，针对村一级的贫困问题的进一步落实。在文化、自然资源、基础设施和社会服务方面，居住在同一社区、村落的居民有更多共同点，便于进行综合性的扶贫开发。

根据《全国农村扶贫对象建档立卡工作方案》，贫困村的识别标准是按照“一高一低”的标准进行。即行政村贫困发生率原则上比全省贫困发生率高一倍；行政村2013年全村农民年人均纯收入低于全省平均水平60%（或东部省份村集体经济年收入低于3万元）。对贫困村的退出来说，应该以省为单位进行考核评价，根据贫困村的识别标准，有两个指标可以纳入考虑，一是村级贫困发生率，二是全村农民年人均可支配收入。如果行政村的贫困发生率达到或低于全省的贫困发生率，同时连续三年，该行政村当年全村农民年人均纯收入达到全省农民人均纯收入水平，则应该将该贫困村进行退出。

此外，本部分指标体系的选取和设定还借鉴和吸收了联合国人类发展指数（Human Development Index，HDI）、经济合作与发展组织（OECD）绿色增长测度指标体系、牛津大学贫困与人类发展研究中心（OPHI）多维贫困指数以及我国贫困村建档立卡的内容，并结合我国贫困地区的实际现状，选择能够反映贫困状况而非贫困原因并且尽可能简单和具体的指标。为保证可操作性，所选指标数量不宜过多。最后确定11个指标6类，分别是贫困状况指标、生活状况指标、基础设施指标、卫生教育指标、产业发展指标和扶贫效率指标。（对各项指标退出评价值的详细说明见附录B。）

这里主要对贫困发生率做一说明。根据2011年12月国务院扶贫办发布的《中国农村扶贫开发纲要（2011–2020年）》的内容，我国农村贫困人口从2000年底的9422万，减少到2010年底的2688万，贫困发生率从10.2%下降到2.8%。随着2011年我国贫困标准的重新修订，按现行标准2300元/人/年，我国贫困发生率从2011年的12.7%下降到2014年的7.2%。根据2011年到2014年扶贫重点县贫困发生率以及上一轮（2000年–2010年）扶贫重点县贫困人口和贫困发生率变化趋势来进行预测的，到2020年贫困发生率为1.53%。按照几何平均法（其基本公式为 $\overline{x_g} = \sqrt[n]{\frac{x_n}{x_0}}$ ），根据2009年–2014年数据，可以计算出2009年–2014年6年贫困发生率的贫困增速是–17.23%，如果以此增速预测，到2020年全国贫困发生率预测为2.32%。考虑后期脱贫的难度以及可能存在的风险，最终确定贫困发生率的退出评价值为3%。

表14–2　全面建成小康社会的贫困村退出指标

向度	项目	指标	退出平价值	数据来源
贫困基础	贫困状况	贫困发生率	村级贫困发生率≤3%	注
经济发展	生活状况	农户家庭人均可支配收入	连续三年稳定超过贫困标准线标准	B10
		农户家庭人均消费		B11
生存环境	基础设施	通水率	农村自来水普及率≥60%	B19–20
		通电率	贫困户通电比率100%	B21–24
		通路率	与县城通路的自然村比重≥95%	B15–18
	卫生教育	通厕率	有行政村公共卫生厕所	B34、多维
人文发展		医疗保障	新农合参保率≥98%	B12
		教育水平	义务教育巩固率≥95%	雨露计划
经济发展	产业发展	有特色产业和农民专业合作组织		
扶贫效率		扶贫资金效率	扶贫资金效率高于全县和全省水平	

此外，对贫困乡镇的退出来说，由于建档立卡工作没有涉及对贫困乡镇的识别，而在调研过程中发现，对贫困乡镇的定义由贫困县根据减贫任务自己定义，所以对于贫困乡镇的退出来说，则应该考虑与贫困县的退出标准保持一致。

14.2.3 贫困县退出的基本条件和指标

国家级贫困县是国家为帮助贫困地区设立的一种特定历史时期的特定帮扶对象。国家级贫困县主要集中在中西部地区，且多集中于革命老区、少数民族地区以及边疆地区。对其考核以县为单位，以当地人年均可支配收入作为依据，而少数民族地区与革命老区则相应的降低标准。

本部分指标体系的选取和设定主要借鉴和吸收联合国人类发展指数（Human Development Index，HDI）、经济合作与发展组织（OECD）绿色增长测度指标体系、牛津大学贫困与人类发展研究中心（OPHI）多维贫困指数以及我国贫困县建档立卡的内容，主要参考贫困县认定的“421指数法”，同时考虑到贫困户、贫困村和贫困县退出评价指标的连续性、关联性、一致性和特殊性，本研究最终选取了20个指标6类。

补充说明一下产业发展这项，在表6-2贫困村退出指标中考察产业发展情况主要看是否“有特色产业和农民专业合作组织”，如果有，即可视为符合退出要求。在县一级考察中，我们沿用这一指标，具体设定为“贫困村农民专业合作组织建立比率”，如果每个村都有特色产业和农民专业合作组织，则这一指标能达到100%，考虑到一些村镇的特殊情况可能存在一些困难，因此将这一指标的退出评价值设定为98%。进一步在表6-3中，本研究增加了“贫困户参与增收项目比率”，考虑到产业发展的带动作用，希望贫困户都可以从中受益（可以通过不同的形式参与，比如贷款资金入股、土地入股、技术入股、劳务入股等），设定“贫困户参与增收项目比率”的退出评价值为100%。

表 14–3　全面建成小康社会的贫困县退出指标

向度	项目	指标		退出评价值	数据来源
贫困基础	贫困状况		贫困发生率	≤3%	C10
			县人均财政收入	连续三年超过全省平均水平	C25
			县农民人均可支配收入		
经济发展	消费水平		贫困人口农村居民恩格尔系数	≤40%	----
	产业发展		贫困村农民专业合作组织建立比率	98%	C48
			贫困户参与增收项目比率	100%	雨露计划
人文发展	基本公共服务	教育	义务教育巩固率	95%	C63
			每个贫困家庭掌握技能	≥1 门	雨露计划
		卫生	贫困户新农村合作医疗参与率	98%	C69–71
		文化	贫困户通广播电视比率	100%	C84
			贫困自然村通宽带率	95 %	C86
生存环境		饮水	贫困地区农村自来水普及率	≥60%	C36
		交通	贫困村村道路硬化比例	95%	C30
			贫困村村通班车比率	95%	C31
		用电	贫困户通电比率	100%	C40
		住房	贫困户危房改造比率	100%	C43
		社会保障	贫困户参加新型农村社会养老保险比率	98%	----
	生态环境		贫困地区森林覆盖率提高	≥3.5	----
扶贫效率			扶贫资金使用效率超过全省平均水平		

专栏4:

贵州省国家扶贫开发工作重点县暨贫困乡"减贫摘帽"考核标准及计算细则(2015年度)

考核内容				考核标准	评估方法	指标负责单位
考核分类	考核对象	序号	名称			
摘帽评估	重点县	1	贫困发生率	贫困发生率下降4.3个百分点	年末全县农村减贫人口/上年全县农村户籍人口≥4.3%	省统计局 省扶贫办 贵州调查总队
		2	农村居民人均可支配收入	6600元	(年末全县农村居民人均可支配收入/6600元)*100*0.6	省统计局 省扶贫办 贵州调查总队
		3	地方公共财政一般预算收入增幅	地方公共财政一般预算收入比去年完成数评估标准为115%	(年末全县地方公共财政一般预算收入比上年完成数/115%)*100*0.4	省财政厅 省统计局 省扶贫办
		4	综合得分	大于等于100分	第2项与第3项之和	省统计局 省扶贫办 贵州调查总队 省财政厅
	贫困乡	5	贫困发生率	贫困发生率下降4.3个百分点	年末全县农村减贫人口/上年全县农村户籍人口≥4.3%	省统计局 省扶贫办 贵州调查总队
		6	农村居民人均可支配收入	6600元	(年末全县农村居民人均可支配收入/5600元)*100	省统计局 省扶贫办 贵州调查总队
		7	综合得分	大于等于100分	第6项数值	省统计局 省扶贫办 贵州调查总队

说明:1.地方公共财政一般预算收入比上年完成数=2015年全县地方公共财政一般预算收入/2014年末全县地方公共财政一般预

算收入*100%；

2.贫困县、乡的贫困发生率低于5%的国家退出标准，可视为达到“贫困发生率下降幅度”指标要求。

14.3　贫困退出机制指标体系的实施

14.3.1　实施目标

按照“确保2020年所有农村贫困人口全部脱贫，实现‘两不愁、三保障’；所有国家扶贫开发工作重点县脱贫摘帽”的脱贫攻坚“两个所有”目标，参考国务院扶贫办对贫困县、贫困村和贫困人口的退出标准，本研究提出贫困退出机制指标体系的实施目标：

一是贫困县退出按照贫困发生率指标确定，即中部地区重点县贫困发生率稳定低于3%、西部地区重点县稳定低于4%。

二是贫困村退出按照贫困发生率和村级集体经济收入两项指标确定，即东部地区贫困村贫困发生率低于3%、中部地区低于4%、西部地区低于5%，集体经济年收入分别达到10万元、5万元、3万元。

三是贫困人口退出以户为单位确定，贫困户年人均可支配收入稳定超过当年国家扶贫标准、有安全住房、家庭无因贫辍学学生的，视为该户人口全部脱贫。

14.3.2　具体目标

1.贫困县“摘帽”。一是自2015年起，592个国家扶贫开发工作重点县每年必须确保全县贫困发生率下降4.3个百分点以上，直至全县贫困发生率减少到4%以内。二是2014年（含2014）之前实现退出的贫困县，自2015年起，每年贫困发生率必须下降4.3个百分点，并纳入绩效考核，通过3年的努力，于2018年按国定退出标准（县贫困发生率减少到4%以内）实行刚性退出。三是未实现“减贫摘帽”的贫困县，按照开展国定标准的退出工作，于三年内（2017年-2019年）全部达到国定标准并渐次退出。

2.贫困村出列。2015年-2018年，通过4年的重点攻坚，实现10万个贫困村出列；2019年-2020年，通过2年的巩固提升，实现剩余2.8万个左右贫困村出列。

3.贫困人口退出。2015年-2017年，减少贫困人口2500万人以上；2018年至2020年，减少贫困人口1500万人以上，共减少贫困人口4000万人以上。对其他无业可扶、无力脱贫的3000万“两无人口”实行兜底政策。

14.3.3 实施步骤

按照贫困退出机制指标体系，各级具体的退出步骤和程序如下：

1.贫困县“摘帽”标准。

以“贫困县贫困发生率稳定低于4%左右”为标准，结合各省“减贫摘帽”考核指标制定相应的贫困发生率标准，实施贫困县退出。重点县退出，由县提出申请，市（地）初审，省级审定，报国务院扶贫开发领导小组备案。重点县退出后，在攻坚期内国家原有扶贫政策保持不变，抓紧制定攻坚期后国家帮扶政策。加强对扶贫工作绩效的社会监督，开展贫困地区群众扶贫满意度调查，建立对扶贫政策落实情况和扶贫成效的第三方评估机制。评价精准扶贫成效，既要看减贫数量，更要看脱贫质量，不提不切实际的指标，对弄虚作假搞“数字脱贫”的，要严肃追究责任。

2.贫困乡“摘帽”标准。

按照年度省定“减贫摘帽”考核标准，在每年贫困发生率必须减少4.3个百分点的基础上，经逐级申报、考评、核实、公示等程序，最后报各省扶贫开发领导小组认定。贫困乡“摘帽”后支持政策和扶持力度不减，并给予适当的奖励措施。

3.贫困村出列标准。

按照“贫困村贫困发生率低于5%、村集体经济年收入达到3万元”的标准进行出列。经逐级申报、考评、核实、公示等程序，最后由省扶贫开发领导小组认定并报国家备案。贫困村出列后，进一步加强基础设施、社会发展、环境改善、产业发展等方面建设，继续开展原有到村的整村推进项目、产业发展项目、驻村帮扶工程等。

4.贫困人口退出。

根据致贫原因和脱贫需求，对贫困人口实行分类扶持。贫困人口退出以户为单位确定，贫困户年人均可支配收入稳定超过2300元（2010年不变价）的国家扶贫标准、有安全住房、家庭无因贫辍学学生的，视为该户人口全部脱贫。退出的程序是，村民民主评议，户主签字确认，村委会研究后公示，报乡镇审核后，县级公告，市州汇总，省级备案，在全国扶贫开发信息管理系统中对数据进行更新并销号。整户脱贫后，延续低保、五保、农村合作医疗、新农保等国家兜底性政策，进一步强化包括教育、医疗、住房、产业发展等民生领域强农惠农政策，避免出现边脱贫、边返贫现象，切实做到应进则进、应扶则扶，确保脱贫户收入持续、稳定增长，不返贫。

14.3.4　实施路径

全面建成小康社会的贫困退出指标体系为下一步有序开展退出指明了方向，紧接着需要明确方法和步骤。各地可以根据不同情况制定不同的脱贫节奏，在路径选择上建议遵循“五个一批”的方案，依赖这个路径有重点、有秩序地进行贫困退出。我国的贫困退出机制在下一步实施过程中，要按照大力发展生产脱贫一批、易地搬迁脱贫一批、生态补偿脱贫一批、发展教育脱贫一批、社会保障兜底一批的扶贫攻坚计划，向绝对贫困发起总攻，坚决打赢精准扶贫、精准脱贫攻坚战。2015年11月3日发布关于“十三五”规划建议的说明进一步指出：到2020年，通过产业扶持，可以解决3000万人脱贫；通过转移就业，可以解决1000万人脱贫；通过易地搬迁，可以解决1000万人脱贫。还有2000多万完全或部分丧失劳动能力的贫困人口，可以全部纳入低保覆盖范围。

1.发展生产脱贫一批

首先对于贫困地区有能力、有自我发展意愿的贫困户，在尊重他们的主创性的前提下，充分发挥他们的内生性，有针对性、有目的性地进行帮扶。

建议对这部分群体采取产业和就业扶持，可以通过发放贷款、组织培训、重点帮扶等措施，因势利导、因户施策，将贫困户的发展能力和发展意愿转换成现实的生产力，有效提高贫困户的收入水平。

针对这一项帮扶措施，有专家预测，到2020年底，贫困地区农民人均可支配收入达到10000元左右，比2014年底增加5200元左右，其中特色农牧业贡献2000元左右、劳务经济贡献2500元左右、农村现代服务业贡献500元左右、财产性收入贡献200元左右，农业科技进步贡献达到57%以上，农业增加值年均增幅达5.5%。

贫困退出的实施工程中建议加快推进产业和就业扶贫，帮助贫困群众“提素质”“换穷业”。坚持扶产业就是扶根本的理念，突出山地资源抓特色产业，突出区域布局抓产业集聚，突出转型升级抓结构调整，精细化打造一头连接基地、一头连接市场的扶贫产业园区；每年在全国选择200个贫困县，引导金融资本和社会资金助推县域经济，实现扶贫攻坚示范县和减贫包干试点县有机融合；立足资源禀赋，以市场为导向，打造扶贫特色优势产业，促进扶贫产业品种、品质、品牌的提升；加强乡村旅游精准扶贫，推进乡村旅游富民工程；整合700亿元资金，对7000万贫困人口开展1户1人培训计划，推动贫困群众就地就近转移就业。

2.易地搬迁脱贫一批

贫困人口很难实现就地脱贫的要实施易地搬迁，按规划、分年度、有计划组织实施，确保搬得出、稳得住、能致富。以“搬得出、稳得住、能发展、可致富”为目标，加快实施易地搬迁，培育后续富民产业，有效改善生产生活条件，力争2015年–2017年完成符合条件的群众易地搬迁任务，2018年–2020年对符合条件和有搬迁意愿的群众实现应搬尽搬。实施扶贫生态移民，帮助贫困群众“挪穷窝”“能增收”。坚持“政府引导、群众自愿”原则，围绕“建房、搬迁、就业、保障、配套、退出”六个关键环节，对生活在深山区、石山区、生态脆弱地区等“一方水土养不活一方人”地方的1000万左右贫困人口，实施扶贫生态移民，做到搬得出、留得住、能就业、有保障。

在充分尊重群众意愿的基础上，统筹保障性安居工程、农村人居环境改善、新型城镇化试点等项目，在坚持整村整社搬迁的前提下，因地制宜选择安置模式和安置区域，充分利用城镇保障性安居工程、工业园区、国有农（林）场、条件较好的中心村等，采取易地搬迁、整村推进，整体搬迁、插花安置，就近搬迁、改善条件等方式，实现灵活搬迁。在一次性整体搬迁难度较大的地区，可采用整体规划、分批安置。探索以县城集镇、中心村安置为主，引导群众逐步向城镇有序搬迁，实现梯次转移。

各地可根据实际情况，采取群众间承包地兑换、无偿划拨、有偿征用等多种办法解决安置区用地问题。支持利用城乡建设用地增减挂钩政策，将节余出来的建设用地指标在省内挂钩交易，解决部分搬迁资金。对符合条件的易地搬迁户，每户落实5万元以内、贴息3年的优惠贷款。易地搬迁进入城镇、具有稳定生活条件的农户，按规定办理农转非手续。对易地搬迁用地、基础设施和产业配套等需求实施清单管理，各级发改、国土、交通、水利等部门要加强衔接，确保相关项目纳入省级通村道路、农村饮水安全、农村电网改造等规划，优先安排实施，并整合符合国家政策要求的各类资金用于易地搬迁。

3.生态补偿脱贫一批

加大贫困地区生态保护修复力度，增加重点生态功能区转移支付，扩大政策实施范围，让有劳动能力的贫困人口就地转成护林员等生态保护人员。随着经济社会的快速发展，越来越需要关注生态环境的建设，在我国大力提倡和建设生态文明的背景下，加快贫困地区的生态修复、生态保护、生态工程建设意义重大。

贫困地区多是生态脆弱区和生态富集区，而这些地区也正是由于地域环境的限制大多位于偏僻、基础设施差、交通不便的经济欠发达地区。贫困地区的贫困人口生活在这些生态富集区，在改善生态环境的过程中，贫困人口将做出极大贡献。如果能够发挥贫困人口的积极性，充分利用贫困地区的生态资源，将有助于我国经济环境的发展。

生态补偿涉及补偿标准、补偿方式以及补偿效果，其中补偿标准是生态补偿的核心，关系到补偿的效果和可行性。补偿方式作为生态补偿的关键环节，直接影响着贫困农户的参与意愿以及生态补偿项目的可持续性。因此，在具体实施时，应避免一刀切的传统补偿方式，可以采取因地制宜、简化手续等原则，鼓励地方创新形式多样的补偿方式，通过试点来积累经验。

4.发展教育脱贫一批

治贫先治愚，扶贫先扶智，加快实施教育扶贫工程，让贫困家庭子女都能接受公平有质量的教育，阻断贫困代际传递。国家教育经费要继续向贫困地区倾斜、向基础教育倾斜、向职业教育倾斜，帮助贫困地区改善办学条件，对农村贫困家庭幼儿特别是留守儿童给予特殊关爱。2014年6月23日至24日，习近平在全国职业教育工作会议上强调："要加大对农村地区、民族地区、贫困地区职业教育支持力度，努力让每个人都有人生出彩的机会。"2015年全国两会期间，习近平在参加代表团审议时指出："扶贫先扶智，绝不能让贫困家庭的孩子输在起跑线上，坚决阻止贫困代际传递。"贫困地区教育是我国教育事业发展的"短板"，发展教育是减贫脱贫的根本之举。必须改善贫困地区基本办学条件，给予贫困地区子女上学优惠政策，不让贫困家庭的孩子输在成长"起点"。

《关于打赢脱贫攻坚战的决定》强调要稳步推进贫困地区农村义务教育阶段学生营养改善计划。加大对乡村教师队伍建设的支持力度，特岗计划、国培计划向贫困地区基层倾斜，为贫困地区乡村学校定向培养留得下、稳得住的一专多能教师，制定符合基层实际的教师招聘引进办法，建立省级统筹乡村教师补充机制，推动城乡教师合理流动和对口支援。全面落实连片特困地区乡村教师生活补助政策，建立乡村教师荣誉制度。合理布局贫困地区农村中小学校，改善基本办学条件，加快标准化建设，加强寄宿制学校建设，提高义务教育巩固率。普及高中阶段教育，率先从建档立卡的家庭经济困难学生实施普通高中免除学杂费、中等职业教育免除学杂费，让未升入普通高中的初中毕业生都能接受中等职业教育。加强有专业特色并适应市场需求的中等职业学校建设，提高中等职业教育国家助学金资助标准。努力办好贫困地区特殊教育和远程教育。建立保障农村和贫困地区学生上重点高校的长效机制，加大对贫困家庭大学生的救助力度。对贫困家庭离校未就业的高校毕业生提供就业支持。实施教育扶贫结对帮扶行动计划。

为此，需要以中西部农村贫困地区尤其是集中连片特困地区为主，兼顾其他国家扶贫开发重点地区、民族地区、边境地区和东部部分困难地区，按照勤俭办学的原则，把满足基本需要放在首位，调整中央和省级财政教育支出结构，最大限度向贫困地区义务教育薄弱环节倾斜，由省级政府统筹使用资金，因地制宜、分步逐校实施。力争经过3年到5年，使学校教室坚固适用，符合抗震、消防等安全要求，桌椅、图书、实验仪器、运动场地等满足基本教学需要，学校宿舍、厕所、食堂、饮水、洗浴等设施满足基本生活需求，教师队伍素质、结构等基本满足义务教育要求，办好必要的教学点，解决县镇学校大班额问题，提升农村教育信息化水平。会议强调，改善贫困地区义务教育薄弱学校基本办学条件，要坚持“阳光操作”、精打细算，并与村镇调整、新型城镇化相结合，严防资金浪费或被套取、挪用、截留，切实把宝贵资金用在“刀刃”上，真正造福贫困地区4000多万孩子，托起他们创造未来美好人生的希望。

5.社会保障兜底一批

对贫困人口中完全或部分丧失劳动能力的人，由社会保障来兜底，统筹协调农村扶贫标准和农村低保标准，加大其他形式的社会救助力度。要加强医疗保险和医疗救助，新型农村合作医疗和大病保险政策要对贫困人口倾斜。目前在我国，“低保”主要是针对没有发展能力的贫困人口做出的“兜底性”制度安排，通过救助维持其基本生存。而“扶贫”，针对的是具有发展能力的贫困人口，通过政策的扶持，提高其收入水平，最终实现脱贫致富。低保线与贫困线如何衔接？各地低保线与贫困线不同，有些地区低保线高于贫困线，有些地区低保线低于贫困线；有些地区可能在一定时期内或者在一定时间点完成贫困人口全部脱贫，如何安置低保户？此外，还需要考虑扶贫标准逐年提高的情况下，低保线如何跟贫困线衔接。

随着扶贫标准提高，扶贫范围也将随之扩大。如果扶贫标准提高后，覆盖的对象会多一些，这意味着更多的人将可以享受发展成果。同时，把较低的低保线和扶贫线统一，有利于提高低保户收入，同时整合原分属两条线的扶贫资源，集中力量，提高效果。扶贫开发，将有望建立一个坚实的底部，构筑起农村居民社会保障安全网。

表14-4　2010年–2020年我国农村低保线与贫困线

时间（年）	低保线（元）	贫困线（元）
2010	1404	1196
2011	1734	2300
2012	2075	2300
2013	2434	2300
2014	2781	2884
2015	3131	3028
2016	3481	3465
2017	3831	3829
2018	4197	4193
2019	4557	4557
2020	4921	4921

注：在此考虑到全国各省低保线不同，上表取全国农村低保线均值。如贵州省2016年农村低保平均标准将提高到3184元/年，平均增幅18.2%。其中第一档6996元/年，第二档3336元/年，第三档3232元/年，第四档3060元/年（资料来源：《贵州省2016年城乡低保体提标方案》）。

根据《2010年社会服务发展统计报告》显示，2010年，全国农村平均低保标准为每月117元，平均月差额给付仅74元。2010我国的“贫困线”是1196元人民币，而“低保线”在2010年底上调至1404元。2013年全国农村居民最低生活保障标准达到2433.91元/年。从民政部公布最新数据显示，我国近年来农村低保的标准在不断提高，由于各省发展情况不同，各省制定的农村低保标准有所不同，最高的北京市达到8390.77元/年，最低的广西为2056.65元/年。考虑全国各省低保线不同，本研究取全国农村低保线均值（见表6–4）。可以看出贫困线一般会高于低保线，2015年低保水平达到3131元高于贫困线3028元的水平，预计2019年低保线与贫困线可以达成合一。

坚持农村低保与扶贫开发统筹推进、两项制度有效衔接，稳步推进“两线合一、减量提标”，帮助无业可扶、无力脱贫的农村“两无”贫困人口稳定脱贫，加强两项制度对象核查机制、帮扶机制和退出机制有效衔接，形成扶贫攻坚、保障民生的整体合力。对无业可扶、无力脱贫的农村“两无”贫困人口，按照农村最低生活保障全部实行政策性“兜底”。确保到2020年，农村贫困人口数量与全县农村低保人数持平，实现扶贫标准与低保标准“两线合一”。

14.4　贫困退出机制指标体系注意问题

14.4.1　理清贫困退出思路——转变思想

贫困退出机制的构建旨在督促与激励贫困地区尽快脱贫，贫困地区要转变“等靠要”的思想，变被动脱贫为主动脱贫，借助退出机制实现可持续脱贫。必须明确，脱贫是干出来的，不是宣布出来的，防止“被脱贫”。

各级党政负责单位在实施过程中要树立正确的政绩观和科学发展观，坚持务实高效推进扶贫开发工作，坚决刹住穷县富衙、带帽炫富之风，不得搞形式主义的达标升级活动，不得向基层单位下达过高的指标，不得虚报农民人均可支配收入、减贫人口、减贫村、减贫乡（镇）、减贫县，不得认为降低脱贫标准，也不得虚报脱贫成绩。

14.4.2　明确贫困退出对象——精准识别

贫困退出机制的构建是精准扶贫工作的一个重要组成部分，在具体的构建和实施过程中首先需要把握对象精准，这是实现精准脱贫的重要前提。脱贫成效精准，必须在落实“扶贫对象退出机制”上下功夫，实现精准脱贫。

识别扶贫对象要避免走马观花，借鉴现有的成熟经验如贵州威宁的“四看法”，甘肃渭源的“三因、四缺、五不能”工作法。在具体的构建和实施过程中，需要始终将瞄准靶向、精准对象、因村因户施策作为贫困退出机制的重要内容，在摸清全国贫困带、贫困县、贫困乡（镇）、贫困村、贫困户、贫困人口底数和致贫原因（因病、因学、因灾、缺土地、缺资金、缺劳力、缺技术等）的基础上，确定贫困退出、扶贫攻坚的任务和方向。

14.4.3 警惕脱贫人口返贫——动态管理

必须清醒地认识到现阶段我们的脱贫工作是脆弱的、不稳定的，脱贫人口家庭经济基础相当脆弱，自我发展困难，经不起任何风险和天灾人祸，容易重新返回到贫困状态。所以，科学应对因病、因学、因灾等主要返贫因素，防止脱贫人口返贫，巩固扶贫开发成果是一项艰巨的任务。

各省市县要将有效解决脱贫人口返贫工作作为深入推进精准扶贫攻坚工作的一项重要措施，加强返贫人口动态监测体系，加强对脱贫人口的跟踪调查和后续扶持，巩固扶贫成效，力求每年已脱贫人口返贫率控制在5%以下。此外，由于返贫因素的复杂性、多元性和多变性，有效解决脱贫人口返贫工作涉及多个部门、行业的配合。

通过建立贫困户脱贫和贫困村、贫困县退出工作机制，严格退出程序和标准，及时在全国扶贫信息网络系统进行更新，各级扶贫办进行数据审核，实现信息化管理、贫困户动态调整。

第15章　贫困退出机制的实施及保障

在完成我国贫困退出机制指标体系的核心构建之后，需要对退出机制的实施与管理、保障等相关的方面进行完善，才能确保我国贫困退出机制有效运行。

15.1　贫困退出的动力机制

满足贫困退出的动力机制主要来自政治、经济和社会等多方动力的作用。全面建成小康社会、产业结构调整等政治动力因子推动着中央、地方政府对扶贫攻坚创造退出条件；考核机制、驻村帮扶、精准扶贫等政策动力因子为贫困县退出提供了基础；移民搬迁、退耕还林、保障替代、市场化转让等经济引力正向作用于退出，环境与生态保护承载压力大，扶贫补贴、扶贫资金需求大等经济阻力反向作用于退出；城镇化、市民化和教育、医疗等社会动力正向作用退出。

第一，激发贫困退出主体的内生动力是根本路径。习近平总书记指出“贫困地区发展要靠内生动力，如果凭空救济出一个新村，简单改变村容村貌，内在活力不行，劳动力不能回流，没有经济上的持续来源，这个地方下一步发展还是有问题。一个地方必须有产业，有劳动力，内外结合才能发展。”激发贫困退出主体的能动性，提升贫困人口自身发展意识和发展能力的同时，实现从外部输血到内部造血的转变，从而积极推动整个贫困退出工作。

第二，政策保留可以视为现阶段贫困退出的最大外力。各省在贫困县退出过程中，继续保留专项、行业、社会等有关扶持政策不变。对已经脱贫的农户，在一定时期内让其继续享受扶贫相关政策，避免出现边脱贫、边返贫现象，切实做到应进则进、应扶则扶。以建立专项扶贫规划和实施精准扶贫为抓手，保持对退出县专项扶贫资金项目支持力度。强化行业规划、年度计划与扶贫攻坚规划的衔接，在制定行业规划、年度计划时对退出县继续予以支持，确保资金项目投入力度不减。退出县原有定点挂钩扶贫的国家和省级机关、企事业单位以及省、市对口帮扶关系不作调整，鼓励定点挂钩扶贫单位和对口帮扶单位进一步加大定点帮扶力度，引导激励民营企业、各类社会组织和个人积极参与退出县的扶贫开发工作。

第三，形成社会化大扶贫格局是贫困退出的积极动力。只有全社会关注、全社会响应、全社会参与形成大扶贫格局，才能为贫困退出提供强有力的环境保障，我们的贫困退出目标才能不是空话，才能不被沦为笑柄。现阶段需要继续坚持“政府主导、农民主体、部门联动、社会参与”，构建专项、行业、社会“三位一体”大扶贫格局，加大社会扶贫力度。发挥定点帮扶队员的作用，扎实搞好定点帮扶，引导民营企业、社会组织、仁人志士等社会力量与贫困村开展多种形式的村企共建，帮助贫困地区培育增收产业，推进集体经济发展和农民增收，使得贫困地区以及贫困人口早日脱贫。

15.2 贫困退出的补偿机制

补偿机制是贫困动力机制的逻辑延续，是满足退出条件和增强退出动力的内在要求。贫困县的退出在某种意义上代表着贫困县的发展，对贫困地区发展和贫困地区人民生活改善创造了有利条件，为稳定民生共同富裕、全面建成小康社会化和维系生态环境创造了正外部效益。为此，贫困县的退出必须建立科学合理的补偿机制，有效的保护贫困户和贫困地区的有效权益。贫困县退出补偿机制需要解决的几个核心问题（见图15-1）：为何补偿（补偿依据）？如何进行补偿（补偿方式）？应补偿多少（补偿标准）？谁来补偿（责任主体）？补偿资金哪里来（资金来源）等。

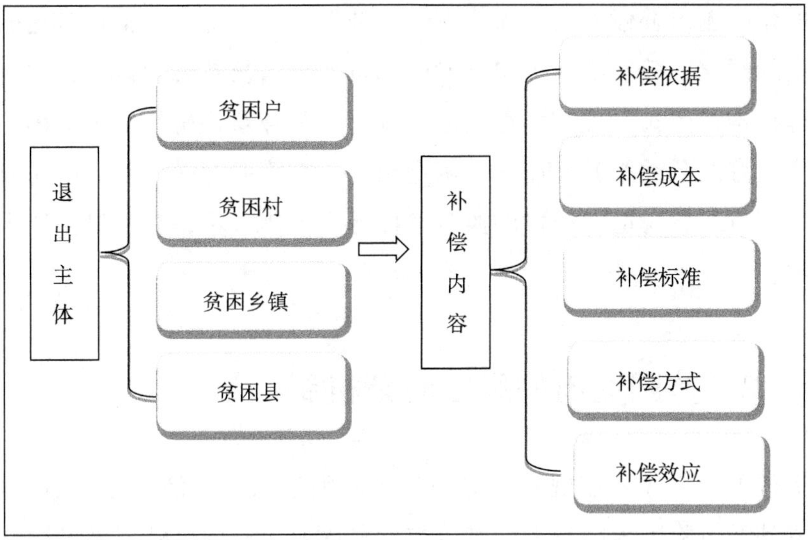

图 15-1　贫困退出的补偿机制示意图

第一，明确补偿主体。加强对补偿依据的认识，完善相关补偿性政策法规，在生态补偿过程中不仅只把生态移民作为唯一的补偿责任主体，应该综合考虑对国家环境安全、水体质量和林地保护与优化配置等正外部效用，以及移民退出后相关的产权效应和福利效应损失。还要考虑地方政府的经济补偿能力，综合农业部和国土资源部等相关单位提供补偿。

第二，统一补偿标准。补偿的标准涉及到退出补偿标准的设定、计算、成本估算、规模估算、资金来源与分配等问题，这些问题都是关系到细节的重要难题，因此需要在贫困退出补偿机制中予以特别强调。比如解决补偿资金的来源问题，即上级政府、贫困村和贫困户各级退出主体如何分担补偿费用，各自应承担多少？资金怎么筹措？如何应用好“政府”和“市场”两种手段解决补偿资金的可持续来源问题，既使政府在可负担的财政范围内有序推动，又使得有条件退出的贫困主体顺利退出。

第三，创新补偿方式。选择合理的退出补偿方式也是补偿机制的重要环节。为满足多重效用需求，可以建立诸如“一次性补偿”“社会保障补偿”等多样化的退出补偿方式。无论哪一种补偿方式，都需要根据各地的经济社会实际情况，政府部门可建立专门的贫困退出长效管理机制，成立专门的管理机构，监督管理贫困退出的条件评价和补偿评价等，为贫困退出主体提供良好的公共服务，使得贫困退出主体在第一时间受益。同时要注意加起第三方评估对退出补偿的监测和监督，控制成本，充分发挥退出补偿的效用。

15.3 贫困退出的风险防范机制

受贫困户个体和家庭禀赋等内源风险因素以及经济社会发展、自然、制度等外源风险因素的影响，贫困户、贫困村、贫困乡镇以及贫困县退出不可避免存在多种风险。由于养老、医疗、教育、失业等保障的依附，现在最令人担心的问题就是退出风险及其传递对经济社会稳定的影响。比如目前贫困退出后依然存在比较严重的因灾返贫、因病返贫和因学返贫现象，此外还存在如失业风险、法律风险、制度风险、经济风险、社会风险等一系列退出风险。Dercon发展了一个风险识别与评估的框架（表15-1），他认为农户的生产生活是一个从资产、收入到福利的周而复始的循环过程，在这一过程的任何一个环节都存在风险。

表15-1 农户风险识别与评估的框架

风险种类	风险来源	可能遭受的风险
资产风险	人力资本	失业或者疾病丧失劳动力
	土地资本	土地制度的不稳定性
	物质资本	自然灾害使资产毁损
	金融资本	通货膨胀，汇率导致贬值
	公共物品	公共物品权责不明，难进入
	社会资本	承诺和信用的不稳定性

续表

风险种类	风险来源	可能遭受的风险
收入风险	创收活动	自然灾害导致的产量风险/产出价格风险
	资产回报	收入与资产价格的相关性
	资产处置	生产中获得投入品及现金支持的不确定性
	储蓄投资	储蓄与投资性资产的收益风险（贬值）
	转移汇款	非正规安排的不确定性与不可靠性
	经济机会	对经营机会不完全的信息和知识
福利风险	营养	消费品价格波动
	健康	健康与营养“生产”中的不完全知识
	教育	教育/医疗公共提供中的不确定性
	社会排斥	被排斥在社会安全网以外
	能力剥夺	缺乏获取正常效用的能力（伤残者）

资料来源：陈传波《农户风险与脆弱性：一个分析框架及贫困地区的经验》[J]农业经济问题，2005年第8期，47-50页。

第一，加强风险意识，加大政府投入力度。我国贫困退出过程中，需要注意和有效的防范以上风险，对退出县插花、零星分布的建档立卡贫困乡、贫困村和贫困户，保持并加大扶贫整乡整村推进等项目支持力度，整乡推进项目优先安排退出县的建档立卡贫困乡，整村推进等专项扶贫规划要优先覆盖退出县的建档立卡贫困村，对退出县识别出的建档立卡贫困人口继续实行动态管理，有效解决脱贫人口返贫问题。

第二，重视贫困退出制度设计，抵消制度风险。要加大综合改革力度，以新的发展理念指导工作，又要警惕“大跃进”式的快速退出结果，更不能出现贫困退出后引发社会风险和政治风险；所以既要加强贫困退出制度改革，保障退出主体的福利，同时又要量力而行，防止财政过度负担引发“财政风险”；既要积极引导、支持和鼓励有条件的贫困退出，又要坚持自愿原则，特别是坚决反对以政府主导强行推动贫困退出；既要研究政府在贫困退出过程的责任和权力边界，又要防止出现侵占贫困主体利益的行为。

第三，积极出台相关扶持政策，完善政策保障环境。贫困退出的主体一般是风险偏好较弱的群体，有效的防范风险需要政府的政策扶持。政府需要在就业、教育、住房、医疗卫生、养老等方面，运用财政、金融、税收等杠杆，制定出台相关政策措施，减轻贫困退出主体的经济社会压力。比如，对贫困户进行免费教育培训，提升职业技能；加强金融扶持，减免创业就业税费，降低就业创业风险等等。

15.4 贫困退出的激励与约束机制

针对当前多数贫困户、贫困乡镇和贫困县退出面临条件不足、动力缺乏和风险较大的现实情况，需要进一步对贫困退出行为进行必要的激励和约束。

第一，鼓励和激励为主。对按程序报批后退出的贫困县，兑现奖励资金；对提前退出的贫困县，加大资金奖励力度。制定专项考核奖励办法，年度奖励资金列入省级财政预算安排。同时，对脱贫摘帽的贫困县、贫困乡在规定期限内扶贫项目资金支持政策不变、扶持力度不减。只有通过对贫困退出的进行经济补偿、社会保障、财政补贴等正向激励，才能有效引导贫困地区的自愿自主退出。

第二，明确退出责任。退出后根据不一样的考量标准确定不一样的责任，比如收入方面可以归为贫困户的责任，但是其他水电路等公共设施不足则应该是政府的责任。所以在退出后需要明确责任、分清主体，可以从家庭责任和政府责任两方面考虑，比如家庭户在退出过程中已经尽力，但是相关配套的基础设施没有跟上，那么在退出后政府在公共支出方面就不应该减少；同时，如果政府在减贫过程中相关的资金、项目等实施到位，这样退出后的贫困县就放心了；经过这样的责任明晰，在最后找出问题或者追究责任时就更直接、更方便。

第三，建立退出约束机制。采取用途约束、资金约束、审批约束和惠农约束，对低效（无效）利用资金、非农使用的扶贫资金进行管理，防止扶贫资金滥用、扶贫项目无效开展和盲目退出。把贫困县退出相关年度目标任务作为贫困地区县级党政领导班子及领导干部经济社会发展实绩考核的重要内容，作为评定领导干部年度考核等次、形成综合考评意见、领导干部任用和奖惩的重要依据。对长期在贫困地区工作、实绩突出的干部，给予表彰并优先提拔使用，专业技术人员职称职级晋升时在同等条件下优先考虑。

第16章　贫困退出机制的第三方评估问题

贫困退出的第三方评估可以有效地保证贫困退出的客观性、公正性，引入第三方评估有利于弥补政府自查的不足，更加公平的判断政策和项目的社会和经济效用，改变自体评价模式，防止政绩工程、形象工程等现象发生。同时可以借助第三方评估，调动各方人才、知识和资源等优势，建立评估指标体系和评估机制，形成科学、合理的考评方法，建立健全扶贫工程与项目的考核体系，为扶贫开发工作献策献力，提升扶贫开发绩效，提升政府公信力。

16.1　第三方评估的主要方法

第三方评估的方法主要有定性分析、政策模拟和定量分析等评估方法，其中定性研究主要是基于互动过程的动态评估，涉及截面研究和跨期研究两个方面；定量分析是在评估指标体系的基础上运用大数据理论与技术进行的评估；政策模拟则主要基于政策仿真模型，借助于仿真平台的合理应用，充分发挥平台的政策辅助功能。

定性评估方法。扎根研究，这是一种自下而上建立理论的方法，在系统收集资料的基础上，寻找反映社会现象的核心概念，通过在这些概念之间建立起联系而形成理论，扎根理论研究方法给予第三方评估有效的启发，即评估需要扎根于政策或项目实施地区的过程数据进行评估。案例研究，案例本身是活动、事件或问题的集合，按时间序列对能够反映活动或问题的一系列现实事件的描述，强调一系列事件、条件及其之间的关系研究，关注历时性和动态性数据，通过对案例数据的挖掘与分析发现存在的问题以及解决问题的探索性研究。

政策模拟。政策仿真模型的应用是扶贫开发政策以及项目决策科学性的重要保障，第三方评估机构应合理利用政策仿真平台，加入现实社会、经济和环境等诸多要素，使模拟结果尽可能接近实际，以为决策过程提供科学依据。

定量评估方法。在互联网和大数据时代，数据资源具有规模性、多样性和高速性等特征，为基于大数据的第三方评估理论与方法研究提供了重要支撑，为提高评估的时效性、客观性和科学性提供了重要保障。大数据资源既可以作为传统评估数据的重要补充，也可以作为独立的数据资源，推动建立新的评估理论与方法。

第三方评估方法包括但不限于以上三种方法，只要能保证评估工作完满进行，第三方机构可根据自身特点、专业水平和项目实际自行选择评估方法。

16.2　第三方评估的指标设计

第三方评估的指标具体内容应包括但不限于以下内容：贫困退出的实施结果与实施目的是否符合；贫困退出的成本与效益分析；贫困退出所带来的积极和消极影响；贫困退出在贫困地区和贫困人口中的受益程度；贫困退出带来的短期效益和长期影响。相关贫困退出的第三方评估的指标体系设计请见下图，第三方评估所建立的指标体系可包含但不限于此。

评价问卷及其指标设计参考以上指标设计原则和指标应涵盖内容，切实反映扶贫开发工程与项目实施进度和效果，第三方评估机构可根据自身特色和项目实际做合理调整，将变更情况向第三方机构的管理机构报备。采取委托制，即由国务院扶贫办与第三方评估机构等签订委托协议书，明确双方的权利和义务，并严格按照协议规定条款执行。第三方评估机构应按照有关规定，遵循“签订协议、设计方案、实施评估、撰写报告、提交审核”等评估工作程序，客观、公正地开展评估工作。

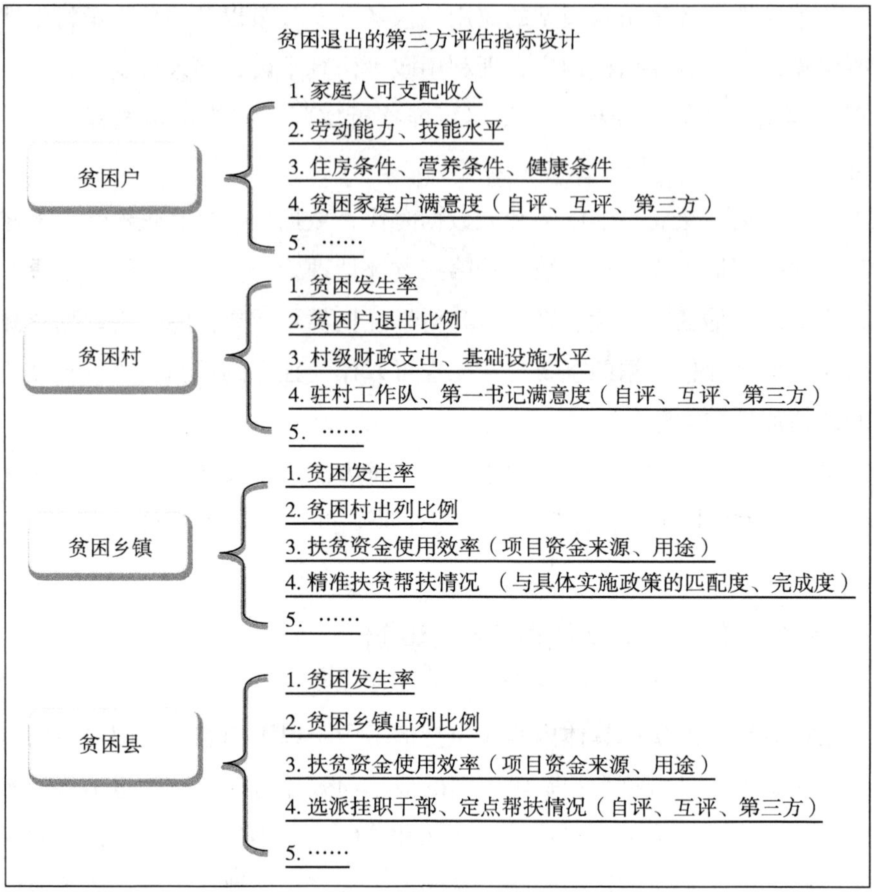

图 16–1　贫困退出的第三方评估指标设计图

第三方评估机构对评估工作过程进行管理，建立定期评估会议、汇报制度，定期向相关部门和单位发送评估简报，收集和存储评估过程中的文字、影像等资料，以备查验和使用。

16.3　第三方评估的结果管理

评估报告的最终审定、发布、使用和存档等事项由国务院扶贫办相关司局和中国扶贫发展中心联合确定。

评估结果审定。拟邀请相关领域专家、学者、政府工作人员、企业家、社会组织等各方对评估报告做出最终审定。

评估结果发布。由国务院扶贫办与中国扶贫发展中心邀请国内外有影响力的媒体对扶贫开发工程与项目评估成果进行报道、宣传。

评估结果使用和存档。评估结果的使用应征得国务院扶贫办的同意，并在使用时署单位和项目名称。评估报告的存档工作由中国扶贫发展中心负责完成。

16.4　第三方评估的结果反馈

通过开展扶贫开发工程与项目的第三方评估，达到追踪并监督工程实施进度与实施效果的目的，通过建立科学合理的评价体系，为改进和完善扶贫开发工程与项目提供参考依据。

对评估结果发现的工程与项目问题或缺陷，通过组织政府相关部门、专家学者、第三方机构等共同商讨并制定对策，并将所形成对策建议反馈至工程或项目实施地区，以便改进和完善。

第17章　我国实施贫困退出机制的相关政策建议

随着国家经济社会的发展，贫困县、重点县将只是一个历史的过程，随着我国全面建成小康的临近，贫困村和贫困人口也将逐步减少和退出。结合上文的研究，本部分将提出贫困退出后的相关政策建议。

17.1　巩固贫困退出成果，提高衡量标准

目前所完成的贫困退出是低水平的，贫困退出只是在现行标准下的退出，未来需要继续巩固和提高。现行标准是我国2010年设定的2300元/人/年（按2010年不变价，相当于2013年2736元，2014年2884元，2015年3028元）。按照购买力平价来分析，我国现行贫困标准大约相当于2.2美元。世界银行公布的1.9美元/人/天，是按照购买力平价公布的。我们的标准是略高于世界银行的标准，但是这个标准不是说一定多年不变，我们每年要根据物价的指数、生活指数等进行动态的调整，每年绝对数都要往上涨。按照2015年9月24日最新的美元兑人民币汇率来算，1.90美元可换算为12.13元人民币，那么12.13元/人/天*365天=4427.45元/人/年。相比之下，我国的贫困标准明显低于世界银行的标准，我们目前贫困退出取得的成绩也只能是低水平的。

因此，我们建议：第一，在尊重我国国情的基础上，逐步提高现行贫困标准，综合考虑物价水平、购买力平价水平以及汇率水平，制定出合理客观的贫困标准，反映我国的现实贫困水平；第二，对于到2020年未能完成退出的贫困地区和贫困群体，可以继续按照现行标准给予衡量，但是同时需要考量全局和特殊性；第三，对于到2020年虽然完成退出标准但是完成水平

不高的，需要在巩固脱贫成绩的基础上继续以更高、更严、更客观的标准衡量贫困水平。

17.2　重视脱贫的脆弱性，警惕返贫现象

贫困退出具有不稳定性和脆弱性，需要警惕返贫现象。目前的贫困退出成绩是在密集的政策优惠、超常规的政策力度下，举全国之力、众志成城才实现的，继而现阶段的贫困退出具有很大的不稳定性和脆弱性，相当一部分的贫困退出群体极易返贫。我国存在部分极端贫困地区和长期贫困人口，其收入水平很难在短期内得到有效提升，贫困面貌也很难在短期内得以有效缓解甚至改善。

基于此，我们建议：第一，对于摘帽的贫困县仍然需要予以政策上的倾斜和扶持，以保证它们的后续发展能力，但是在具体的政策优惠中可以有重点、分步骤的予以支持，不能与之前的政策完全一样；第二，加大对脆弱群体和潜在贫困群体的关注，进一步发挥开发式扶贫的“造血”功能，注重贫困群体的个体和整体的能力提升；第三，还需要有所侧重的向极端贫困群体进行“输血”，确保这部分穷人及其下一代能够得到救助，摆脱贫困的恶性循环和代际转移。

17.3　关注收入分配，聚焦相对贫困

现阶段的贫困退出只是消除了绝对贫困，下一步工作重心需要转移到相对贫困。中国是最大的发展中国家，贫困问题会长期存在，退出后贫困没有消失。在全面消除绝对贫困后，工作重心应该转移到相对贫困问题。相对贫困较难通过市场机制解决，政府有责任在财富的二次分配中调整社会财富的分布状况，改变初次分配形成的不利格局，方法之一便是要调整对新时期贫困现象的认知，构建相对贫困监测体系。

第一，需要明确贫困的划分，可以从三个方面考虑：第一类，真正贫困群体；第二类，贫困脆弱群体；第三类，相对贫困群体。第一类是最难解决的贫困对象，这部分是真正的贫困人口；第二类是可以通过相应的措施解决的贫困群体；第三类相对贫困群体是一个社会在一定阶段一定存在的贫困群体，发达国家也关注相对贫困。如此分类后，针对不同群体和类别，采取相应的措施。

第二，建议设立“相对贫困线”，并将0.4–0.5的均值系数作为设定标准。相对贫困线的具体计算方法很简单：只要依据上一年农村居民的平均收入，再结合特定的均值系数即可计算下一年农村“相对贫困线”。例如，2013年我国农村居民平均收入水平为8896元，如果以0.4均值系数计算，2014年的农村相对贫困标准为8896*0.4=3558元；同理，2014年我国农村居民平均收入水平为9892元，以0.4均值系数计算得到2015年的贫困标准为3956元。相对标准的设立意味着每年官方贫困线都是变化着的，需要年年进行调整。但该方法可操作性强，最重要的是这一扶贫标准与经济发展阶段相适应，从而能够确保以一个适当高的扶贫标准帮助贫困人口。

17.4 解决农村贫困，统筹城乡贫困

贫困退出只是主要解决了农村贫困问题，下一步需要将城乡贫困结合在一起。现阶段我国贫困退出主要集中于贫困地区，主要包括集中连片特困地区和国家重点贫困点，这些贫困地区多是农村地区，也就是我国贫困退出其实在某种程度上说就是农村贫困问题的解决或者农村贫困的退出。但是2020年以后城镇化进一步提高，现在主要是解决农村的，下一步需要把城乡贫困问题统筹起来。

随着农村贫困问题的解决以及城乡一体化进程的推进，特别根据刘易斯的二元经济理论，农村人口由传统农业部门向城市农业部门的流转势不可挡，也是国家现代化的必由之路。从全国区域性角度来讲，涉及城市与农

村、发达地区与欠发达地区、东部与中部和西部地区的互动，所以需要重视贫困的城乡结合性；从制度管理角度讲，涉及农村土地流转问题、农村宅基地问题、城市户籍管理问题等方面，所以需要重视贫困的城乡结合性；城乡结合的贫困问题在今后必将成为另一个难点与重点。

因此在全面建成小康社会进程中，需要将充分考虑城乡贫困问题的严峻性和迫切性，从综合的角度和多元的维度，为解决城乡贫困问题提供思路和建议，比如开辟多条就业移民渠道，确保流转到城市的农民享受市民福利；建立流动人口的城镇社会救助体系；为流动人口及其子女提供和城镇人口同等的就学机会；维护农民工的合法薪酬权益，重视农民工人身健康安全，等等。

17.5　激发贫困群体发展能力，促进脱贫可持续性

经济学家阿马蒂亚·森认为：发展意味着消除贫困。伴随我国国民经济创新发展、协调发展、绿色发展、开放发展、共享发展的新理念，贫困地区和贫困群体的发展将会更加注重自身能力的提升，更加重视发展的可持续性。减贫过程中最严重的两个问题是因病致贫和因学致贫。我国因病致贫、因学致贫的比例占到70%左右。为及时预防、发现和治疗相关疾病，降低因病致贫的比例，可以采取医学预防或者健康预防等等措施。在因学致贫方面，现在国家已经有很大的补贴与资助，但是现在撤校并校，又产生其他眉目的费用，应该加强补贴的方式方法相关研究。目前中国遇到发展瓶颈，如何提高贫困群体的可持续发展能力变得十分重要。2013年的研究数据表明，发达国家劳动力市场上从业人员高中水平以上达到70%，而中国则只有30%。受教育水平低的主要还是在农村，因此加强农村教育，解决因学致贫很重要。

我们建议：第一，注重贫困地区产业发展能力，扶持具有可持续发展能力的产业，尤其是环境友好型、资源节约型产业，用产业发展带着贫困地区可持续发展；第二，扶贫必扶智，要为贫困人口提供公平的受教育机会，要

加强对贫困地区儿童的教育质量及教育资助，同时，还要扩大对农村劳动者的职业、技能和劳务输出培训，让劳动者拥有一技之长；第三，继续推进以“五个一批”为主要内容的扶贫脱贫计划，坚持用大力发展生产、易地搬迁、生态补偿、发展教育、社会保障等，全方位多维度促进贫困退出工作，实现贫困地区和贫困群体脱贫的可持续性。

后　记

完善和创新贫困县考核机制和退出机制是党的十八大以来中央加快制定扶贫脱贫步伐实现2020年脱贫攻坚规划目标的顶层设计重要内容，对此，政府给予了高度重视，各地也进行了有益探索，取得了很多经验，但也出现了不少新问题和新矛盾，需要从理论和政策上进行深入研究。我们在2013年、2014年、2015年深入贫困地区进行了相关的实际调研，并在此基础上撰写调研报告，本书就是在这次调研的基础上形成的。但需要说明的是，2016年以来，贫困县考核退出机制的政策实施进展很快，而我们的研究很多是在这些政策出台之前就已经完成了，因此，可能很多分析、提法和建议已经不完全与现在一致。但作为一种研究，研究分析和调研经历过程，也能反映出这项政策产生历史背景、发展和完善的脉搏，从中可感受其演变规律，以供研究者参考，也正是由于贫困地区干部群众在实践中不断探索，才使得贫困县的考核机制和退出机制得以不断完善和规范。

在这研究过程中，得到了很多领导和专家的指导和帮助。全国扶贫宣传教育中心黄承伟主任、国务院扶贫办规划司郭建军副司长、考核评估司杨练副司长、国务院扶贫办信息中心王小林副主任、人事司张良副司长、中国国际扶贫中心的左常升主任等十分关心本次研究，并对考核退出机制研究成果进行了指导，王大军处长、赵佳副处长、张德亮副处长等在调研中给予很多支持和协助，在此表示感谢！

孙久文教授、汪三贵教授、王晓毅研究员、雷明教授、孙兆霞教授、向德平教授、王敏教授、谢玉梅教授、孙世芳研究员、陆汉文教授、林万龙教授、李成威研究员、侯军歧教授等在调研讨论过程中给予了很多有益意见和建议，对以上专家帮助在此表示感谢！

感谢贵州省扶贫办叶韬主任、杨小翔副主任、甘肃省扶贫办主任任燕顺主任、陈宏利副巡视员、陕西省扶贫办梁振思巡视员、杨向岭总农艺师、云南省扶贫办陈国宝副主任以及贵州省扶贫办、威宁县、习水县、赫章县、雷山县、甘肃省的渭源县、陇西县、陕西省淳化县、商洛县、云南省曲靖市、会泽县等扶贫办等在调研中给予大力支持和帮助!

前后几年参与本项研究的研究人员包括万君讲师、陈伟伟博士、史志乐博士、冯丹萌博士、贺胜年博士、王赟硕士、徐晓君硕士、李冠杰硕士、陈国创硕士等，他们先后参与了不同阶段的研究,在此也表示感谢!

贫困县考核机制和退出机制对脱贫攻坚的作用越来越明显，但考核机制和退出机制实施后带来的各种贫困地区农村扶贫脱贫新变化和新型社会经济关系也对其自身完善提出新要求，对此研究和完善也是动态过程，需要进行持续性研究，尤其需要的是第三方评估参与,伴随贫困退出评估考核任务加大和2020年脱贫目标的临近,贫困县考核推出问题也将面临着新挑战和新转变，研究任务和内容还很多,我们也将继续深入研究。由于我们自身水平所限，错误和不足在所难免，敬请批评指正!

北京师范大学中国扶贫研究院 张 琦

2017年6月1日于北师大

图书在版编目（CIP）数据

脱贫攻坚保障：完善创新贫困考核与退出机制／张琦，万君著．-- 北京：经济日报出版社，2017.7

ISBN 978-7-5196-0176-8

Ⅰ．①脱… Ⅱ．①张… ②张… Ⅲ．①扶贫-研究-中国 Ⅳ．①F124.7

中国版本图书馆 CIP 数据核字（2017）第 183138 号

脱贫攻坚保障：完善创新贫困考核与退出机制

作　者	张　琦　万　君　等
责任编辑	林　珏
责任校对	薛银涛
出版发行	经济日报出版社
社　址	北京市西城区白纸坊东街 2 号 A 座综合楼 710
邮政编码	100054
电　话	010-63567691（编辑部）　010-63516959（发行部）
网　址	www.edpbook.com.cn
E-mail	edpbook@126.com
印　刷	北京九州迅驰传媒文化有限公司
开　本	710×1000 毫米　1/16
印　张	18
字　数	280 千字
版　次	2017 年 8 月第一版
印　次	2017 年 8 月第一次印刷
书　号	ISBN 978-7-5196-0176-8
定　价	48.00 元